현대한국학연구소 학술총서 19　이승만연구원 학술총서 2

이승만과 하와이 한인사회

이덕희
윤종문
오영섭
홍선표
김도형
김권정
공저

연세대학교 대학출판문화원

간행사

구한말에 많은 한국인들이 신세계를 향한 희망과 열망을 안고 조국을 떠나 낯선 땅 하와이로의 이민을 결행하였다. 하와이에서 그들은 사탕수수농장에서 힘겨운 노동을 해가며 초기 이민사회를 형성하였다. 그들은 일제 강점기 내내 망국민의 슬픔을 절감하며 조국의 자주독립과 근대적인 민족국가의 건설이라는 일편단심의 염원을 가슴에 품고 살아갔다. 나아가 독립운동에 직접 가담하여 활동하거나, 상해의 대한민국임시정부와 하와이 대한인국민회·대조선국민군단·대한인동지회와 같은 유력한 독립단체에 재정지원을 아끼지 않았다. 그렇게 때문에 하와이는 중국 상해와 서·북간도, 러시아 연해주 등지와 함께 한국독립운동의 성지 가운데 하나로 인정받고 있다.

1912년 3월 이승만은 세계기독교감리회 4년총회에 한국 평신도 대표로 참석하기 위해 서울을 떠났다. 이 때의 제2차 도미행은 이른바 105인사건 이후 심해진 일제의 반일인사에 대한 탄압과 감시를 피하기 위한 것이었다. 미국에서 이승만은 감리교 대표들을 상대로 위기에 처한 한국기독교를 구하기 위한 연설 및 설교 활동을 벌였다. 이어 자신의 모교 프린스턴대학의 총장을 지낸 윌슨(Woodrow Wilson) 주지사와 한성감옥 시절의 의형제 박용만을 만나 진지하게 한국의 독립 방안을 모색하였다. 그러다가 1912년 늦여름 경부터 꼭 하와이로 건너와서 여러 사업을 도와달라는 하와이 대한인국민회 간부들의 간곡한 요청을 받아들여 이듬해 2월 하와이에 당도하였다.

태평양의 낙원으로 불리는 하와이는 망명객 이승만에게 독립운동의 터전이자 제2의 고향이나 다름없는 곳이다. 하와이는 독립운동의 가장 중요한 요소인 물적·인적 자원이 다소나마 구비된 곳이었고, 일제 고등경찰의 검거망이 미치지 못하는 비교적 안전한 지대였다. 이러한 하와이를 이승만은 자신의 장기 체류지 겸 주요 활동지로 삼았다. 그는 미 본토로 거주지를 옮기기 전까지 약 25년 넘게 하와이 한인사회의 가장 유력한 인사로서 다방면에 걸쳐 독립운동을 활발히 벌여나갔다. 당시 이승만이 벌인 독립운동은 실력양성론과 외교구국론 및 기독교민족주의에 입각한 것으로서 온건한 방식의 장기지속적인 독립운동노선에 속한다.

이제까지 이승만이 하와이에서 벌인 다채로운 독립운동에 대해서는 제대로 된 연구성과가 축적되지 못했다고 생각한다. 즉, 그의 애국애족정신이 그대로 투영된 교육활동·종교활동·경제활동·언론활동에 대한 상세한 연구는 물론, 미국 정부와 여론 주도자들을 상대로 펼친 외교구국활동의 실상과 성격에 대한 충분한 연구가 이뤄지지 못했던 것이다. 나아가 이승만과 박용만을 둘러싸고 벌어진 여러 사건들의 원인과 파장 및 그로 인한 하와이 한인사회의 분란의 책임을 오로지 이승만에게만 전가하고 있는 실정이다. 게다가 실력양성론·외교구국론을 중시한 이승만과 무장투쟁론에 주력한 박용만 간에 치열하게 전개된 노선투쟁을 평가함에 있어 전자를 폄하하고 후자의 정당성만을 일방적으로 옹호·강조하는 편향된 연구분위기가 만연하고 있다. 이런 점에서 이승만의 하와이에서의 독립운동에 대한 객관성과 실증성이 담보된 참신한 새로운 연구가 나와야 한다고 말할 수 있다.

이 책은 이승만의 하와이에서의 독립운동을 이해할 때에 가장 중요한 문제라고 판단되는 몇 가지 주제들에 대한 사계 전문가들의 연구성과를 모은 것이다. 이 책에 수록된 이승만의 독립운동과 하와이 한인사회의 여러 면모를 심도 있게 다룬 우수한 논문들을 써주셨을 뿐 아니라 장기간을 두고 수정·보완 작업을 가해주신 여러 학자분들께 진심으로 감사를 드린다. 아울러 이 책의 기획·편집 및 출판 작업을 도맡아준 연세대학교 이승만연구원 오영섭 연구교수의 노고에도 깊이 감사드린다. 부디 이 책이 이승만의 하와이에서의 독립운동을 편견 없이 이해하도록 하는 데 길잡이가 되기를 바라마지 않는다.

연세대학교 국제학대학원
현대한국학연구소 소장 이 정 훈

차 례

이승만의 종교활동과 교육활동

이 덕 희*

〈목 차〉

Ⅰ. 이승만의 하와이 정착과 『한국교회핍박』 저술

이승만은 1913년 2월 3일에 하와이에 두 번째로 도착하였다[1]. 그의 나이 38세였다. 당시 하와이에는 4,500여 명의 한인이 살고 있었고[2] 한

---

* 李德姬, 하와이대 아태스쿨 객원연구원

1) 첫 번째 방문은 1904년 11월 29일에 토착하여 30일에 떠난 하루의 짧은 방문이었다.

2) 1910년 인구조사에 의하면 한인 4,533명 중 한국 출생 1,525명이 하와이 섬에, 1,024명이 오아후(Oahu) 섬에, 873명이 카우아이(Kauai) 섬에, 728명이 마우이(Maui) 섬에, 7명이 라나이(Lanai) 섬에, 15명이 몰로카이(Molokai) 섬에 있었다. 1920년 인구조사에는 오아후 섬의 호놀룰루 한

인들이 하와이로 이민온 지 10년이 되어 한인 사회의 기틀이 잡혀 있었다. 매해 감소현상을 보여 온 사탕수수농장의 한인 수가 1913년에는 1,402명이었고[3] 농장을 떠난 많은 이들이 다른 직업을 가지기 시작했다.[4] 1909년에 설립된 대한인국민회는 잃어버린 조국을 대신하는 정부의 역할을 담당하였는데, 연무부를 두어 군인양성까지도 했다.[5] 언론 매체로는 국민회 발간의 『신한국보』와 감리교회의 『포와한인교보』가 발행되고 있었다. 『신한국보』는 1908년 10월부터 발간된 신문인데, 1912년 12월에 하와이에 도착한 박용만이 1913년 1월부터 주필이었다. 박용만은 1913년 8월 13일부터 제호를 『국민보』로 바꾸었다. 교회는 감리교 교회와 성공회 교회뿐만 아니라, 구세군 군영(outposts)과 감리교에서 탈퇴하여 초교파로 독립된 교회의 '자유교회'가 설립되어 있었다. 특히, 1913년 말에 18개의 감리교회에 1,390명의 교인이 있어 한인 전체의 31%가 감리교인이었다.

이승만이 하와이로 오게 된 것은 1912년 12월에 『신한국보』의 주필로 초빙되어 하와이에 와 있었던 박용만의 초청에 의한 것이었다.[6] 이승

인 인구가 1,319명(남자 843명, 여자 476명)이고 하와이 섬의 Hilo에 93명(남자 56명, 여자 37명)으로 많은 사람들이 호놀룰루 도시로 이주하였음을 보여준다.

3) *Hawaiian Annual*, Honolulu, 1914, p. 31. 1905년 사탕수수농장의 한인 노동자는 4,839명 이었고, 1910년에는 1,705명 이었다. *Hawaiian Annual*, Honolulu, 1905년과 1910년.

4) 한인들의 직업에 관하여는 이덕희, 『하와이 이민, 그들은 어떻게 살았나?』, 중앙 M&B, 2003, 29-33, 126-129쪽.

5) 『신한국보』, 1910년 10월 11일, 「련무부 재무 신임」, 11월 29일. 「사설, 련무의 유명무실」과 「대한흥학보의 의연금과 련무부」.

6) 김원용, 앞의 책, 153쪽. 한편, 하와이 감리교선교부의 John W. Wadman 감리사의 초청으로 하와이에 왔다는 기사가 *Pacific Commercial Advertiser* (*Honolulu Advertiser*의 전신, 이후 *Advertiser*) 1913년 2

만은 교포들이 마련해 준 푸우누이 애비뉴 2453번지(2453 Puunui Avenue)의 집[7]에 입주하고, 곧 『한국교회핍박』 저술에 착수하여 두 달 만에 탈고하였다.

이 책은 '105인사건'[8]의 발발경위와 재판과정 및 이 사건에 대한 미국

월 6일, p. 1에 실렸다. 이 기사는 이승만을 목사 The Rev. Rhee라고 잘못 지칭하면서, 2월 5일에 저녁에 600명의 한인들이 모여 이승만 목사 환영 리셉션을 가졌음을 알렸다. 이승만의 투옥 이유와 옥중 전도활동을 소개했으며, 기사 끝에 이승만 목사가 호놀룰루에 오게 된 것은 'Wadman 감리사의 초청'이라고 적었다. 그러나 이 말은 신빙성이 적다. 왜냐하면, Wadman 감리사는 이승만이 1904년 11월 29일에 본토로 가는 길에 하와이에 들렀을 때 만났으나 그 후 그들이 계속 서신으로 연락하고 있었다고는 볼 수 없다. 아마도 Wadman이 한인들에게서 불신을 받고 있는 어려운 처지에서 이승만과의 관계를 강조하려는 의미로 자신이 초청하였다고 신문기자에게 알렸을 수 있다. 이승만이 하와이에 도착할 즈음에 한인사회에서 불신을 받게 된 Wadman 감리사에 관해서는, 이덕희, 「하와이 한인들이 하와이 감리교회에 끼친 영향 : 1903~1952」, 미주한인감리교회백년사출판위원회, 『미주한인감리고회백년사』 2, Upland, Calif., 2003, p. 46과 Yong-ho Choe, "Syngman Rhee in Hawaii, His Activities in the Early Years, 1913~1915," Yong-ho Choe(ed.), *Koreans in Hawaii, 1903~1950*, University of Hawaii Press, 2007, pp. 54-60 참조. 다른 한편, 정두옥은 국민회 총회장 박상하가 개인적으로 연락을 하고 있었던 것이라고 하여, 박상하가 이승만을 오도록 한 장본인이라는 여운을 남겼다. 「在美韓族獨立運動實記」, 『한국학연구』 3, 별집, 인하대학교 한국학연구소, 1991, 53쪽.

7) 유영익, 앞의 책, 104쪽. 이 집은 1912년 10월 17일에 호놀룰루 한인감리교회가 산 집이다. State of Hawaii, Bureau of Conveyances, Book 388, p. 410. 이 기록에는 한인감리교회를 Korean Christian Church라고 기록하였다. 왜 감리교회가 이 집을 샀는지 알 수 없다.

8) 1910년 말 일제의 조선총독 데라우찌 마사타케(寺內正毅)가 순천지역을 순시할 때 그를 암살하려 했다는 허위사실을 조작, 일제 경무총감부가 그 다음해 9월부터 윤치호 등 기독교계 민족주의자 123명을 재판에 회부

과 영국의 여론을 자세히 소개한 것이다. 이 사건의 배경을 설명하면서 이승만은 한국 기독교회의 성장, 한국 교회가 차지하는 한일관계에서의 중요성 등을 논리정연하게 서술하였다. 이 책에서 이승만의 기독교신앙과 민족과 교회에 관한 입장을 잘 이해할 수 있다. 때문에 이 책은 이승만이 하와이에서 교육자, 언론인, 정치가, 종교가로서 활동하면서 1918년 말 한인기독교회를 개척하게 되는 동기와 취지를 파악하는데 도움이 된다. 달리 말하자면, 『한국교회핍박』을 통하여 이승만이 하와이라는 새 터전에서 자신의 활동 기반이 된 하와이 감리교선교부(Hawaii Methodist Episcopal Mission)를 떠나 독립된 한인기독교회를 개척하고 한인선교부(Korean Mississons)를 조직하는 동기와 과정을 알 수 있다.

이승만은 한국에 기독교가 전파된 지 30년이 채 안되지만 전국의 교인 총수가 37만 명에 달하며, 외국인 선교사가 약 300명, 예배당이 500처, 교회학교가 962처 등으로 기독교회가 흥왕하는 실상을 소개하였다. 이승만은 하나님이 한국 민족을 동양에 기독교 국가를 이루게 하려고 특별히 선택한 것이고, 그렇기 때문에 일본이 한국 교회를 핍박하는 것이라고 믿었다.

한편, 이승만은 한국 교회가 이렇게 흥왕하지만 아직 독립된 한국 교회를 세울 수 없는 까닭은 한국 교회가 아직 준비가 되지 않았기 때문이라고 생각하였다. 일본은 여러 해 전부터 '총준소년'들을 미국 각 교파의 신학교에 보내 지도자 훈련을 받도록 하였기 때문에 일본인이 교회의 주장을 하고, 일본인 감독을 선정하여 미국선교 총회에서 주관하지 못하게 할 수 있게 되었다. 장차 한국 교회도 미국 교회에 속하지 않은 독립된 교회가 될 수 있도록 지도자를 양성하고 준비해야 한다고 주장

한 사건.

하였다.

『한국교회핍박』은 미화 50센트(2007년도 구매가격으로는 10달러)에 판매되었는데, 한인중앙학교에서 교과서 내지는 참고서로 사용하지 않았나 생각된다. 어린 학생들은 아니더라도, 나이가 많은 학생들이나 교사들이 읽었을 것으로 보인다. 이것은 이승만이 한인중앙학교 교장 취임(1913년 가을학기부터) 후 가진 첫 졸업식과 같이하여 한인중앙학교 학생들이 1914년 6월 20일에 학교에서 연극을 했을 때[9] 그 중의 하나가 『한국교회핍박』에 기초한 '일인의 한국교회 핍박'이었다는 사실에서 알 수 있다. 『에드버타이저(*Advertiser*)』는 다음날 '기독교의 행진(March of Christianity)'이 공연되었다고 기사화하면서, 이 연극의 목적을 두 가지로 보았다. 하나는 '은둔 조선왕국'에 기독교 국가들의 관심을 불러 모으려는 것이고, 다른 하나는 망명한 한국인들에게 조국의 독립을 위한 준비를 당부하는 것으로 보았다. 무엇보다 중요한 것은 연극화된 『한국교회핍박』으로 인하여 신문기사가 하와이 현지 독자들에게 한국역사를 알렸다는 것이다.

Ⅱ. 감리교 지도자로 활동

이승만은 『한국교회핍박』을 집필하던 중 1913년 2월 27일부터 3월 2일까지 호놀룰루 제일감리교회에서 열린 하와이감리교 연회에 참석했던 한인 감리교회 교역자들과 평신도 지도자들을 모아놓고 펄 씨티공원(Pearl City pavilion)에서 성경공부와 감리교 교역에 관한 훈련 집회

9) 『국민보』, 1914년 6월 17일, 「한인중앙학원의 졸업식과 및 역사적 연극」, 6월 20일, 「한인중앙학원의 졸업식 성황」, 6월 24일, 「중앙학원의 연극회와 본항 영문보의 언론」,

를 주관하였다. 사흘 동안 계속된 이 집회는 1913년 한 해 동안에 있었던 한인 감리교회의 활동 중 가장 알찬 집회였으며[10] 한인 교역자들의 모임으로는 가장 큰 집회였다.[11] 100여명의 한인 목회자와 평신도 대표들이 참석하여 성경공부와 감리교 교역 공부뿐만 아니라 한인들 간의 유대관계를 돈독하게 만들었다. 한인 연사로는 이승만, 홍치범 목사 외에 다른 섬에서 온 목사들이었고, 감리교 연회에 참석한 루콕(Naphtali Luccock) 감독, 와드만(John Wadman) 하와이 감리교선교부 감리사, 다른 교파 지도자들과 판사 등 호놀룰루의 지도자들이었다. 스타-뷰레틴(*Star-Bulletin*)은 증가하는 한인 교인들뿐만 아니라, 다른 민족 교인들도 이런 종류의 교역자와 평신도 지도자 훈련이 필요하다고 역설했다. 이승만이 하와이에서 감리교 교역자 훈련의 모범적 지도자로 부각된 것이다.

이승만은 교역자 양성뿐만 아니라 직접 사역자 임무를 담당하기도 하였는데, 1914년 초에 와이파후 기도처(Waipahu Station)를 재조직 하여 정규적으로 예배를 볼 수 있도록 도와주었다.[12] 와이파후 감리교회는 1911년 김유순 목사가 귀국한 후 교직자가 없어 정규적으로 예배를 보지 못하고 있었다.

교역자 양성 모임도 성공적으로 끝났고, 또 집필한 『한국교회핍박』이 발간되자, 이승만은 홀가분한 마음으로 하와이 한인들의 정상을 둘러보았다. 1913년 5월 14일부터 6월 12일까지 국민회 총회장 박상하와 같

---

10) *Official Minutes of the Ninth Session of the Hawaiian Mission of the Methodist Episcopal Church* (이후 감리교 연회록), 1914, 부감리사 Zurbuchen의 보고, p. 17.

11) *Hawaiian Star* (*Honolulu Star-Bulletin*의 전신, 이후 *Star-Bulletin*), 1913년 3월 12일, p. 5.

12) 감리교 연회록 1914, p. 18.

이 하와이섬과 마우이섬을 순회하였다. 그리고 곧 6월 26일부터 7월 9일까지는 국민회 총무 안현경과 함께 카우아이섬을 둘러보고 다시 마우이섬으로 갔다가 7월 29일에 돌아왔다. 두 달 동안에 한인 동포들이 살고 있는 하와이의 여러 섬들을 다 순방하여 한인들의 이민생활 상황을 둘러본 것이다. 이승만은 다시 1914년 4월 29일부터 16일 동안 두 번째로 하와이의 여러 섬을 돌아보았으며[13] 정치상 형편, 재정상 형편, 덕의상 형편, 교육상 형편, 노동정형, 종교상 형편 등의 주제를 다룬 「하와이섬 여행기」를 1914년 6월호 『태평양잡지』에 기고하였다.[14] 이 글 중 「종교상 형편」(77-78쪽)에서 이승만이 한인들이 어디에서나 기독교 신앙에 기반을 두어 사는 것에 감사하며, 또 한국 민족의 장래가 교회를 통하여 이루어질 것을 확신하고 있음을 알 수 있다.

Ⅲ. 한인기숙학교 교장 취임과 한인 YMCA 회장

1. 한인중앙학교로의 개명과 여학생 입학

이승만은 1913년 8월에 국민회 호놀룰루 지방회(회장 정원필)와 협의

13) 이승만, *Log Book of S. R, Since 1904*라는 붓글씨 겉표지에 영문타이프로 타자된 이승만의 일지인데, 1904년 11월 4일에 시작하여 1938년 12월 28일자로 끝난다. 이후 일지라 함.

14) 이와 같이하여 『국민보』는 1914년 6월 17·20·24일, 세 번에 걸쳐 「하와이 마위(마우이) 여행 중 심득」이라는 큰 제목아래, 1. 하와이 십년간 한인의 발전, 2. 예수교회의 감화력과 국민공회 배양력, 3. 학교 유무의 관계와 아이들의 발달되는 정도, 4. 일반 지방 회원의 서로 모이는 열성과 개회, 폐회의 행동이라는 소제목으로 필자의 이름 없이 논설을 실었는데, 『태평양잡지』의 글과 같은 논조로 이승만의 글임을 알 수 있다. 주필 박용만이 이승만의 글을 『국민보』에도 실은 것이다.

하여 영어 야학교를 시작하려고 『국민보』에 광고를 실었다.[15] 물론 이승만이 가르치려고 하였다. 그러나 신청자가 없었고, 단 10명만이라도 되면 야학교를 시작하려고 하였다.[16] 그러던 차에 8월 26일에 와드만 감리사가 이승만을 한인기숙학교(Korean Boarding School for Boys) 교장으로 임명했다.[17] 이 학교는 한인들의 요청으로 하와이 감리교선교부가 1906년 가을 학기에 설립한 것이다. 이승만은 곧 이 학교가 "하와이 군도에 있는 모든 한인[한글]학교의 중앙이 될 것"을 바라는 뜻에서 학교 이름을 한인중앙학교(Korean Central School : 『국민보』는 '중앙학원'으로 불렀다)로 바꾸었다.[18]

이승만의 교장 취임과 함께 한인 여학생 5명과 필리핀 학생 4명을 포함한 120명의 학생이 한인중앙학교에 등록하였다. 한인중앙학교의 학생수가 증가하였을 뿐만 아니라,[19] 남녀공학으로 전환되었다.[20] 다섯 명의 여학생은 이승만이 7월 29일 마우이섬에서 돌아올 때 데리고 온 아이들이었다. 마우이섬의 여러 농장을 순회하는 도중에 여자아이들이 집에 머물러 있는 것을 보고 부모들을 설득시켜 그들을 호놀룰루에 보내 학교에 다니도록 한 것이었다. 이 여학생들을 감리교 여선교회(Methodist Woman's Home Missionary Society)에서 운영하는 기숙사 수산나 웨슬리홈(Susannah Wesley Home) (이하 웨슬리홈으로 줄임)에 머물면

15) 『국민보』, 1913년 8월 16일, 「영어야학」.

16) 『국민보』, 1913년 8월 30일, 「영어야학을 환영치 않는다」.

17) 『국민보』, 1913년 8월 30일, 「기숙학교 교장은 다시 이박사로」.

18) 『국민보』, 1913년 9월 17일, 「한인중앙학원의 추기개학」.

19) 기숙학교의 학생수는 1908년에 57명, 1910년에 69명, 1912년에 32명이었고, 1914년에는 남녀 128명이었다.

20) 이승만은 1913년 7월 29일 일지에 6명의 어린이와 함께 저녁 6시에 카훌루이(Kahului)를 떠나 다음날 새벽 5시30분에 호놀룰루에 도착하였다고 기록하였다. 6명 중 5명이 이 여자 아이들인 것 같다.

서 학교에 다니게 했다. 1913년 12월 14일자 『애드버타이저』에 석장의 사진과 함께 "유교사상에도 불구하고 한인학교가 남녀공학을 시도"라는 제목으로 한인중앙학교가 소개되었다. 한국 안팎을 통틀어 한인들을 위한 교육기관으로는 처음으로 남녀공학을 실시한 것인데, 이는 이승만이 한성감옥서에 수감되어 있을 때 갖기된 남녀공학에 대한 관심을 실천한 것이다.[21]

1914년 봄 학기에는 더 많은 여학생이 등록하였고, 이승만은 한인중앙학교 근처에 월세 35달러의 집을 빌려 24명의 여학생이 살도록 하였다.[22] 그러나 이 집이 좁고 불편하였기 때문에 이승만은 여학생 기숙사를 새로 지으려고 한인들에게 호소하면서 기금모집을 시작하였다. 공교롭게도 이승만이 여학생 기숙사 기금모집을 하고 있을 때 국민회도 새 회관을 지으려고 기금모집을 하게 되었다. 두 가지 기금 모집이 동시에 이루어지는 것에 관하여, 이승만은 국민회관 짓는 일과 여학생 기숙사를 짓는 것이 모두 중요한 일이지만 어려운 일이라고 하였다. 그렇기 때문에 국민회는 회관 짓는 것에 주력하고, 자신은 여학생 기숙사 짓는 것에 주력할 것임을 밝혔다. 힘자라는 대로 하다가 기숙사를 못 짓게 되면 동포들이 원치 않는 것으로 인식할 것이라 하였다.[23] 한인 동포들은 여학생 기숙사 건립을 위해 3천 6백 달러를 성금하였다. 이 기금 중 2천 4백달러로 푸우누이 애배뉴[24]에 2~30명의 학생이 거처할 수 있는 집을

21) 이승만 저, 유영익 역, 「옥중잡기」, 『젊은 날의 이승만』, 연세대출판부, 2002, 337-359쪽. 한인중앙학교에 여학생들이 입학함으로써 이승만과 감리교 여선교회, 나아가서는 미국 감리교 이사회와 갈등이 시작되었다. 이에 관하여, 이덕희, 「이승만과 하와이 감리교회」, 『한국기독교회와 역사』, 한국기독교역사연구소, 2004 103-126쪽.

22) 『태평양잡지』, 1914.3, Vol. 1, No. 7, 「호항 한인녀자 기숙사」, 78쪽.

23) 위의 글, 81-85쪽.

24) 이승만이 2453 Puunui Avenue 집에서 언제까지 살았는지 알려지지 않

사고[25] 나머지 1천 2백 달러를 들여 이 집을 확장하였다. 가을 학기부터 이 기숙사에 45명의 여학생 기숙하면서 한인중앙학교에 다녔다. 그러나 기숙사가 학교와 너무 멀리 떨어져 있었기 때문에 학생들이 걸어 다니기에 힘들었다.

2. 호놀룰루 한인 YMCA 첫 회장

1913년 4월에 세계기독학생회 총무 모트(John R. Mott) 박사가[26]가 호놀룰루를 방문하여 호놀룰루 YMCA가 일본인, 중국인, 그리고 한인의 YMCA를 조직하는 것이 동양 소수민족과 함께 활동할 수 있는 가장 좋은 방안이라고 조언하였다. Mott는 또한 한인 YMCA를 위한 최적의 인물이 이승만이라고 천거하였다. 1913년 가을에 호놀룰루 YMCA는 이승만을 명예회원으로 임명하였다.[27] 그리고 이승만은 한인중앙학교 여학생 기숙사 마련에 부심하고 있는 중에도 감리교선교부 와드만 감리사와

으나, 한인여학원의 교장으로 있었을 때까지가 아닐까 추측한다. 그의 일지 1920년 7월 12일에 2456 Puunui Ave.로 갔다고 기록한 것은 2453의 오기일 수도 있으며, 아니면 길 건너 다른 집으로 이사하여 살았을 수도 있다. 어쨌거나 이 지역에서 산 이승만이 이 지역을 잘 알았을 것이다.

25) 『국민보』, 1914년 8월 1일, 「여자 기숙사를 매입」; Bureau of Conveyances, Book 408, pp. 307-308. July 14, 1914. 택지 크기가 22,000 square feet(약 618평)이었다.

26) Mott가 1912년 초에 한국 YMCA를 방문하였을 때 이승만은 서울 YMCA의 한인 총무로 청년부와 교육부 간사로 학생들의 교육과 청년운동을 총괄적으로 지도하고 있었다. 특히 이승만은 1911년에 Mott의 책자 *Work for New Students*를 『신입학생인도』로 번역·출판하였다.

27) 이승만이 YMCA 이사회에 명예회원으로 임명된 것에 대하여 보낸 감사 편지가 남아 있다. YMCA, Minutes of the Board of Directors, Oct. 9, 1913.

한인감리교회 홍한식 목사와 함께 한인 YMCA 조직을 위해 노력하였다. 드디어 1914년 4월 23일에 한인 YMCA가 조직되고 9명의 이사 중에서 이승만이 첫 회장으로 선출되었다.[28] 첫 번째 총무로 일본 한인 YMCA의 부총무인 최상호[29]를 데려왔고, 그의 연봉의 반($240)은 YMCA에서 지급하고 나머지 반은 한인중앙학교 이사회에서 지급한 것[30]으로 미루어 한인중앙학교, 교회, 그리고 YMCA까지 모두가 감리교회를 중심으로 이루어지고 있었음을 알 수 있다. 그 중심에 이승만이 있었다.

1917년 3월에 호놀룰루 YMCA가 소수민족 YMCA를 통합하여 누아누(Nuuanu) 지부를 결성하기로 하고, 1918년 봄에 부회장 웨스터발트(W. D. Westervelt)와 이승만을 포함한 10명의 이사회를 조직하였다.[31] 그러나 1919년 3월 21일 이사회에서 그 동안 이사회에 참석하지 않은 이승만 대신에 중국인 팽(Mr. Pang)을 임명하였다. 이승만이 감리교를 떠났기 때문에 이루어진 조치였다.

---

28) 『국민보』, 1914년 4월 25일, 「한인청년회는 완전히 성립」.

29) 최상호는 1911년 동경으로 부임하기 전 서울 YMCA의 간사로 이승만과 함께 일한 경험이 있으며, 1912년 이승만이 미국으로 오는 도중에 일본에 들렀을 때 만났다. 유영익, 『이승만의 삶과 꿈』, 94-97쪽. 두 장의 사진에 최상호가 포함되어 있다.

30) *The Friend*, Feb. 1914, p. 40. 이 월간지는 Hawaiian Evangelical Association of Congregational Christian Church가 발간하였다.

31) 이승만을 포함한 이사회 사진이 2007년 현재 Nuuanu YMCA 회의실에 걸려 있다.

Ⅳ. 한인여학원 설립

1. 한인의 성금으로 설립

한인중앙학교와 여학생 기숙사가 멀리 떨어져 있는 불편함을 해소하기 위해 이승만은 1915년 여름에 5천 달러를 들여 이 기숙사 옆에 있는(1907년에 개장한 Oahu Country Club 부근) 3.5 에이커의 땅을 사고 1천 8백 달러를 들여 선생을 위한 방 두 개가 있는 단층의 학교 건물을 지었다.[32] 가을 학기부터 이곳을 한인여학원(Korean Girls' Seminary)[33]이라 이름하고 이승만이 교장이 되었다. 1915년 10월 14일 수백 명의 한인들이 모인 개관식에 감리교선교부의 전 감리사 와드만(1905~1914 재임), 감리사 프라이(William H. Fry)와 그리고 이승만의 축사가 있었고, 학생들의 합창 등 여흥순서도 있었다. 와드만 전 감리사는 이 학교가 사탕수수농장의 한인 여학생들에게 미국 교육을 수업키 위하여 이승만의 착안으로 시작되었다고 강조하였다.[34] 이승만은 이 여학원을 개교하기 바로 전 6월에 한인중앙학교 교장직을 사임했다.

이승만이 1914년 여름부터 1916년 1월까지 즉 한인중앙학교의 여학생

---

32) "Seminary For Korean Girls in Flourishing Condition," *Advertiser*, Feb. 28, 1916, pp. 7 & 9와 감리교 연회록, 1916, p. 28. 토지 매입 기록은 Bureau of Conveyances, Book 445 p. 331, July 18. 1915; Book 458, p. 164, Juyly 18, 1915.

33) Seminary라는 단어는 당시 여학교를 지칭하는 것으로 특히 기독교가 운영하는 여학교 이름에 흔희 사용되었다. 정식 한글 이름은 한인여학원이지만, 학교 보고서 등에는 '호항'이라는 단어를 앞에 붙이기도 했다. 호항은 호놀룰루 항구의 약자로, 당시 한인들은 호놀룰루를 호항이라고 불렀다.

34) "Korean Girls' School Formally Opened," *Advertiser*, Oct 31, 1915, p. 3.

기숙사를 지을 때부터 한인여학원을 개교할 때까지 총 7천 7백 달러를 모금하였는데, 이 기금 중 2백 달러만 미국인으로부터 모금한 것이고 나머지 7천 5백 달러는 한인동포로부터 모은 것이었다. 그렇기 때문에 이승만은 한인여학원은 한인들의 기금으로 세운 학교, 즉 하와이 감리교선교부와는 관계없는 독자적인 교육기관이라고 생각했다. 더구나, 이승만은 이 한인여학원의 시작을 1913년 한인중앙학교에서 여학생을 받아들이면서 기숙사를 마련한 때부터라고 간주했다.[35)]

한편, 이승만은 한인여학원을 세우게 된 것은 처음부터 계획한 것이 아니라, 여학생 기숙사를 지었어야 하는 부득불한 사정으로 시작한 것이며, 그로부터 "一步 二步로 나온 것이 여기까지 이르렀다"고 피력하였다.[36)] 그리고 영어 공립학교가 많은데 왜 영어로 가르치는 한인여학원이 있어야 하는 이유를 조목조목 설명하였다.[37)] '하와이에 공립학교가 많지만, 여러 기독교단에서 운영하는 사립학교들도 많이 있다. 그 까닭은 사립학교에서는 종교서(종교교과서)를 가르치지 못하며, 사립학교에서는 교과서를 가르치는 이외에 학생의 품행도덕과 또한 자기들이 (성공회, 천주교회, 감리교회) 원하는 주지(主旨)를 가르친다. 한인여학원의 주지는 1) 우리의 국가사상을 뇌수에 넣어준다. 2) 국어와 한문, 대한역사, 지리, 작문 등을 교육한다. 3) 성경을 교육한다. 4) 학문만 가르치는 것이 아니라, 학식과 도덕 정도가 높은 미주 본토 교사들이 언어동작과 모든 품행 등에 표준이 되도록 한다. 5) 각국인 (여러 종족을 뜻함) 교사

35) 위의 기사. 이 기사는 한인여학원을 소개하는 기사인데, 이 여학원이 1913년 5명의 여학생을 받아들이면서 시작되었다고 했다. 이 사항은 『호항 한인여학원 재정보단』, 제4호(이후 『재정보단』, 제4호), 1916년 12월, 「서언」에 기록되어 있기도 하다.

36) 앞의 「호항 한인녀자 기숙사」, p. 78.

37) 앞의 『재정보단』, 제4호, 44-45쪽

들을 통하여 외교상 이익을 얻는다. 6) 한인들이 이런 유익한 사업을 하는 것으로 각국인에게 칭찬을 받는다. 이 여섯 가지 보다 더욱 중요한 것은 한인들이 합심하여 이런 사업을 운영하는 중에 차차 독립사상이 발전되고, 모든 일의 규범이 되어 우리끼리 자치하여 간다면, 이것이 곧 독립의 근본이다. 즉, 이승만은 한인여학원을 통하여 한인들에게 민족주의 사상을 고취시키고 국권회복을 준비하려 하였다.[38]

이승만은 한인여학원이 하와이 감리교선교부의 도움을 받지 않고 한인들이 설립한 독립된 학교라고 주장하면서도, 1915년 10월 개관식에 하와이 감리교선교부의 감리사들을 초청하였을 뿐만 아니라, 1916년 2월 17일에서 21일까지 열린 감리교 연회에서 한인여학원에 관하여 보고하였다. 이에 대하여 이승만은 "우리가 오랫동안 감리교회와 긴밀한 관계를 가져왔고, 그동안 한인들이 하는 일에 대하여 자랑스럽게 감리교 연회에 보고해 왔다. 감리교 연회에 보고하는 것은 반드시 감리교회 일뿐만 아니라 다른 단체의 일이라도 서로 원하면 보고할 수 있다"면서[39] 감리교 연회에 보고한 의도를 설명하였다. 그러나 그의 의도와는 달리 하와이 감리교선교부는 아직도 한인 여학생 기숙사와 한인여학원을 이승만의 감리교 활동의 일환으로 보았다.

2. 학원 이사회 조직

학교운영이 안정되자 교장 이승만은 한인여학원의 탁사부(이사부 Board

---

38) 이를 두고, Robert T. Oliver는 "이승만은 한인들이 계속하여 한국어를 사용하며, 한국역사와 한국 전통을 배우고 쓰러진 조국의 국권회복을 위해 헌신해야 한다고 확신하였다"라고 이승만의 전기에 서술하였다. *Syngman Rhee : The Man Behind the Myth*, New York, 1960, p. 123.

39) 앞의 『재정보단』, 제4호, 41쪽.

of Trustees)를 조직하기 위한 선출과정을 시작하였다.[40] 이사부는 학교 사무와는 상관없이 학교토지와 가옥 소유권에 관한 일에만 관여하는 것이었다. 1916년 11월 13일에 하와이 정부에 등록된[41] 한인여학원 영문 정관(Charter of Incorporation of the Korean Girls' Seminary)에 초대 이사장은 이승만이고, 이사는 애드버타이저의 편집인 마테손(R. O. Matheson), 호놀룰루 조합교회(Congregational Church, United Church of Christ의 전신)의 에드만(John P. Erdman) 목사[42]·(미국인) 제일감리교회 목사 부인 로프보로(Mrs. Anna H. Loofbourow)·워터하우스(E. B. Waterhouse)[43]·이희경(李喜儆, Hee Kyeung Rey)[44]·박용만

40) 제목이 없는 2장의 글인데, 연세대 현대한국학연구소 편, 『우남이승만문서 : 동문편』(이후 『우남문서』), 제12권에 〈호항 한인여학교 : 탁사부 조직〉으로 분류되었다(1-2쪽).

41) Hawaii State Archives, *Articles of Association,* Vol. 256-22, pp. 256-259.

42) Erdman은 1874년 뉴저지주의 Morristown의 목사 가정에서 태어났고, 1899년에 호놀룰루 Central Union Church(조합교회 교단)의 초청으로 Palama Settlement의 전신인 Palama Chapel 의 총책임자로 하와이에 왔다. Central Union Church(조합교회 교단)의 부목사로 목회도 하고, 1903년부터 1907년까지 일본에 선교사로 갔었다. 그 후 하와이에서 조합교회의 총무로 수고하며 동양 이민자들을 위한 목회를 도왔다. 이승만은 Erdman이 호놀룰루의 큰 부자 딜링햄(Dillingham)의 사위라고 지적하였다.

43) E. B. Waterhouse는 John Thomas Waterhouse Jr.의 부인이다. Waterhouse家는 호놀룰루에서 알려진 기업가 집안이었다. Waterhouse 부인의 두 아들 George S.와 John도 유명한 사업가였다.

44) 이희경(1890~1941)에 관하여 "1904년 미국으로 건너가서 의학을 전공한 뒤 박사학위를 획득하고 1915년에 하와이에서 병원을 개설하여 애국동지를 원조하며 광복운동을 계획하였다. 1918년 1월에 귀국하여 그 해 12월에 상해로 망명하였다"라고 『獨立有功者功勳錄』, 국가보훈처,

(Young M. Park) · 안현경(Ahn Hyun Kyung) · 정원명(Chung Won Myeng)[45]으로 되어 있다.[46] 한인 이사 외의 4명은 하와이 사회에 알려진 백인이었다. 이사 선출과정에서 선출된 이사 후보자들 중에서 실질적으로 도움이 될 수 있는 한인들만을 영문정관에 포함하였으며, 호놀룰루 사회의 저명한 백인들을 포함시킨 것도 그들이 학교에 도움을 줄 수 있었기 때문이었다. 더구나 백인 이사들이 이사직을 수락하였다는 것은 하와이에 정착한지 4년도 채 되지 않은 이승만이 현지 지도자들과 폭 넓은 관계를 수립하였다는 것을 알려주는 것이다. 또한 하와이 사회에서 교육자 이승만의 위상이 이처럼 높았다는 것을 알 수 있다.

1988, 748쪽에 기록되어 있다. 1904년이면 그가 만 14세 되는 해로 미성년이기 때문에 단신으로 이민을 올 수 없었다. 부모와 함께 이민을 오거나 하와이를 거치지 않고 직접 미국 본토로 갔었을 수도 있다. 하와이 이민자명단에 부모와 함께 이민 온 미성년자 이름에서 그의 이름을 찾을 수 없다. 미국 어디에서 공부하였는지도 알려있지 않고, 1915년에 하와이에서 병원을 개설하였다는 것도 확인되어야 할 사항이다.

45) 1923년 하와이 한인 실업가 중에서 자산액이 제일 큰 실업가로 4만 달러의 잡화상을 운영한 것으로 미루어, 1916년에도 실력 있는 실업가였을 것이다. 두 번째는 3만 달러의 양복점을 운영한 안원규였고, 세 번째는 2만 4천 달러의 보석상을 운영한 김병규였다. 「하와이에 사는 六千同胞의 實況」, 『개벽』, 1923.6, 33쪽.

46) 김영기가 「기독학원 인재양성」이라는 글에서(『태평양주보』, 1953년 11월 20일, 3쪽) 기독학원 이사가 알 오 매티손, 죤 피 엇맨, 이 따불유 와터하우스, 애나 르퍼로, 박용만, 안현경, 리희경, 정원명, 이승만이라고 기록한 것으로 미루어, 하와이 정부에 등록된 영문 정관 내용을 알고 있었음을 알 수 있다. 한편, 최영호가 "이승만 자신이 이사장을 맡고, 이사에는 매튜슨(R. O. Matthewson), 어만(John P. Erman), 르프벡(Mrs. Roofberg) 등 세 사람이 임명되었다"라고 한 것은 오기이다. 「이승만의 하와이에서의 초기 활동－교육사업과 1915년 대한인국민회 사건－」, 유영익 편, 『이승만 연구－독립운동과 대한민국 건국－』, 연세대출판부, 2000, 80쪽.

그런데, 한인 사회에서 한인이 독립으로 운영하는 학교에 백인 이사를 두는 것과 관련하여 곧 한인여학원이 백인의 소유가 될 것이라고 말들이 있었던 것 같다. 이에 대하여 이승만은 백인 이사를 선정한 세 가지 이유를 밝혔다.[47]

'1) 우리의 사업을 각국인의 안목에 존숭한 지위를 보임이며, 2) 이런 좋은 친구들이 이름을 내고 뒤에서 광포하며 돕는 중에 우리가 그 보호를 얻으며 각국인의 신앙을 얻어서 재정상 도움을 받을 것이며, 3) 이런 유력한 사람들에게 우리의 하는 바 좋은 일을 보인즉 백인계에 자기들끼리 공포하여 칭찬하여 주니 다만 학교뿐만 아니라 한인전체가 다 그 효력을 받고 있다. 더구나 이승만(회장)・이희경(부회장)・박용만・안현경・정원명 등 5명의 한인이 이사로 있으니, 한인들의 사업을 남에게 줄리가 없다고 못을 박았다. 이에 덧붙여 이승만은 이 4명의 백인 이사들을 간단히 소개하면서, 이런 좋은 친구들이 한인의 일을 도와주려 하는 것이며, 이사가 되어서 한인의 학교를 차지하자는 생각은 꿈에도 하지 않는다. 이들을 의심하며 싫어하는 것은 어두운(부정적인) 생각으로 좋은 친구를 배척하는 것이라고 하였다.

3. 학원 재정

한인여학원은 1914년에 기숙사를 건축했을 때 기지구입비와 건축비로 인한 빚이 있었고, 1915년 건축의 기지 구입과 건축비(총 8,200달러 중 4,000달러) 중 4,200달러의 빚이 있었다. 그러나 한인들과 백인 친지들의 성금으로 이 빚을 다 갚고 학교는 흑자로 운영되었다. 1916년 12월의 『재정보단』 제4호에 의하면 (『재정보단』 제1호부터 3호까지는 남아있지 않다), 1913년부터 1916년까지 한인들이 후원한 금액이 총 8,503달러 60센

47) 앞의 『재정보단』, 제4호, 「서문」, 46쪽.

트와 국민회가 기증한 에마(Emma) 기지 구입 시가가 3,049달러 55 센트였다.[48] 이외에 미국인 친지가 기부한 2,007달러가 있었다. 약 4년 동안에 총 수입금이 1만 5,840달러 5센트였고, 총 지출은 1만 1,738달러 33 센트로 잔여금이 1,052달러 17센트였다. 한인 교사와 백인 교사들의 월급은 지급되었지만 이승만은 월급을 받지 않았다. 1917년에도 총 수입이 $11,252.43이고, 촣 지출은 $9,460.70으로 흑자로 운영되었다.[49] 1917년도 학교 재정을 보고한 에드버타이저의 기사는 한 학생당 1년 경비가 학비, 기숙사비, 그리고 음악비 등을 포함하여 $100이 조금 넘는데, 이 경비의 91%를 한인들이 부담했다고 분석하였다. 덧붙여 이 기사는 "한인여학원은 하와이에 있는 모든 학교 중에서 공립학교제에 속하지 않고 하와이 대중에게 조금도 부담을 주지 않는 학교이다. 때문에 한인들은 자녀들을 위한 학교를 외부의 도움 없이 운영한다는 긍지를 갖고 있다"고 강조하였다.[50]

4. 태평양학원의 합병 제의 거절

1917년에 Kawaiahao Girls' Seminary를 운영하는 Hawaiian Board of Evangelical Association이[51] Kawaiahao 여학교와 한인여학원을 합부(amalgamating 합병)하고자 하는 자세한 계획서를 이승만에게 보냈

---

48) Emma기지는 Perry Tract의 3 택지인데 국민회가 1913년 5월 7일에 구입하였다. 이에 관한 자세한 설명은 곧 출간될(가제)『한인기독교회사』를 참조.

49) "Korean Support Their Own School, Treasurer's Report Shows They Pay Ninety-one Percent of Expense During Past Year," *Advertiser*, Jan. 9, 1918, p. 2.

50) 위의 기사.

51) 여학교 이외에 Mills Institute라는 남자학교도 운영하였다. 이 두 학교를 합하여 Mid-Pacific Institute(태평양학원)라고 하는데, 현존한다.

다. Kawaiahao 여학교는 하와이 원주민(Hawaiian and part-Hawaiian ancestry) 여학생을 위해 1894년에 설립되었다. 1905년에 Mollie Hong (후에 민찬호의 부인이 됨)이 이 학교에 다닌 것을 시작으로 여러 한인 학생이 계속 다녔으며, 한인 여학생들의 수는 물론 일본인, 중국인 여학생들의 수가 계속 증가하였다. 그리하여 1908년에 Kawaiahao 여학교에 한국어반, 일본어반, 중국어반을 설치하여, 각 민족 여학생들이 모국의 언어와 문예에 익숙해 질 수 있도록 하였다. 1916년에 총 학생 108명 중에 6명의 한인 여학생이 있었으며 하와이 원주민 학생은 48명, 중국인 31명, 일본인 10명, 필립핀인 5명, 그리고 기타의 민족 학생 8명이 있었다.[52] 한인여학원과 Kawaiahao 여학원은 기독교계 사립학교로서 서로 우호적인 관계를 갖고 있었다. 1917년 2월 22일에 주최한 축제에 한인여학원 학생들이 '광화문 꽃차'를 만들어 참가하기도 하였다.[53] 1917년 당시 호놀룰루에 중국인이나 일븐인 여학생을 위한 학교는 따로 없었고, 한인 여학생을 위한 한인여학원이 있었을 뿐이었다. 그래서 Kawaiahao 여학교는 한인여학원과 합병하여 모든 동양계 여학생들을 한 학교에서 가르치고자 한 계획을 세웠고, 이 계획을 이승만 교장에게 전달하였던 것이다. 이승만은 이 계획안을 번역하여 찬성회원(후원회원)과 한인 단체에게 돌리고, 그들의 의견을 물었다. "한인의 학교는 한인이 유지하겠다"라는 후원회원들의 의견을 종합하여 이승만은 아래와 같은 장문의 답을 Kawaiahao 여학교에 보냈다. 이 답장에서 이승만과 한인여학원을 후원한 동포들의 민족주의적 교육의 책임과 욕구를 알 수

52) Helen Gay Pratt, *The Story of Mid-Pacific Institute*, Honolulu, 1986, p. 74.

53) 이승만이 이때부터 광화문을 한국의 상징으로 생각하였음을 알 수 있다. 이승만은 1938년 한인기독교회의 새 교회당에 광화문 문루를 가미하였다.

있다.

1) 한인여학원은 한인들이 한인을 위하여 설립했기 때문에 [내가 단독으로 결정하는 것이 아니라] 합병 문제는 한인들이 결정하여야 한다.
2) 합병계획안을 한글로 번역하여 한인 단체들에게 배포하였다. 한인단체들은 독립된 한인여학원을 계속 운영할 것을 만장일치로 가결하였다.
3) 한인기독교 지도자들은 한인들이 자녀들의 교육의 책임을 이행하는 것이 좋다고 믿는다. 왜냐하면 자신의 자녀들을 교육하는 것이 부모로서 또 시민으로서의 책임을 이행하는 것임을 의식하고, 또한 교육의 책임을 수행하는 것은 한인 자신들을 좀 더 나은 그리고 긍지를 갖는 주민이 되도록 한다는 것을 믿기 때문이다.
4) 마지막으로, 우리도 태평양학원이 여러 민족을 합병하여 균등한 사회를 이루려는 이상(理想)을 위하여 노력하고 있다. 그러나 한인들이 이 섬에 온 것은 12년 밖에 되지 않았기 때문에, 이런 이상을 실현할 기회가 없었다. 우리는 현재 상황에서 한인여학원을 지금대로 계속 운영하는 것이 이 [원대한] 이상을 가장 효과적으로 실현시킬 수 있다고 믿는다.[54)]

5. 남학생 입학

여학생 수는 1915년 개학 당시에 45명[55)]이었던 것이 1916년 가을 학기에는 73명으로 증가되었다가 2학기에는 54~57명으로 줄었다.[56)] 교장

54) Pratt, 앞의 책, pp. 49-50.

55) "Seminary For Korean Girls in Flourishing Condition," *Advertiser*, February, 28, 1916, p. 7.

56) 감리교연회록, 1916, p. 28. 연회록에 학생수가 감소한 이유는 'tuition'을 내지 못하였기 때문이라고 기록되어 있는데, tuition이 입학금을 지칭한 것인지, 기숙사비를 지칭한 것인지 정확하지 않다. 그러나 한인중앙학교

스타크(L. G. Starks) 여사를 비롯하여 사감과 2명의 여교사 등 4명의 미국인 교사가 공립학교와 같은 학제로 모든 학습을 영어로 가르쳤으며, 또한 2명의 한인 교사(이름은 밝혀져 있지 않음)가 하루에 30분씩 한글도 가르쳤다.[57] 책으로 공부만 한 것이 아니라 재봉, 요리, 집안 정돈 등도 가르쳤는데, 학교를 졸업한 후 집으로 돌아가 집안을 돌볼 수 있도록 하는 것이라고 하였다. 한인여학원의 교육 과목과 형태는 이미 한인중앙학원에서 실행하였던 것이며, 후에 한인기독학원에서도 실행하였다.

1918년 1월에 남학생을 받아들이기 시작하여[58] 학생 수는 약 100명으로 다시 증가되었다. 이 중 35명이 남학생이었다. 여학생들은 학교 기숙사에서 살았고, 남학생들은 'day scholars'로 학교 근처에 국민회가 운영한 기숙사에서[59] 살면서 통학하였다. 교사도 1명 더 증가되어 9명의 교

에서 학비는 받지 않고 기숙사비단 실비로 받았으며, 또 후에 한인기독학원도 학비 없이 기숙사비만 받은 것으로 보아, 이 tuition은 기숙사비를 지칭한 것 같다.

57) 앞의 기사 "Seminary For Koreans Girls in Flourishing Condition."

58) "Male Day Students Admitted to Studies and Housed in Near-by Dormitory," *Advertiser*, January 2, 1918, p. 2.

59) 국민회가 언제부터 남학생 기숙사를 운영하였는지 당시의 『국민보』가 남아 있지 않아 알 수 없지만, 국민회는 1915년부터 남학생 새 기숙사 건축을 위하여 7천 달러를 마련해 놓고 있다가 1917년에 이승만에게 남학생 기숙사 관련 문제를 일임하였다. 1918년 초에 기지를 매입하고, 그동안 이승만이 1천여 달러를 남학생 기숙사 경비로 쓴 것을 제하고 남은 6천 달러와 한인들의 특별 도금으로 7-80명을 수용할 수 있는 새 기숙사를 짓기로 하였다. 남학생 기숙사 건축에 관한 여러 문서가 『우남문서』, 제12권, 12-16, 19-20쪽에 포함되어 있다. 1918년 초에 매입한 기지는 레아히(Leahi) 지역에 있는 호놀룰루 군사학교(Honolulu Military Academy) 부근의 오순 뷰 애비뉴(Ocean View Avenue)에 있는 레아히농장(Leahi Farm: 현 Kapiolani Community College 부근)인 것 같다. "Korean Institute To Build School," *Advertiser*, May

사가 가르쳤다.[60] 학교 이름은 그대로 한인여학원이었으나, 남녀공학으로 되었다.

V. 한인여학원을 한인기독학원으로 개편

1. 한인여학원

한인여학원에 남학생이 들어옴으로써 학생들의 활동은 한층 더 활기를 띄었고, 학교도 잘 운영되었다. 이승만은 1918년 9월 학기부터 여학원을 8년제 남녀공학의 한인기독학원(Korean Christian Institute, 흔히 줄여서 KCI라고 불렀음)으로 재조직하고 개교하였다. 푸누이(Puunui) 부지는 경사가 심하고 넓은 평지가 없어 이 곳에 학교 시설을 더 확장할 수 없었기 때문에 이승만은 와이알라에가 3320번지(3320 Waialae Road) 구 알리이올라니 학교(Aliiolani College : 당시 College는 고등학교를 지칭)를 임대하고[61] 9월 학기부터 개교하였다. 초대 교장은 한인여학원의 교사였던 하트슨(Mabel Hartson) 여사였다.[62]

23, 1918, p. 2.

60) 앞의 "Male Day Students Admitted to Studies and House in Near-by Dormitory" 기사와 함께 9명의 교사 사진이 "Faculty of the Korean Girls' Seminary, a Growing Institution"이라는 제목으로 실렸다.(9명의 교사는 한인 남자 4명, 백인 여자 4명, 그리고 한인 여자 1명이다.)

61) 민근호, 「하와이 한인이민 50주년 기념사」, 『태평양주보』, 1953년 11월 20일. 현 Aliiolani 초등학교부지. Aliiolani College는 사립 남학생 기숙 고등학교로 폐교한 상태였다. 그래서 한인기독학원 사진에 Aliiolani 간판이 붙어있다.

62) *Report of the Superintendent of Public Instruction to the Governor of the Territory of Hawaii*(biennial), Dec 31, 1918(이후

하와이 감리교선교부는 이승만의 이런 독자적인 결정을 “소수의 한인들이 하와이 감리교의 도움 없이 독자적으로 일을 할 수 있으며, 한인 학생들이 미국화되지 않도록 하는 조치”라고[63] 생각하였다. 그래서 이승만과 하와이 감리교의 관계는 완전히 단절되었다. 호놀룰루 제일한인감리교회 임원회는 1918년 11월 8일에 이승만 박사에게 통고서를 보냈다. 이 통고서는 “본 교회를 배반하고 장정을 어긴 고로 좌하의 탁사(이사) 임무를 면허하고 3삭 동안에 본교회로 돌아오기를 기다리기로 하였사오니 조량하시오”[64]로 되어 있다. 물론 이승만은 돌아가지 않았고 호놀룰루 제일한인감리교회에서 제적당하였다.

한인여학원의 영문 정관에 학교의 목적이 순전히 교육과 자선(purely educational and eleemosynary purposes)이라고 간단히 기술되었는데, 이 목적 이외에 이승만은 한인기독학원을 위해 4 가지 지침을 작성하였다. 첫째는 교육과 종교 활동을 지향하는 것이고(To promote educational and religious activities), 둘째는 한국인의 주체성을 확보하는 것이며(To retain Korean identity), 셋째는 젊은이들의 지도력을 양성하고(To promote leadership among the young people), 넷째는 사회교육을 지향하는(To promote social education) 것이었다.[65] 스타-뷰레틴은 한인기독학원이 기숙사를 제공하면서, 한인 학생들에게 기독교 교육을 실시하며, 좋은 시민이 되고, 좋은 가정을 꾸릴 수 있도록 가르치며, 한인사회를 이끌어갈 기독인 지도자를 양성하는 것이라고 기사화하였다.[66]

RSPI).

63) 감리교연회록, 1920, 20쪽. 이승만을 ‘formerly with the Methodist Mission’이라고 표현하였다.

64) 『우남문서』, 제3권, 274쪽.

65) 최영호, 「이승만의 하와이에서의 초기활동」, 81쪽.

개교한 첫 학기에 남학생 37명과 여학생 64명이 등록하였고, 4명의 미국인과 2명의 한국인 교사가 그들을 가르쳤다. 방과 후에 가르친 한글과 한국사를 제외한 모든 수업은 영어로 진행되었다. 교과과정은 공립학교 과정과 같았기 때문에 졸업 후 공립 고등학교에 진학할 수 있었다. 정규 교과과목 이외에 성경도 가르쳤으며 여학생들은 가사 과목과 재봉을, 그리고 남학생은 수공(手工, manual training)도 배웠다. 보이 스카우트(Boy Scout Troup 19)가 조직되어 대부분의 남학생이 보이스카우트의 회원이었고, 여학생들은 YWCA 소녀회원이었다. 여러 가지 스포츠팀이 있었고, 오케스트라와 합창단도 있었다. 학비는 무료였으며, 1년 기숙사비는 실비에 해당하는 60 달러였는데, 기숙사비를 낼 수 없는 학생에게는 면제해 주기도 하였다. 학생들은 방학 동안에 마당일이나 부엌에서 일하면서 필요한 비용을 마련하였다. 학교 이름에 드러나듯이, 학교 분위기는 기독교적이었다. 그래서 하와이 교육청장 맥코히(Vaughan MacCaughey)는 한인기독학원의 학생들을 미국화시키고 동시에 기독교인이 되도록 가르치고 있는 것에 대하여 여러 번 고마움을 표시하면서 격려하였다.[67)]

이렇듯, 감리교선교부가 운영한 한인중앙학원의 교장과 자신이 설립한 한인여학원의 교장, 그리고 한인기독학원의 이사장이 된 이승만은 하와이 사회에서 교육자로 명망이 높았다. 그리하여 1918년 말에 얍(William Kwai Fong Yap)이 하와이단과대학을 종합대학으로 만들려는 계획에 하와이 사회의 유지들의 서명을 받았을 때 이승만을 빼놓지 않았다. 438

---

66) "Fund Started for Benefit of Korean Home," *Star-Bulletin*, August 16, 1930, p. 5. 이 기사는 한인기독학이 개교된 후 9년 후에 쓰인 것으로 학교 약력과 목적을 설명하였다.

67) "Korean Christian Institute Closes," *Advertiser*, June 11, 1919, p. 7. 위의 기사.

명의 유지가 서명한 계획서가 하와이 의회에 상정되어 1919년 4월 30일에 그 안이 채택됨으로써 1920년 9월 학기부터 하와이대학이 종합대학으로 승격되었다. 얍의 계획에 동조하여 서명한 438명의 명단에 꼭 한 명만이 'Dr.'라는 칭호를 붙였는데 프린스턴대학에서 박사학위를 받은 'Dr. Syngman Rhee'이다.

2. 한인기독학원 포기 시도

이승만이 1919년 1월 21일에 로스엔젤레스에서 민찬호[68]를 만나 호놀룰루로 돌아와 한인기독교회와 한인기독학원을 맡아 줄 것을 요청하였다. 민찬호가 1919년 10월 10일에 도착하여[69] Hartson 교장 후임으로 첫 한인 교장으로 취임하고 동시에 한인기독교회에 담임목사로 부임하였다. 민찬호가 취임하기 직전에 시작된 가을 학기에 학생수가 144명(남학생 77명과 여학생 67명)으로 증가되어 있었다.[70]

이승만은 민찬호를 만난 후에도 계속 미주 본토를 여행하고 1920년 6월 29일에 호놀룰루에 돌아왔다. 그리고 7월에 하와이 감리교선교부에 한인기독학원을 맡아줄 것을 요청하였다. 왜 이러한 요청을 하였는지 그 이유를 알 길이 없다. 1919년 9월 대한민국임시정부의 대통령으로 선출되면서 바빠졌기 때문인지, 아니면 고육자이기 보다는 정치인이 되고자 했던지 이승만이 학교운영을 포기하려고 했기 때문인지 분명치 않다. 하와이 감리교선교부는 이 요청을 받고 문을 닫았던 한인중앙학교를 다시

68) 민찬호는 1905년부터 1911년까지 호놀룰루 한인감리교회에서 목회하다가 공부하기 위하여 로스앤젤스로 갔다. 1917년에 신학석사 학위를 받고 로스엔젤레스 한인교회에서 목회하고 있었다.

69) "C. H. Min Comes to Head Korean School," *Star-Bulletin*, October 10, 1919, p. 10.

70) RSPI, 1920.

운영할 수 있으리라는 희망으로 곧 9명의 이사로 인수위원회를 조직하고 한인기독학원 인수준비를 하였다. 그러나 이승만의 동조자들이 반대하였기 때문에 이 계획은 무산되었다.[71]

민찬호가 교장으로 재직하고 있는 동안 학교운영은 여의치 않아 약 7천 달러의 부채를 지었고 학생수도 감소하였다. 이승만은 민찬호를 힐책하고 대신 길리스(Ansel W. Gillis, 한국명 길리서, 吉理書)[72]를 한인기독학원 교장으로 초빙하였다. Gillis는 1922년 10월 27일에 호놀룰루에 도착하여 가치면서[73] 교장직을 맡았다. 그러나 1922년 말 학생수는 2년 전의 144명에서 55명(남학생 29명과 여학생 26명)으로 줄어들어,[74] 1918년 학교 설립 당시의 101명보다도 더 적었다.

3. 교사 이전과 기금 모금

다시 여러 번의 여행을 끝내고 1922년 9월 7일에 호놀룰루로 돌아온 이승만은 한인기독학원 일에 전념하였다. 와이알라에 교사 임대기간이 1923년에 끝나는 것에 대비하여 1922년에 칼리히(Kalihi) 지역에 36.53 에이커[75]의 땅(현 Kalihi 초등학교 자리)을 1만 5천 달러에 구입하였

---

71) 감리교연회록, 1921년 2월 16-20일, p. 30.

72) Gillis는 일찍이 이승만이 배재학당 시절에 한국어를 가르쳐 주고 영어를 배웠던 여성 의료선교사 파이팅(Georgiana Whiting)의 사위로서, 미북장로교 선교사로 한국에서 평양지방을 중심으로 선교활동을 하다가 1919년 7월에 사임하고 귀국하여 로스엔젤레스에 살고 있었다.

73) "Alumni of Korean Christian Institute Form Association," *Star-Bulletin*, Nov. 22, 1922, p. 4. 이 기사는 Gillis가 가르치고 있으며, 교장은 민찬호라고 하였다.

74) RSPI, 1922.

75) 유영익이 4,000 에이커라고 한 것은 오기이다. 『이승만의 삶과 꿈』, 114쪽.

다.[76] 그리고 미국인 친지들에게 학교 건축후원금 헌금을 요청하는 편지를 보냈고,[77] 또한 기독학원 학생들의 학교 건립기금 모금을 위한 고국방문 가능성을 타진하였다.[78]

하와이 한인들의 경우 모국방문은 이미 1912년부터 개별적으로 이루어지고 있었는데, 호놀룰루의 일본영사관에 여권을 신청하여 여권을 발급받고 다녀올 수 있었다. 따라서 기독학원 학생들도 모국방문을 위하여 일본여권을 신청하여야 했다. 그러나 하와이를 포함한 미주 한인사회에서 학생들이 일본여권을 신청하여 고국을 방문한다는 계획에 대해 친일 논란이 일어났다. 그리하여 1923년 3월호의 『태평양잡지』는 「호항학생의 내지 유람설」이라는 제목 아래 학생들의 모국방문은 "본래 러시아령과 중국령의 우리 학생들이 음악대와 야구단을 조직하여 내지에 유람하고 온 상황을 듣고 우리도 그와 같이 하여 보자는 주의로 시작한 것이라"고 설명하였다.[79]

---

76) Bureau of Conveyances, Book 673, pp. 482-486. Bank of Hawaii에서 1만 3천 500 달러의 부동산 담보 대출을 받았다. Bureau of Conveyances, Book 675, pp. 440-447, Sept. 22, 1923. 이 담보 대출금은 세 번에 나누어 다 갚았다. Bureau of Conveyance, Book 798, p. 160, Oct. 9, 1925; Book 844, p. 426, March 1, 1926; Book 870, p. 325, Feb. 10, 1927.

77) 국가보훈처, 『미주한인민족운동자료』, 1998, 24쪽. 1923년 6월 9일자의 편지로 학교 건축계획과 건축비용에 대하여 자세하게 설명하였다.

78) 1922년 10월 26일부터 11월 6일까지 호놀룰루에서 열린 제1차 범태평양 통상회의에 한국대표로 참가한 서울의 동양물산주식회사 전무취체역 김윤수를 만나 기독학원학생들의 학교건립기금 모금을 위한 고국방문 가능성을 의논하였다. 손세일, 「이승만과 김구」 41, 『월간조선』, 2005.8, 530쪽.

79) 이 글의 필자가 누구인지 밝혀 있지 않으나 당시 『태평양잡지』의 주필 겸 편집인은 김영우였다. 김원용은 그의 책, 245쪽에서 "학생 고국방문

학생들의 고국방문 계획 논란이 일고 있던 1923년 5월 16일에 1306 Miller Street 동지회 사무실에서 이승만은 한인기독학원 관계자들과 가진 회의에서 1916년 11월에 하와이정부에 등록된 한인여학원 정관의 이름을 한인기독학원으로 바꾸기로 결정하고, 5월 31일에 하와이정부에 이름 변경을 신청하였다.[80] 한인기독학원이 개교된 지 5년이 되도록 정식으로 학원 정관을 등록하지 않았었는데, 이때 정관 등록을 하여야 했던 이유는 학생들의 고국방문과 관련에 있지 않나 추측할 수 있다. 학생 20명과 교사 3명의 여권 발급에 정식으로 등록된 학원증명서가 필요했을 것이다. 한인여학원이나 하와이섬 동지촌의 경우, 이승만은 언제나 정부에 정식으로 법인과 정관등록을 하였는데, 한인기독학원은 따로 정관 등록을 하지 않았었다. 아마도, 한인기독학원이 한인여학원을 재조직한 것이었기 때문에 따로 등록이 필요하다고 생각지 않았던 것 같다. 한인기독학원의 정관은 1916년에 등록된 한인여학원 정관에서 학교 이름과 자산 액수만을 변경한 (5만 달러에서 25만 달러로 인상) 것이다. 한인여학원의 목적과 이사진의 이름도 1916년의 것을 그대로 유지하였다. 한인기독학원이 개교한 1918년 가을에 이미 하와이를 떠난 이희경의 이름이

단 파송에 대하여 재미 한인 사회의 반대와 비난이 높았으니 학생들은 국내에 보내려면 일본 영사의 허락과 증명을 얻어야 되는 까닭이었다. 이때는 독립선언 후이고 재미 한인이 한일 투쟁으로 배일 전신을 고취하며 일인과 수화를 통하지 않을 때인데 더욱이 임시대통령이던 이승만으로서 3만 달러 청연을 위하여 일본 영사를 교섭하는 것이 민족 운동의 정신을 현혹시키는 행위이었다. 그러나 학원장(이사장) 이승만과 학감(교장) 민찬호는 이러한 염치가 없었던지 민중의 비난을 불구하고 학생 고국 방문단을 보냈던 것이다"라고 기술하였다. 민찬호는 이미 교장직을 내 놓았을 때이다.

80) Hawaii State Archives, *Articles of Association*, Vol. 256-31, pp. 227-231, May 31, 1923.

그대로 포함된 것은 한인기독학원이 한인여학원의 재조직임을 강조한 것으로 볼 수 있다. 한인여학원과 한인기독학원의 태극 문양 로고(logo)도 같다.

1923년 6월 20일에 재학생 55명 중에서 20명(남학생 12명과 여학생 8명)과 교사 민찬호, 김노듸, 김영우르 구성된 방문단이 기선 링컨호(S. S. *Lincoln*)로 호놀룰루를 떠나 요코하마를 경유하여 7월 5일 서울역에 도착하였다. 『동아일보』는 이때부터 방문단이 서울역을 떠나 호놀룰루로 돌아오는 9월 2일까지 한국의 30개 이상의 도시와 마을, 또 남만주 지린(吉林)시와 차오양(朝陽)이라는 마을을 순회하는 동안 계속하여 이들의 활동을 상세히 보고하였다. 한인기독학원 학생 모국방문단은 경비를 빼고 약 4천 9백달러를 학교 건축비로 모아 가지고[81] 9월 18일에 돌아왔다. 이 4천 9백달러(2007년도의 구매가격으로 약 10만 달러) 이외에 『동아일보』에 맡겨져 있는 금화(미화?) 3천 여원(달러?)[82]을 포함해도, 학교신축에 필요한 1만 5천달러의 반 정도의 액수였다. 액수는 실망스러웠지만, 하와이 한인 학생들이 고국을 몸소 체험했고, 고국 동포들이 말로만 듣던 하와이 한인 학생들을 직접 만나 볼 수 있었으며 또한 『동아일

---

81) 이승만이 이상재에게 보낸 1924년 8월 29일자 편지, 『우남문서, 16권, 197쪽.

82) 위의 편지, 197-198쪽. 이 돈이 언제 하와이로 보내졌는지 확실치 않다. 노재연은 그의 저서 『재민한인사략』 上, 로스엔젤레스, 1951, 178쪽에 동아일보사에서 하와이로 보낸 2,500달러는 한인기독학원에 기부하였다고 기술하였다. 그 배경은 1924년 4월에 동아일보사의 발기로 해외동포위문회를 조직하고 의연금을 모집하여, 중국, 러시아, 미국, 멕시코, 쿠바 각 지방에 살고 있는 동포들에게 분배하였을 때, 미국에 보내진 것은 1,346달러로 국민회에서 각 지방 국어학교에 분배하였다. 이외에 하와이에 따로 보내진 것이 그 액수이다. 이 금액이 1924년 의연금 모집의 일환이었는지, 아니면 1923년 한인기독학원 학생들이 방문하였을 때 모금되었던 것인지는 알려지지 않았다.

보』가 밀착 기사를 계속 실어준 것[83]은 큰 수확이었다.

학생들이 한국을 방문하고 있는 동안 이승만은 1923년 7월 15일에 학교 건축을 시작하여 두 달 후 학생들이 돌아온 바로 다음 날인 9월 19일에 한인기독학원 교사와 남녀기숙사 낙성식을 거행하였다. 낙성식에는 700여명의 한인들이 참석하여, 한인기독학원이 독자적 교사를 갖게 된 것을 축하하였다. 이 낙성식에서 민찬호와 김영우는 고국방문 보고를 하였다.

Ⅵ. 한인기독교회 개척

1. 개척 교회

이승만을 따르는 감리교회 교인 Mrs. Hannah Kim Liu, Mrs. Lyu Nodok Pak, Yu-sil Yi를 포함하여[84] 약 30명이 1916년 가을부터 박내선의 집에 모여 예배를 드리기 시작했다.[85] 이들의 수가 증가되어 7~80명이 되자 1917년 초부터 푸우누이에 있는 한인여학원에서 예배를 보며, 하와이 감리교선교부 즉 미국 감리교가 과연 진정으로 한인들의 교회와

---

83) 『동아일보』는 학생들의 활동 이외에도 민찬호의 행적도 기사화하였다. 1923년 8월 4일자에 「민찬호씨 누천강연」이라는 제목 하에 민찬호가 잠시 일행과 떨어져 그의 고향 황해도 평산군 세곡면 서교리를 방문하였는데 고향에는 친형을 비롯한 많은 친척들이 살고 있었지만, 고향을 떠난 지 오래된 그의 얼굴을 알아보는 사람은 친형뿐이었다. 민찬호가 고향 마을 가까이의 누천교회에서 「생명의 길, 진리」라는 제목으로 설교하였음을 알렸다.

84) Kingsley K. Lyu, 앞의 글, pp. 89-90. 유경상은 박내선과 이들을 발기교인(charter member)이라고 기술하였다.

85) 위의 글, p. 79.

교육기관을 도와주는 교단인가에 대해 논의하기 시작했다. 이 새로 모이는 예배 모임을 '신립교회'라고 하였고 특정한 교회 이름은 없었다. 약 2년 후인 1918년 12월 23일에 이승만은 이들 교인을 중심으로 한인기독교회(The Korean Christian Church)를 정식으로 창립하고 이 보다 4개월 전인 9월 학기에 개교한 한인기독학원에서 예배를 보기 시작했다. 이승만이 호놀룰루 한인감리교회에서 제적 통고서를 받은(1918년 11월 8일) 후였다. 아마도 이때 사병춘을 목사로 임명한 것 같다. 사병춘의 이름이 1919년 호놀룰루시 디렉토리에 목사로 기재되어 있다.[86)]

1913년 3월 『한국교회핍박』에서 한국 교회의 독립을 준비하여야 함을 설파했고, 그동안 한인기독학원을 설립하여 한인들의 교육을 민족주의 내지 국가주의에 기초한 이승만이 이제 하와이에서 한국 교회가 독립할 수 있음을 인지하였고 이를 실현한 것이다.

이승만은 『신한민보』, 1918년 11월 14일자에 「국민보의 창도하는 교회의 기회」라는 기사[87)]에서 미국영트 하와이에서 독립된 한인기독교회를 개척하는 이유를 자세히 밝혔다. 이승만은 종교상 독립 자유의 근본이 서지 못하고 국가의 독립 자유를 도모할 수 없기 때문에 우리 교회가 완전히 독립되는 것이 장래 국가의 독립을 위한 기초가 되는 것임을 주장하였다. 하와이 형편으로는 능히 교회도 자치할 만치 되었다. 다만 두 가지 주의할 것은 독립된 교회라 하여 미이미교회[88)]와 영영히 남이

86) "Korean Christian Church, Rev. Sa Pyung Choon, Pastor, 3320 Waialae Road,"로 *Directory of Honolulu & Territory of Hawaii*, Polk-Husted Directory Co's, 1919, Vol. 26, p. 471에 기재되어 있다. 사병춘이란 이름은 이민자 명단에 없으며 또한 그에 대하여는 알려진 것이 전혀 없다.

87) 글쓴이의 이름은 밝혀있지 않으나, 논조와 단어로 미루어 이승만의 글임이 확실하다.

88) 당시 감리교는 영어로 Methodist Episcopal Church이었고, 줄여서 ME

되자는 것도 아니고 또한 미이미교회 교우들을 끌어 오자는 것도 아님을 밝혔다. 이승만은 모든 관계는 여전히 계속하여 미이미교회와 합력하여 한인의 사업을 할 수 있는 데까지는 합동할 것을 원하였다. 이승만은 미이미교회와 함께 믿지 않는 동포들을 주 앞에 나오게 할 것임은 물론인데, 다만 따로 하나님을 섬기며 영혼상 복리를 더욱 힘써 도모하여 한인의 희망을 잃지 말게 하자는 뜻에서 한인기독교회를 개척한 것임을 밝혔다.

하와이에 정착하여 5년 동안 한인 감리교회의 지도자로 활동하면서 하와이 감리교선교부로부터 정신적·물질적으로 지원을 받아 온 이승만이 드디어 한국 민족의 독립된 기독교회를 개척하였다. 그는 하와이의 한인들이 교회도 자치할만치 성장하였음을 인지하고, 한인의 주장으로, 한인이 소유한 교회를 시작한 것이다. 한인기독교회를 설립한지 13년 후에 이승만은 『태평양주보』에 '우리 사업의 목적'이라는 글을 실었는데,[89] 이 글에서 이승만은 한인이 주장하고 한인이 소유하자는 목적에서 한인기독교회를 세운 것이라고 다시한번 간단하게 설명하였다.

미국 감리교회 제도는 예나 지금이나 교회재산권이 각개 교회에 속하는 것이 아니라 교단에 속한다. 이승만은 재산권을 주인의식의 기초로 인식하였고, 주인의식이 있어야 교회부흥도 따른다고 믿었다. 더 나아가 한인 교회가 외국 선교부의 관할에서 벗어나 독립된 교회행정을 할 수 있어야 한다고 믿었다.[90]

이승만이 한인기독교회를 개척한 1918년 말에 백인, 일본인, 한국인, 필리핀 4개 민족의 감리교회 중 한인교인들은 1918년까지 줄곧 전체 감

라 하였는데 한인들은 ME를 '미이미'라고 불렀다.

89) 『태평양주보』, 1931년 6월 20일, 3-6쪽.

90) 1944년 12월에 당시 한인기독교회 담임목사 유경상에게 설명한 글. Kingsley K. Lyu, 앞의 글, p. 80.

리교인 수의 60%라는 높은 비율을 차지하고 있었다. 그러나 한인기독교회가 설립되면서 많은 감리교인들이 한인기독교회에 출석하였고, 그래서 감리교인 수는 격감하였다. 1915년에 200명에 가까운 교인들이 제일한인감리교회(1916년에 바뀐 이름)에서 예배를 보았는데 1920년에는 겨우 70명만이 예배를 보았다. 다른 섬에도 한인기독교회가 설립되면서 한인 감리교인 수는 마찬가지로 줄었다. 1915년 13개 한인 감리교회들의 주일예배 참석 수는 총평균 1,058명이었으나 1920년에는 12개의 교회에서 432명만이 예배를 보게 되었다.[91] 이와 때를 함께하여 1920년대부터 사탕수수농장에서 일하는 한인들의 수가 줄기 시작하면서 농장에 있는 한인 감리교회들이 문을 닫기 시작하였다. 1921년에 여러 섬의 사탕수수농장에서 일하는 한인들의 수가 총합 1,150명이였는데, 1930년에는 484명밖에 남지 않았다. 그래서 1930년에는 한인 농장교회들이 문을 닫고 8개의 한인 감리교회만이 남게 되었다.

2. 한인선교부 조직

미국(하와이) 감리교회로부터 이탈하여 개척된 한인기독교회는 어느 기성교파에 속하지 않은 독립된 자치 교회였다. 교회제도는 미국 감리교 제도처럼 장로, 권사 등 직제 없이 평신도 위주의 민주주의적 원칙을 따라 운영되었다.[92] 그리고 하와이 여러 지방에 한인기독교회가 설립되자 하와이 감리교선교부 제도처럼 중앙한인기독교회(Central Korean

---

91) 이덕희, 「하와이 한인들이 하와이 감리교회에 끼친 영향 : 1903~1952」, 35쪽.

92) 유영익은 한인기독교회는 "어느 기성교파에 속하지 않는 자치교회로서 그 제도는 미국 회중교회(Congregation Church)의 모범을 따른 점, 즉 평신도 위주의 민주주의적 원칙을 따른 점에 그 특색이 있었다"고 하였으나, 출처를 밝히지 않았다. 『이승만의 삶과 꿈』, 120쪽. 하와이한인들은 Congregation Church를 '조학교회'라고 불렀다.

Christian Church)라는 조합(association) 체제 내지는 자체 교단 조직을 만들었다. 그렇기 때문에, 한인기독교회는 미국(하와이) 감리교에서 "독립 자령한 감리교회"였다.[93] 이 중앙한인기독교회 조합은 1924년에 12월 9일자로 정식으로 하와이영토의 법인체로 등록되었다.[94] 이 조합은 하와이 영토내의 모든 한인기독교회 안수 목사들과 모든 교회의 교인수 각 25명에 비례하여 선출된 평신도대표들로 조직되었다. 이 조직의 목적은 복음전파를 위하여 서로 도우며, 하와이에 있는 한인들에게 기독교를 전파하고, 외국에 선교사들을 보내거나 도와주며, 하와이에 교회설립과 목사양성, 여러 형태의 교육기관을 설립하거나 보조하며, 성경이나 관련된 서적과 문서들을 출판하는 것이었다.[95]

중앙한인기독교회는 1931년 2월에 'Korean Missions 한인선교부'로 이름을 바꾸었다.[96] 하와이 감리교회들이 Hawaii(혹은 Hawaiian) Mission이라는 지방 명칭의 체제를 가진 것과 비교되도록 한인기독교회들은 Korean Missions라는 민족명칭인 체제를 가졌다. Korean Misssions는 현존하며, 2007년 6월 현재 호놀룰루 한인기독교회와 힐로 한인기독교회(현 미국 남침례교단에 속함)의 두 교회로 구성되어 있다.

3. 교회 운영에 참여

이승만은 개척한 교회에 임시로 사병춘을 담임목사로 임명하였고,

---

93) 『국민보-태평양주보』 합병호, 1942년 9월 16일, 2쪽. 「기독교회 건당 빚 청산」이라는 제목 아래의 기사. 『태평양주보』의 편집인은 김영기이었고, 김영기는 동지회 회장이며 한인기독교회 교인이었다.

94) "Petition in the Matter of the Charter of the Central Korean Christian Church," Nov. 25, 1924.

95) 위의 Petition, p. 2.

96) 한인선교부연회록, 1931년 2월 16~18일. 그러나 하와이 정부에 정식으로 명칭변경을 등록한 것은 1936년 4월 22일이다.

1919년 10월에 민찬호(재직: 1919~1930)를 캘리포니아에서 오도록 하였다. 그 후 이용직(재직: 1930~1933)을 임용하고, 김태묵(재직: 1948~1951)을 천거하였다.

감리교회에 출석할 때에도 사역에 참여한 이승만은 기회가 있을 때마다 또 그의 도움이 필요할 때마다 한인기독교회에서 설교하고 청년들을 지도하였다. 그리고 1938년 교회 건축기금 모집에 백인 친지들을 기금 모집위원으로 임명하여 그들의 도움을 받았다. 또 교회 설계에 광화문 문루를 가미하도록 하였다. 전면에 광화문을 모방한 문루를 세운 서양식 교회당은 김찬제[97]가 설계한 것으로 약 4만 1천 달러의 총 건축비가 들었다. 모금액은 미국인 친지로부터 1만 3천 245달러와 교인들과 한인 친지로부터 받은 17,577달러였다.[98] 여섯 달에 걸친 공사 끝에 1938년 4월 24일에 헌당(입당)식을 가졌는데, 교회를 상징하는 종탑이나 십자가 대신 한국 건축양식을 가미한 교회당이 호놀룰루에 최초로 건설된 것이다. 조선 왕조의 정궁 경복궁의 전문인 광화문 문루를 가미하는 구상을 누가 했는지에 관한 기록은 전혀 찾을 수 없으나, 이승만의 구상임이 확실하다. 8살에 인천에서 온 설계가 김찬제나 비슷한 어린 나이에 이민 온 건축위원장 양유찬도 그런 구상을 할 수 없었다. 이승만은 1917년에 한인여학원이 '광화문 꽃차'를 만들어 축제에 참가하게 하기도 하였다. 광화문은 1919년 3·1운동 후 일본이 조선총독부 석조 건물을 세우기 위해 철거하기로 되었다가 반대에 부딪혀 겨우 살아남았다가 1926년에

---

97) 김찬제는 한인 최초의 건축사이며, 토목기사였다. 광화문 문루 모형은 사진을 보고 설계한 것이다. 김찬제는 8살에 1903년 이민 첫배로 26세의 형님인 내리교회 권사 김이제 내외를 따라 이민 왔다. 나이가 어려 돌려보내질까 무서워서 형님은 동생 찬제를 아들이라고 이민국에 보고하였다.

98) 『호항한인기독교회 례배당봉헌식긔념』, 「례배당건축연혁에 대하야」, 1938년 4월 24일, 4쪽.

옮겨진 아픈 역사를 가진 건축물이다. 무능하고 부정부패에 빠진 조선왕조를 비판하였고, 한국이 새롭게 기독교 국가가 되어야 한다고 주장한 이승만이 한국을 상징하는 건축물로 조선왕조의 경복궁 문루를 교회 건물에 가미한 것이다. 이승만의 민족주의 사상의 표현이다.

Ⅶ. 한인기독학원 폐교와 인하공과대학교 설립 후원

이승만은 칼리히 교사 새 시설 건축 이외에도 시설 수리비와 학교 운영비를 위한 기금 모집을 활발히하였다. 그러다가 이승만이 직접 교장으로 학교 운영에 참여한 것은 1935년 이후 약 5년간이다.

그러나 〈표 1〉에서 볼 수 있듯이, 농장에서 일하는 한인들의 수는 1920년대를 정점으로 그 후 급격히 감소하여 1930년대에는 500명 미만이었다. 그리고 1940년대에 이르러 사탕수수농장에서 일하는 한인들은 거의 없을 정도가 되었다. 1940년대에는 한인들이 대부분 도시에 살고 있었으며, 소수의 학성들을 제외하고는 모든 학생들이 집 근처 공립학교에 다녔다. 이런 상황에서 호놀룰루 칼리히 계곡에 위치한 한인기독학원의 기숙사에 살면서 이 학교에 다니는 학생 수가 감소한 것은 자연스러운 현상이었다. 부모가 없거나, 혹은 집에서 학교를 다닐 수 없는 학생들이나 기숙사에 기거하였고, 한글과 한국역사를 배우도록 하기 위해 기독학원을 고집한 몇몇 부모의 자녀 이외에는 한인기독학원이 필요 없게 되었다.

한인기독학원은 1947년에 폐교되었다.[99] 한인기독학원은 이승만이 민족주의에 입각하여 기독교 교육에 충실하면서 지도력을 겸비한 건전한

---

99) 인하대학교 편, 『인하30년사』, 1984, 9쪽.

시민을 양성하려는 목적으로 설립한 남녀공학의 학교였다. 약 30년 동안 학비는 받지 않고 기숙사비만 실비로 받아가며 2~300명의 졸업생을 배출하였다.[100] 한인기독학원 졸업생 가운데 한국으로 돌아가 활약한 사람은 아래와 같다.

〈표 1〉 한인인구/농장인구와 한인여학원과 한인기독학원 학생 수

연도	한인 인구	농장 한인	학원 위치	교장	학생수
1910	4,533	1,705	—	—	
1915			푸우누이	이승만	45-70
1916			푸우누이	이승만/Starks	73-57
1918			와이알라에	Hartson	101(남 37, 여 64)
1920	4,950	1,982	와이알라에	민찬호	144(남 77, 여 67)
1922			칼리히	Gillis	55(남 29, 여 26)
1928			칼리히	김노듸	54
1929			칼리히	김노듸	74
1930	6,461	484	칼리히	김노듸	75
1936			칼리히	이승만	40
1938			칼리히	이승만	40
1939			칼리히	이승만	38
1940	6,854	NA	칼리히	이원순 교무	NA

〈출처〉: 인구조사, RSPI, Thrum's *Hawaiian Annual*, *Advertiser*, *Star-Bulletin*, 감리교 연회록

100) 김영기, 「기독학원 인재양성」. 한편, 김원용은 한인기독학원 개교 이후 졸업생이 150명이라고 기술하였다. 앞의 책, 246쪽. 한인중앙학원의 여학생과 한인여학원 졸업생을 포함하느냐에 따라 졸업생 수가 달라진다.

월터 정(국무총리 특별보좌관), 박만서(한국전기회사 사장), 이영구(부산중학교 교장)이다. 하와이 한인사회에 널리 알려진 졸업생은 홍우원(첫 졸업생 : 카파훌루의 백화점 사장), 최성대(하와이 베이커리 산문 용달회사 사장), 박맹조(앨리스 김 : 한인양로원 원장), 최백렬(Fort Shafter 육군본부 군복 재봉소 주무원), 박진한(동지회 중앙부장겸 『태평양주보』 주필), 최을복(마우이 농림국 위원), 이갑성(미육군으로 한국주재 미군사령부에 근무), 이학신(이치기 Gertrude Lee, 실업가로 와히아와 한인기독교회 재무), 살로메 한(후에 한인양로원 원장) 등이다.[101]

넉넉한 기금이 조성될 수 없었던 가난한 한인사회에서 이승만의 끈질긴 노력과 수고로 동포들에게서 후원금을 얻어 운영해 온 학교는 폐교되었으나, 그 기지는 남아 있었다. 한인기독학원 이사회는 부지 약 24에이커를 1950년 10월에 13만 8천 5백달러에 팔았다.

이사장 양유찬은 이 기금으로 한국 대학원생들이 학업을 계속할 수 있도록 미주 본토의 대학원을 물색 중에 있었다. 그리고 학교 설립자인 이승만 대통령에게 기지 판매에 대하여 보고하면서 이 기금 사용에 대한 이승만의 의견을 물었다.[102] 이승만 대통령은 1951년 7월 14일자 답장에 방매금 중 5천 달러를 한인양로원에 기부하여, 그 돈으로 여자기숙사 건물을 수리하고, 양로원을 그 곳으로 옮겨 노인들이 거처하기에 좋도록 하라고 지시하였다. 나머지 돈(2007년도 구매가격으로 약 280만 달러)은 인천이나 서울 근처에 '한하대학'이라는 대학교를 건설할 것이라고 하였다.[103] 이승만이 구상한 공과대학은 1954년 4월에 인하공과대학으로 개교하였다. 그러나 한인기독학원 기지 방매금은 인하공대로 곧 전해지

101) 위의 「기독학원 인재양성」.

102) *Star-Bulletin*, October 12, 1950, p. 10.

103) 『태평양주보』, 1951년 8월 3일, 「기독학원 찬성회 모임에 광고하나이다」, 4쪽.

지 않았고, 호놀룰루 은행에 예치하여 이자가 많이 모아지기를 기대하였다.[104] 1962년 11월 17일에 인하대학 기금이 기금관리위원으로부터 인하대학에 전달되었고, 또 그 후 11년이 지난 1973년 10월 30일에 한인기독학원 기금에 학교 재단 이사장의 지원을 보태어 실내체육관인 '하와이 교포기념관'을 세웠다. 이 실내체육관은 1970년에 구상했던 하와이 교포기념관에 비하여 조촐하다. 더구나 이승만이 인하공과대학을 설립하면서 가졌던 계획과는 다른 결과물이다. 이승만은 그 대학 안에 한인기독학원 발기 주동자들과 또 후원회원들의 명록과 기타 역사적 관계를 기록하고 그 때의 사진과 유물을 보유하여 모든 동지들의 역사를 기록하고자 했다.[105] 다행스럽게도 인천광역시가 2008년에 이민사 박물관을 개관하게 되어 "인하대학을 중심하여 하와이 한인 이민역사와 한국 사이에 영원한 기념이 되도록 하자"고 한 이승만의 비전이 간접적으로라도 실현되게 되었다.

Ⅷ. 맺음말

이승만은 하와이에서 감리교선교부를 통하여 터전을 잡고 그의 민족주의적 종교 · 교육 사업을 이끌어 갔다. 이승만은 기독교 교육을 통하여 하와이 한인들에게 민족주의 사상을 고취시키고, 독립심을 배양하려고 하였다. 이승만이 그의 터전인 감리교회를 떠나 한인기독교회를 개척한 것도 민족주의에 입각하여 한인들이 미국교단에서 독립된 교회를 유지할 수 있다고 확신하였기 때문이다.

104) "Inha University Planned For Korea; Initiated Here," *Star-Bulletin*, February 4, 1953, p. B3.

105) 앞의 「기독학원 찬성회 모임에 광고하나이다」.

이러한 이승만에게 고립된 민족주의는 무의미했고, 미국사회에서 인정받는 민족주의여야 하였다. 학교 이사회와 교회 건축기금 위원회에 미국인을 이사로 포함한 것은 이승만이 이들 백인 친지들을 통하여 기금모집이 성공적일 수 있음을 알았을 뿐만 아니라, 이들의 참여로 인하여 자신과 한인들의 활동이 현지 신문을 통하여 적극적으로 홍보될 수 있음도 인지하였기 때문이다. 그러나 무엇보다도 이승만이 미국속의 한민족을 주장하였기 때문이다.

한인여학원과 한인기독학원은 도합 34년의 역사를 지켰다. 재정적으로 넉넉하지 않은 한인 사회, 더구나 5~7,000명 인구의 작은 사회에서 학교살림을 이끌어 왔다. 어렵게 한인들을 설득시키고, 미국인 친지들을 감명시키며 후원금을 얻어 학교 부지를 마련하고, 학교시설을 세우고, 학교를 운영한 것은 이승만 이외에는 아무도 할 수 없었던 일이었다. 2~300명의 졸업생을 배출하고 한인 사립학교의 필요성이 없어졌을 때, 한인기독학원의 남은 재산을 한국의 인하공과대학 설립으로 이어지게 한 것도 이승만이다.

한인기독교회는 90주년을 맞이하게 된 지금도 초교파 독립 교회로 초기 이민들의 후손 2세와 3세들과 한국 출생의 새 이민과 그들의 자녀들이 이끌어가고 있다. 2006년에 재건축된 교회당의 광화문 문루와 1985년에 세워진 이승만의 동상과 우남기념관 친교실이 이 교회의 역사를 일러 준다.

하와이 한인중앙학원의 설립과 운영

윤 종 문*

〈목 차〉

Ⅰ. 머리말

한인들은 1903년부터 하와이로 이민을 떠났다. 생소한 지역으로 한인들이 이주할 수 있었던 이유는 개개인의 열악한 경제적 사정, '개국진취(開國進取)' 운동의 실천이라는 한국 정부의 방침, 노동의 유연성을 확보하기 위한 하와이 농장주들의 공통분모가 겹쳐졌기 때문이다. 이 외에도 자녀들의 교육을 위해 이민을 택한 사람들도 적지 않았다. 1903년 8월 6일자 하와이 이민 고시에 의하면 "학교 설립법이 광대ᄒᆞ야 모든 섬에 다 학교가 잇서 영문을 갈아치며 학비ᄅᆞᆯ 밧지 아니ᄒᆞᆷ"이라 하였으며,[1] 멕시

* 尹宗文, 남서울대 외래교수

1) 1903년 8월 6일자 하와이 이민 모집 고시는 현재 UCLA Special Collection Department에 소장되어 있다. The Hei Sop Chin Archival Collection, Collection #367, Box6, Folde2; 이덕희, 「한인기독교회 90년

코 이민 광고에서는 "工人之子女로 ᄒᆞ야곰 長成ᄒᆞ야 年齡 七歲가 되면 所在學堂에 入學ᄒᆞ야 文明學業을 收得케 할 事"[2]라고 하여 자녀 교육을 위한 이민을 권유하고 있었다. 이상의 이유로 불모의 지역에서 희망을 찾아 떠나온 대다수의 한인들은 하와이의 여러 섬에 흩어져 사탕수수농장에서 삶을 살아갔다. 하지만 하와이에 거주하고 있던 한인들의 삶은 그 이전과 별다른 차이가 없었다. 농장주들로부터 열악한 계약조건을 받아들여야 했으며, 인종차별에 따른 심한 모멸감도 감내해야만 하였다.

농장주들의 부당한 대우 속에서 한인들은 좀 더 나은 생활을 영위하기 위해 여러 가지 방안을 강구하였다. 그들은 먼저 단체를 조직하여 한인사회의 단결을 도모하였으며, 이를 통해 농장주들의 비합리적인 행포를 막고자 하였다. 단체의 조직과 더불어 한인들은 신앙심 함양과 정신적 안정을 찾기 위해 종교 특히 교회의 설립에 앞장섰다. 다음으로 이들은 이민 온 당초 목적 가운데 하나인 자녀 교육을 위해 교회당에 학교를 설립하였다. 이로써 하와이 한인사회를 지탱하고 재생산할 수 있는 '삼발대'가 만들어 졌다. 하지만 이민 초기 학교는 단체와 교회에 비해 체계적으로 운영되지 못했다. 하와이 각 지역에 교회가 들어서고 여기에 많은 국어학교가 설립되었으나, 서당수준을 넘지 못했다. 국어교육뿐만 아니라 다양한 교육을 받을 수 있으며, 상급학교로 진학할 수 있는 학교

사」, 『한인기독교회 · 한인기독학원 · 대한인동지회』, 한인기독교역사연구소, 2008, 5쪽 : 『경향신문』, 1973년 10월 13일, 「美洲移民七十年」; 이구홍, 『韓國移民史』, 중앙신서, 1979, 87쪽; 오인환 · 공정자, 「데쉴러의 이민모집 사무소 및 사저를 찾아서」, 『구한말 한인 하와이 이민』, 인하대출판부, 2004, 67쪽.

2) 『황성신문』, 1904년 11월 24일, 「北美墨西哥國招工廣告」; 『대한일보』, 1905년 1월 29일, 「농부모집광고」; 김도형, 「멕시코 이민과 독립운동」, 『국외독립운동사적지 실태조사보고서Ⅲ : 멕시코 · 쿠바』, 한국독립운동사연구소, 2003, 15~17쪽.

가 한인들에게 필요했던 것이다. 이어 한인들은 감리교 감회사들의 도움을 받아 1906년 한인기숙학교(Korean Boarding School for Boys, 한인중앙학원의 전신)를 설립하였다.

하와이 최초의 한인 학교인 한인중앙학원(Korean Central School)[3]에 대해 기존 연구는 크게 주목하지 않았다. 일부 연구자가 하와이 전체 교육상을 밝히는 과정에서 중앙학원을 개괄적으로 언급하는 정도였다.[4] 교회사 전공자는 하와이 한인감리교회의 설립 과정을 언급하는 가운데 이 학교의 외형적인 부분만을 설명하였다. 이는 교육을 교회의 부수적인 활동영역으로서 간주하고 있음을 알 수 있다.[5] 이승만의 하와이에서의 교육활동과 관련시킨 연구도 있다. 곧 한인중앙학원에서 이승만의 교육활동에 주목하는 관점이다.[6] 이들의 연구에서는 이승만을 지나치게 부각시켜 한인중앙학원이 가지는 중요성을 부각시키지 못했다. 이처럼 기존

---

3) 영문 표현대로 하면 한인중앙학교가 되나, 당시 한인들은 한인중앙학원이라 불렀다. 본 논문에서는 한인기숙학교, 한인중앙학교를 특별한 경우를 제외하고는 한인중앙학원으로 통칭하고자 한다.

4) 김원용 저, 손보기 엮음, 『재미한인 50년사』, 혜안, 2004; 이덕희, 『하와이 이민 100년 그들은 어떻게 살았나?』, 중앙M&B, 2003.

5) 유동식, 『하와이의 한인과 교회-그리스도연합감리교회 85년사』, 그리스도연합감리교회, 1988, 19~154쪽; 이덕희, 「이승만과 하와이 감리교회, 그리고 갈등 : 1913~1918」, 『한국기독교와 역사』 21, 2004, 103~126쪽.

6) 최영호, 「이승만 하와이에서의 초기활동-교육사업과 1915년 대한인국민회 사건」, 『이승만연구』, 연세대출판부, 2000, 63~98쪽; 안형주, 「이승만과 하와이 한인청년교육」, 『미주한인의 민족운동』, 혜안, 2003, 147~170쪽; 손세일, 「이승만교장, 한국최초의 남녀공학 실시」, 『월간조선』 3, 2004, 544~574쪽; 이덕희, 「이승만의 종교활동과 교육활동」, 『이승만과 하와이 한인사회』, 연세대 현대한국학연구소 학술회의 발표논문, 2007, 3~8쪽; 이덕희, 『한인기독교회 · 한인기독학원 · 대한인동지회』, 239~260쪽.

연구는 한인중앙학원을 하나의 한인 교육기관으로서 인식하는 데 그치고 있었다.

한인중앙학원은 간략하게 언급할 '단순한' 교육기관이 아니었다. 한인중앙학원은 하와이 최초의 한인학교로서 가지는 중요성도 있지만, 하와이와 미주 한인사회와 한국의 독립운동을 지속적으로 이끌어 갔던 인재를 배출한 '요람'이었다. 이곳 출신자들은 성장하여 하와이와 미 본토에서 한인사회를 이끄는 지도자로서 또는 독립운동가로서 활동하였음이 확인된다. 이에 본고에서는 한인중앙학원의 설립과정, 운영, 교육의 내용 그리고 학생들의 활동과 학교 졸업 후 사회진출 현황 등을 파악하고자 한다. 이는 학교변천사·교육내용·학생활동 등에 대한 추적과 아울러 한인사회에서 차지하는 위상을 정당하게 자리매김하기 위함이다. 이러한 과정을 통하여 한인중앙학원이 가지는 역사적 의미를 조금이나마 밝히는 데 이바지하기를 바랄 뿐이다.

Ⅱ. 학원의 설립과 변천

하와이 호놀룰루토 이민 온 한인들은 단체의 설립을 우선시하였다. 1903년 8월 7일 신민회의 설립이 그것인데, 신민회는 한국에서 감리교인으로 활동하였던 홍승하·윤병구·안정수 등의 발기로 설립되었다.[7] 단체의 설립과 더불어 이들은 한인교회의 설립에도 적극적이었다. 1903년 11월 한인들은 안정수와 우병길을 대표로 선임하여 당시 감리교 감회사였던 피어슨(Dr. George L. Pearson)과 교섭을 추진하였으며, 그 결과 이들은 먼저 한인전도회(Korean Evangelical Society)를 조직할 수 있

7) 김원용, 『재미한인 50년사』, 76쪽.

었으며, 이는 한인감리교선교회(Korean Methodist Society)로 명칭을 변경하였다.[8] 단체 및 교회의 설립에 많은 참여를 하였던 홍승하가 신병을 이유로 본국으로 귀국하고, 피어슨도 미국 본토로 돌아감에 따라 한인감리교회의 설립은 잠시 소강상태에 접어들었다. 이러한 분위기를 타개하고 나온 사람이 피어슨의 후임으로 온 존 와드만(Dr. John W. Wadman)이었다. 1904년 감리교 감회사로 부임한 그는 1905년 4월 1일부로 한인감리교선교회를 한인감리교회로 승격시켰으며, 1905년 7월 9일 누아누 스트리트(Nuuanu Strret) 1485번지로 옮겨 교회당을 확장하였다.[9]

하와이 한인 감리교인들이 중심이 되어 단체와 교회를 설립하여 한인사회를 지탱할 수 있었던 두개의 축이 만들어졌다. 이들은 남은 또 하나의 기둥인 학교의 설립에 많은 시간을 보내고 있었다. 1905년 7월 감리교인들은 이민회사 사무원 송헌주, 해관통역 박윤섭과 더불어 교육회를 설립하였으며, 회장으로 와드만을 선정했다. 교육회에 참가한 사람들은 학교와 교회당을 설립할 목적으로 한인들을 대상으로 의연금을 모집하는 한편 감리교 감독인 해밀턴에게 도움을 요청하였다. 이들의 노력에 의해 한인감리교회는 1906년 7월 펀치보울 스트리트에 있는 일본인 기숙학교 부지로 이동하게 되었으며, 한인감리교회 소유의 교회당과 건물을 가질 수 있었다. 나아가 소유한 부지 건물에 학교를 설립하였으며, 그 명칭을 한인기숙학교라 불렀다.[10]

1906년 7월에 설립된 한인기숙학교는 9월부터 학교의 문을 열었다. 기숙학교는 "教師는 美國 男教師 一人 全女教師 二人 韓國教師 三人"·"學徒는 四五十名"으로 출발하였다. 교육은 "美國 程度를 依ᄒᆞ여 初等

8) 이덕희, 『한인기독교회·한인기독학원·대한인동지회』, 7쪽.

9) 玄楯, 「韓人의 基督教及教育의 發展」, 『布哇遊覽記』, 1909, 8~9쪽; 유동식, 앞의 책, 1988, 34~38쪽.

10) 玄楯, 『布哇遊覽記』, 10~11쪽.

中等의 科程을 敎授"[11]하였다는 점으로 미루어 보아 당시 이 학교는 하와이 공립학교 초등 교과과정에 따른 것으로 보이며, 영어, 국한문, 산수 등의 과목을 학생들에게 가르쳤다. 기숙학교의 초대교장은 와드만의 부인(Mame Wadman)이었으며, 1913년까지 부임하였다.[12] 교감으로는 1905년 홍승하의 후임으로 부임한 민찬호였다. 그는 1911년 남가주대학으로 유학을 가기 전까지 교감직을 수행하였던 것으로 보인다.[13] 이렇게 출발한 기숙학교는 1907년 미국 정부로부터 정식 사립학교로서 인정을 받았다. 이로써 중앙학원을 졸업한 학생들에게는 미국에 있는 중・고등학교를 진학할 수 있는 자격이 주어졌다.[14] 실제로 한인기숙학교는 1909년 6월 6명의 첫 졸업생을 배출하였는데, 이 중 한영대, 김덕성, 이용돌은 밀스학교로 진학하였으며, 한시대는 샌프란시스코에 있는 로웰중학교로 진학하였음이 확인된다.[15]

미국 정부로부터 정식승인은 한인기숙학교의 질적인 성장을 가져오는

---

11) 玄楯, 『布哇遊覽記』, 11쪽,

12) 『新韓國報』, 1909년 6월 8일, 「放學式의 盛況」; 『國民報』, 1913년 8월 30일, 「긔슉학교 교쟝은 다시 리박사로」.

13) 『신한국보』, 1909년 3월 23일, 「김씨피임」이라는 기사에 의하면 김유순이 한인기숙학교 교감으로 부임한다고 하였다. 이는 김유순이 한인감리교회 목사로 부임한 것을 교감으로 온 것으로 착각한 것이 아닌가 한다. 『신한국보』, 1910년 6월 14일, 「한인기숙학교 第二回 졸업식 盛況」과 1910년 9월 13일, 「寄슉學校의 開學禮式」에 의하면 민찬호는 교감으로서 활동하고 있음이 확인된다. 이로 미루어 보아 김유순은 목사로 왔으며, 교감은 민찬호가 1911년 남가주 대학으로 유학을 가기 전까지 맡았던 것으로 판단된다.

14) *Journal of the Misson of the Methodist Episopal Church*, 1908, 27쪽; 유동식, 『하와이의 한인과 교회』, 56~91쪽.

15) 『신한국보』, 1909년 10월 12일, 「帝國留學生年級表」; 『신한민보』, 1914년 9월 3일, 「한시대 박명슉 百년가약」.

계기가 되었으며, 이를 통해 많은 한인 남학생들이 이 학교로 입학을 하게 되었다. 1912년 한인기숙학교에는 한차례 위기가 닥쳤다. 위기를 조성한 사람은 다름 아닌 와드만이었다. 당시 하와이에서 일본인이 발행하던 『일포시사』 1912년 10월 5일자에는 일본영사가 한인구제금 750달러를 한인감리교회 감회사 와드만에게 전했다고 했다. 이 소식이 한인사회에 전해지자 한인감리교회 한인들은 일본으로부터 받은 돈으로 자신들의 자녀들을 공부시킬 수 없다며 난색을 표했다. 한인들의 이러한 반응에 와드만은 한인기숙학교는 감리교회에서 관리하는 것이기 때문에 한인들로부터 간섭을 받을 필요가 없다고 하였다. 그의 이러한 발언은 한인들의 감정에 기름을 붓는 격이었다. 호놀룰루에 있던 한인 학생들과 기숙학교 학생들은 동맹휴학이라는 극단의 카드를 꺼내 들었으며, 감리교 선교부 또한 와드만을 곱지 않은 시선으로 쳐다봤다.[16)]

좌・우로 협공을 받고 있던 와드간에게 행운의 '전도사'가 하와이로 찾아왔다. 1913년 2월 3일 이승만은 대한인국민회 하와이 지방총회의 반대에도 불구하고 박용만의 도움으로 하와이 호놀룰루에 입성하였다. 박용만에 의해 치장되어 있던 이승만이 하와이로 도착하자 많은 한인들은 그를 환영했다. 이러한 광경을 목격한 와드만은 자신이 처한 난국을 타개할 수 있는 인물로 이승만을 지곡하였으며, 상동청년회 시절부터 교육가로서 활동한 경험이 있던 이승만으로서는 와드만의 제안을 거부할 이유가 없었다. 그의 부탁을 받은 이승만은 호놀룰루에 거주하던 한인들의 감정을 추스르는데 앞장섰다. 이에 대한 보답으로 와드만은 자신의 부인을 밀어내고 이승만에게 한인기숙학교 교장을 맡아주기를 청했으며,[17)] 이승만은 이를 받아들였다.

---

16) 김원용, 『재미한인 50년사』, 44~45쪽.

17) 김원용, 『재미한인 50년사』, 44~45쪽.

와드만의 부인을 대신하여 한인기숙학교 제2대 교장으로 취임한 이승만은 1913년 9월 “하와이 군도에 한인의 학교가 즐비하고 이 학교는 중앙의 위치를 취하여 호놀룰루에 있는 까닭”이라 하여 학교의 명칭을 ‘한인중앙학원’으로 변경하였다.[18] 학교명의 변경과 더불어 수업내용을 영문과, 한문과, 국한문 과정으로 세분화하였으며, 성경과정을 신설하여 필수과목으로 지정하기도 했다.[19] 그리고 그는 낙후된 학교시설 특히 기숙사를 보수 확장하였다.[20] 이승만의 이러한 노력으로 30여명에 지나지 않았던 한인중앙학원의 학생 수는 6개월 만에 3배가 넘는 103명으로 증가하게 되었다.[21] 이는 이승만에 대한 호놀룰루 한인들의 신뢰가 깊었음을 의미하는 것이며, 동시에 이승만의 ‘힘’이기도 하였다.

또 한 가지 특기할 것은 1914년 봄학기부터 한인중앙학원은 중대한 변화를 맞이하였다. 이승만은 1913년 7월 29일 마우이섬을 둘러보고 오는 길에 한인여자 5명을 데리고 왔으며, 한인중앙학원에 여자기숙사가 없어 이들을 수잔나 웨슬리 홈(Susannah Wesley Home)에 기숙하도록 하였다.[22] 이 학교는 한인기숙학교 설립 당시 많은 역할을 하였던 해밀턴 감독의 부인이 건립하였다.[23] 이 학교는 일본여성 이민자들에게 재봉틀과 영어를 가르쳤다. 1907년 처음으로 어린 한인여자 한명이 기숙하기

---

18) 『국민보』, 1913년 8월 30일, 「긔슉학교 교쟝은 다시 리박사로」, 9월 6일, 「한인중앙학교」; 『신한민보』, 1913년 9월 12일, 「긔슉학교와 리박ᄉ」, 9월 19일, 「리박ᄉ와 듕양학교」.

19) 『국민보』, 1913년 9월 6일, 「한인즁앙학교」; *Journal of the Misson of the Methodist Episopal Church*, 1914, 21~23쪽.

20) 『국민보』, 1913년 8월 30일, 「긔슉학교 교쟝은 다시 리박사로」, 9월 6일, 「한인즁앙학교」; 『태평양잡지』, 1913년 11월 1호, 「한국녀자긔슉ᄉ」.

21) 『국민보』, 1913년 12월 13일, 「즁앙학원 학도의 쏘커볼 대승젼」.

22) 이덕희, 『한인기독교회 · 한인기독학원 · 대한인동지회』, 240쪽.

23) 『국민보』, 1914년 4월 18일, 「해밀턴 감독이 하와이 심방」.

시작했으며, 1909년에는 19명에 달했다. 1911년에는 한인여학생들을 위해 한국어를 일주일에 두 번씩 교수했다. 그리고 이승만이 한인중앙학원 교장에 있을 때에도 웨슬리 홈에는 많은 한인여학생들이 기숙하고 있었다.[24] 이승만은 1913년 가을부터 여자기숙사 건립과 더불어 한인여학생들을 한인중앙학원에 받아들이려 하였다.

이승만의 이러한 태도에 웨슬리 홈학교는 경계를 하기 시작하였다. 그 학교 관계자들은 한인 "녀학싱을 우리 학교에 보니면 학교에셔 홈을 관할ᄒᆞ리라"[25]고 하여 우려를 표했다. 이들이 이러한 반응을 보인 것은 어찌보면 당연하였다. 1906년 하와이 감리교선교부가 학교를 세울 당시 감리교 이사부가 재정후원을 한 감리교본부 여선교회(Methoist Women's Missonary Society)에게 한인중앙학교가 여학생 교육에는 관여하지 않겠다고 약속하였기 때문이다.[26] 하지만 이러한 사실을 모르고 있던 이승만은 "우리는 그 홈을 조금도 쥬쟝ᄒᆞ고 십흐던지 간셥ᄒᆞ려는 것은 업고 다만 교육 일ᄉᆞ에는 우리가 남의 일로 볼 수 업다 ᄒᆞᄂᆞ니 이는 그 녀ᄌᆞ들을 바로 교육식히는 것이 그 녀ᄌᆞ들의 장릭 신셰며 뎌의 부모 친쳑과 뎌의 동족의게 관계가 대단 긴졀홈이니"[27]라고 하며, 1914년 봄학기부터 한인중앙학원을 남녀공학제로 개편하였다.[28] 그리고 웨슬리 홈에 다니고 있던 한인여학생들을 한인중앙학원에 받아들였으며, 이들의 거주공간을

---

24) 이덕희, 『하와이 이민 100년 그들은 어떻게 살았나?』, 64~65쪽.

25) 『태평양잡지』, 1913년 11월 1호, 「한국녀자긔숙ᄉᆞ」.

26) 이러한 약속에 대해 와드만은 이승만에게 알리지 않았으며, 와드만의 후임으로 온 프라이(William H. Fry) 감리사도 처음 이 사실을 몰랐다, 이덕희, 『한인기독교회 · 한인기독학원 · 대한인동지회』, 240쪽.

27) 『태평양잡지』, 1913년 11월 1호, 「한국녀자긔숙ᄉᆞ」.

28) 한인중학교가 남녀공학제를 실시하자 *Advertiser*지에서도 관심을 표했다. *Advertiser*, 1913년 12월 14일, "Korean Institute Tries Despite Confuciu."

확보하기 위해 한인들로부터 의연금을 걷어 들여 여자기숙사를 확장하였다.[29)]

중앙학원의 이러한 움직임에 대해 웨슬리 홈 교장 Mrs 앤더슨은 한국 인종으로서 남녀가 같이 공부한다는 것은 불가하며, 중앙학원은 공립학교에 비해 수준이 떨어진다는 점, 여자들이 중앙학원에 다니면 중앙학원에서 웨슬리 홈을 관리할 수 있으며, 웨슬리 홈에서 기숙하며 다른 학교를 다닌다는 것은 학교의 규칙에 어긋난다는 등의 이유를 제시하며 불가입장을 표했다.[30)] 이승만은 그녀의 주장에 대해 조목조목 비판하면서, "우리가 학교에셔 교육홀 것은 다만 말과 글뿐이 안이라 한국 빅셩의 뇌수에 한국 졍신을 너어쥬어…쟝릭에 남의 압졔와 능욕을 면ᄒᆞ며 ᄌᆞ유 힝복을 누리고 살아볼 모든 긴요ᄒᆞᆫ 문제를 틈틈이 갈아쳐 볼지라"고 하여 한인여학생에 대한 교육의 실시를 재천명하였다.[31)] 이러한 이승만의 주장에 호응하듯 1914년 가을학기부터는 45명의 여학생들이 한인중앙학원에서 수업을 받기에 이르렀다.[32)]

이승만이 주도한 여자기숙사 설립 문제는 웨슬리 홈뿐만 아니라 국민

---

29) Bureau of Conveyances, Book 408, pp. 307~308; 이덕희, 『한인기독교회・한인기독학원・대한인동지회』, 242쪽.

30) 『국민보』, 1913년 10월 11일, 「한인녀학싱 긔슉사」, 10월 15일, 「한인녀학싱 긔슉사」; 『태평양잡지』, 1913년 11월 1호, 「한국녀자긔슉ᄉᆞ」.

31) 『태평양잡지』, 1913년 11월 1호, 「한국녀자긔슉ᄉᆞ」.

32) 웨슬리 홈에 다니던 한인여학생들이 한인중앙학원으로 오게 된 것은 학교 수업에 문제가 있었기 때문이다. 이 학교에서는 한국어에 대한 교육이 부재하였던 것은 아니었으나 비중은 크지 못했으며, 많은 시간을 영어수업에 할당하고 있었다. 이를 지켜본 이승만은 한인으로서의 국어교육 필요성을 제시하고 지나치게 미국화되어 가는 것을 방지하기 위해 중앙학원 국한문과에 학생들을 수업 받게 하였던 것이다(『국민보』, 1913년 10월 15일자 「한인녀학싱 긔슉사」).

회와도 분쟁을 낳았으며, 하와이 한인사회와 한인중앙학교 존폐에 있어 일대 분수령이었다. 1913년 12월 감리교 총회에서는 중앙학원 남자기숙사 확장 공사를 위해 3,000달러를 지원하기로 결정하였으며, 1914년 3월경부터 공사에 들어갔다.[33] 문제는 새로 건축하게 될 여자기숙사 부지와 소유권이었다. 이승만은 국민회가 예배당으로 사용하기 위해 구입한 엠마(Emma) 기지를 기숙사로 사용할 수 있도록 요구하였으며, 국민회는 이를 허락하였다.[34] 국민회는 1914년 1월 대의회의 의결을 거친 후 참의원에 회부하였으나 의원들 전체 반대로 부결되었다.[35] 이승만이 국민회의 이러한 결정에 반발하자 국민회는 1914년 2월 다시 의회를 개최하여 부지의 명칭을 한인여자기숙사라고 하였으며, 국민회 교육부로 하여금 관할하게 하였다.[36] 하지만 이승만은 교육과 출판의 일은 자신에게 일임하기로 하였던 국민회가 기숙사 소유권을 가지자 여기에 대해 반발하였다.[37]

소유권 문제뿐만 아니라 국민회의 한인중앙학원 재정지원에 대해서도 이승만은 불만의 목소리를 공공연히 드러냈다. 국민회는 1913년부터 한인학교에 대해 보조금을 지급하였는데, 한인중앙학원과 웨슬리 홈에는 예산부족의 이유로 지원 대상에서 제외시켰다.[38] 국민회의 이러한 방침

---

33) 『국민보』, 1913년 12월 17일, 「우리 즁앙학원 긔숙샤를 위ᄒᆞ야 미이미교회 총회에서 三千원 금액을 ᄌᆞ출」; 『태평양잡지』, 1914년 1월 5호, 「호항한인학교」.

34) 『국민보』, 1914년 1월 24일, 「의회안헤 각양 긴요한 의안」.

35) 『국민보』, 1914년 1월 28일, 「참의원들은 긔숙사 건축과 내디젼도를 젼톄로 반대」.

36) 『국민보』, 1914년 2월 4일, 「의회에 뎨출되엿든 녀자긔숙샤 사건」; 김원용, 『재미한인 50년사』, 112~113쪽.

37) 『태평양잡지』, 1914년 3월 7호, 「호항한인녀ᄌᆞ기숙샤」.

38) 『국민보』, 1914년 1월 24일, 「의회 안헤 각양 긴요ᄒᆞᆫ 의안」.

에 이승만은 반발하고 나왔다. 1914년 3월 이승만은 국민회와의 결별을 선언하였으며, 여자기숙사 설립을 독자적으로 해결하려 하였다.[39] 그는 하와이 여러 한인들로부터 의연금 3,600달러를 받았으며, 이 가운데 2,400달러를 1914년 7월 에비뉴 지역에 여자 기숙사를 건축하는데 사용하였다.[40] 이처럼 이승만은 남자기숙사와 더불어 여자기숙사를 건축함에 따라 하와이 한인사회에 있어 자신만의 입지를 구축할 수 있었다.

하지만 한인중앙학원을 운영하는 감리교측의 입장에서는 이승만의 독자적 행동이 그리 달갑지만은 않았다. 감리교회 총회는 1914년 스미스(Smith)를 대신하여 프라이(William H. Fry)를 한인감리교회 감회사로 파견하였다.[41] 1914년 6월에 도착한 프라이는 이승만의 교육활동 특히 여학생 기숙사 건축과 교육에 대해 적극적으로 협조하였으나, 감리교 이사부에서는 이승만의 여학생 기숙사 건립을 위한 개인적 모금활동에 대해 의심의 눈초리를 보냈다.[42] 감리교 이사부의 이러한 행동을 마냥 쳐

---

39) 『태평양잡지』, 1914년 3월 7호, 「호항한인녀즈기숙샤」.

40) 『국민보』, 1914년 8월 1일, 「녀자긔숙샤를 민입」.

41) 『국민보』, 1914년 4월 18일, 「스미트 목샤의 쳔뎐」, 5월 20일, 「스미트 박새를 뎐별」, 7월 1일, 「프라잇 박샤의 안챡」, 7월 18일, 「프라잇씨 환영」.

42) 이덕희, 『한인기독교회 · 한인기독학원 · 대한인동지회』, 31~34쪽. 한편 프라이와 이승만의 갈등을 교육관에서 찾아보는 견해도 있었다. 최영호는 올리버의 견해를 인용하여 프라이와 이승만의 갈등은 서로 다른 교육관에서 표출되었다고 하였다. 즉, 프라이를 대표로 하는 감리교회는 한인을 미국화시키는 데에 교육의 목적을 둔 반면 이승만은 한국의 독립을 위한 인재양성에 교육의 목적을 설정하였다는 것이다. 이 양자가 가지고 있는 교육관은 근복적으로 다른 것이었으며, 이 둘은 충돌할 수 밖에 없다는 것이 최영호의 주장이었다(최영호, 「이승만 하와이에서의 초기활동」, 77쪽). 하지만 이원순의 회고록에는 이와는 다르게 기술되어 있다. 이승만은 한인기숙학교 교장으로 부임하기 전 한인감리교회와 더

다보고 있을 이승만이 아니었다. 1915년 4월경 한인중앙학원을 사임한 그는 한인들을 대상으로 "한인의 학교는 한인의 힘으로"라는 명분을 내걸면서, 한인중앙학원의 여학생들을 중심으로 1915년 가을학기부터 한인여학원을 설립하였다.[43] 이승만이 여자학원을 설립하였다는 것은 한인감리교회와의 결별을 의미함과 동시에 한인중앙학원의 폐교를 알리는 신호탄이기도 했다.

1915년 한인중앙학원에서 독립한 이승만은 한인들의 의연금을 바탕으로 한인여학교의 건물을 신축함과 동시에 대한인국민회 하와이지방총회를 움직여 예산의 대부분을 한인여학교 남자기숙사 설립에 이용하였다.[44] 이승만의 한인여학교가 외연으로 팽창하는 가운데 한인중앙학원은 쇠락의 길을 면치 못했다. 이승만 후임으로 '폐지'가 교장으로 부임하였지만 한인 학생들과의 관계가 원만치 못하였으며, 이것을 해결하기 위해 뉴욕에서 대학을 마친 송헌주를 한인중앙학원 교사로 불렀다.[45] 폐지 나름의 자구책에도 불구하고 한인 학성들의 대부분은 중앙학원에서 이탈해갔다. 1916년 6월 호놀룰루 일본 총영사 모로이 로쿠로(諸井六郎)가 일본 외무대신 이시이 기쿠지로(石井菊次郎)에게 보낸 보고문에 의하면, 한인여학원의 학생수는 62명이었던 반면 중앙학원의 학생수는 44명에 불과했다.[46] 비단 학생들의 이탈뿐만 아니었다. 중앙학원의 교사로 왔던

불어 다른 교회의 한인들로부터 초청을 받고 있었다. 이 양자 사이에서 갈등한 이승만은 결국 한인감리교회를 택하는 데 그 이유는 한인기숙학교의 수업내용이 동, 서양 어느 한쪽에 기울지 않고 중립적이었기 때문이라는 것이다(이원순, 『세기를 넘어서-해사 이원순자서전』, 신태양사, 1989, 108~109쪽).

43) 김원용, 『재미한인 50년사』, 44~45쪽.

44) 『우남이승만문서 : 동문편』 12, 하와이 · 미주 교민단체 관련문서, 「공텹」, 연세대 현대한국학연구소, 1998, 19~20쪽.

45) 『신한민보』, 1916년 2월 6일, 「즁앙학원 교장변동」.

송헌주는 1917년 한인여학원 부교장으로 갔다.[47)]

학생과 교사들이 한인중앙학원을 떠남으로 인해 이 학교의 형편은 더욱 어려워졌다. 이를 보다 못한 감리교 총회는 1918년 중앙학원에 1,200달러를 지원해주는 한편 학교의 운영권을 한인들에게 맡겼다.[48)] 이에 한인 감리교회 목사들과 방화중, 이선일이 중심이 되어 중앙학원 이사부를 조직하여 한인들을 대상으로 의연금을 모집하는 등 학교의 재건에 힘썼다. 중앙학원의 이러한 움직임에 대해 이승만은 곱지 않은 시선으로 쳐다봤다. 1915년부터 대한인국민회 하와이지방총회를 잠식해 들어가기 시작한 그는 1918년에 이르면 완전히 수중에 넣었으며, 이를 발판으로 한인중앙학원을 압박해 들어오기 시작했다. 그는 안현경으로 하여금 중앙학원은 한인의 것이 아니기 때문에 도울 필요가 없다는 조의 논설을 『국민보』에 개제하게 하였다. 이승만의 날선 공격에 방화중이 통첩을 발행하여 부당성을 지적하기도 하였지만 한인들의 반응은 냉담했다.[49)] 결국 감리교 총회의 재정지원만으로는 학교를 유지할 수 없었던 한인중앙학원은 1918년 9월 폐교가 되었다.[50)]

46) 『不逞團體關係雜件-朝鮮人ノ部 : 在歐美(2)』, 公제146호, 「在布哇 朝鮮人學校ニ關スル件」(1916. 8.15).

47) 『우남이승만문서 : 동문편』 12, 「디방찬성회장」, 11~12쪽.

48) 『신한민보』, 1918년 9월 12일, 「듕앙학원의 계속 유지…동포의 협력을 요구」.

49) 『신한민보』, 1918년 10월 3일, 「듕앙학원의 선언…핍박을 밧은 효험」; 『우남이승만문서 : 동문편』 12, 「특별통텹」, 17~18쪽.

50) 김원용, 『재미한인 50년사』, 51쪽.

Ⅲ. 학원의 운영 현황

1906년부터 1918까지 13년간 지속된 한인중앙학원이 누구에 의해 어떻게 운영되어 갔는지 살펴보자. 현순(玄楯)의 『포와유람기(布哇遊覽記)』에 의하면, 설립당시 기숙학교의 교사로는 미국인 남자 1명, 여자 2명, 한인 교사 3명이 있었다.[51] 이들이 누구였는지 현재 확인되지 않는다. 다만 현재 남아 있는 구술 자료를 통해서 어느 정도의 짐작은 가능하다. 미국인 남교사는 한인감리교회의 산파역을 자임했던 와드만이었으며, 미국인 여교사 두명은 와드만의 부인과 그녀의 딸이 아니었는가 한다. 한국인 교사로는 민찬호가 있었다.[52] 1909년 한인기숙학교 교사로는 민찬호와 더불어 감리교회 목사로 활동하였던 김유순, 사진기술을 담당하는 최창근, 한문을 담당한 고석주, 시카고 대학을 졸업하고 한인기숙학교에서 영어를 담당하였을 것으로 보이는 프랭크 리 등이 있었다.[53] 1910년에는 고석주가 학생과의 분쟁으로 사임을 하자 그 후임으로 최형춘이 부임하였다.[54]

이승만이 한인중앙학원 교장으로 부임하는 1913년부터 학교가 폐교되는 1918년까지의 교사명단은 비교적 자세히 파악해 볼 수 있다. 중국인의

51) 玄楯, 『布哇遊覽記』, 11쪽.

52) 와드만과 Mrs 와드만이 교사였을 것이라는 짐작은 필자의 추측이며, 와드만의 딸과 민찬호가 교사였다는 것은 신성려가 강영승의 부인과 가진 대담에서 확인해 볼 수 있었다. 신성려, 『하와이 이민약사－인맥을 통해 본 삶의 현장기』, 고려대학교 민족문화연구소, 1988, 113쪽.

53) 『신한국보』, 1909년 3월 23일, 「김씨피임」, 4월 27일, 「사진뎐습소의 셜치」, 5월 11일, 「사진뎐습소의 닉용」, 8월 10일, 「교ᄉᆞ취빙」, 9월 14일, 「후회가 업슬는지」, 9월 28일, 「교ᄉᆞ 연빙이 받다」, 9월 28일, 「긔슉교의 환영회」, 10월 5일, 「고씨는 긔슉교의 교ᄉᆞ」.

54) 『신한국보』, 1910년 5월 10일, 「교ᄉᆞ유인」.

노예였다가 풀려난 채금동을 중앙학원에 입학하게 도와준 이판목, 샌프란시스코 총영사였던 주영한이 학교를 다닐 당시 근무하였던 이관구, 이승만의 남녀공학 조치에 반발한 국한문 교사 김형근, 이승만이 중앙학원을 사임한 이후 학교의 재건을 위해 부임한 송헌주, 1917년 교사로 부임한 이후『계림춘추』를 발간하였던 조성환, 중앙학원을 끝까지 지키고자 하였던 방화중, 이선일 등이 한인의 교사로 근무하였다.[55] 미국인 교사로는 1913년 이승만이 영어야학교를 만들 때 영어교사를 담당하였던 빠들리, 여자기숙사 창설시 기숙사를 담당하였던 디들레, 이승만 후임으로 부임한 교장 '폐지' 그 외에 성경반을 담당한 스미스 감회사, YMCA의 잭쓴, 주부켄(Rudolph Zurburchen) 등이 있었다.[56] 중앙학원에 몸담고 있었던 미국인 교사들은 감리교회 활동차원에서 일하였으며, 한인 교사들은 미주나 하와이 각지에서 단체 및 종교 활동에 몸담고 있던 인물들이었다.

한인중앙학원의 학제에 대해 살펴보면, 이 학교는 설립당시 수업년도가 총 4년이었다. 이는 1909년에 한인기숙학교가 첫 번째 졸업생을 배출하였다는 점을 통해 짐작해 볼 수 있다.[57] 전체 학년이 4년제로 구성되었던 중앙학원은 1912년 경 6년제로 바뀌었다. 그 이유는 이 학교의 졸업과 동시에 정부학교 8년 과정에 편입하여 중학교로 진학하기 위함

55)『국민보』, 1913년 9월 3일,「채금동이 즁앙학원에 입학」, 11월 5일,「적十자표 五十萬쟝 :『신한민보』, 1916년 2월 2일,「즁앙학원 교쟝변동」, 1917년 8월 30일,「죠셩환씨는 하와이로 향함…二十八일 "셰아라" 션편」, 1918년 1월 3일,「계림춘츄발간」; 신성려,『하와이 이민약사』, 164쪽; *Journal of the Misson of the Methodist Episopal Church*, 1914, 21~23쪽.

56)『국민보』, 1913년 9월 24일,「영어야학교」, 10월 15일,「한인녀학싱 긔슉사」;『신한민보』, 1916년 2월 2일,「즁앙학원 교쟝변동」; *Journal of the Misson of the Methodist Episopal Church*, 1914, 21~23쪽.

57)『신한국보』, 1909년 6월 8일,「放學式의 盛況」.

이었던 것으로 보인다.[58] 그러나 1914년부터 중앙학원의 출신들은 중학교에 입학할 수 없게 되는 현상이 벌어졌다. 이승만은 이러한 문제점을 해결하기 위하여 학년을 8년제로 개편하였으며, 동시에 고등제도를 도입하였다. 그 결과 중앙학원 출신들은 다시 중학교에 입학을 할 수 있게 되었다.[59] 이러한 학년제도와 더불어 한인중앙학원은 매년 6, 12월에 방학을 하였으며, 3월과 9월에 수업을 받았다. 특히 여름에는 썸머스쿨을 열어 수업을 지속하기도 했다.[60]

다음으로 중앙학원은 어떠한 재정을 바탕으로 운영되었는지 살펴보자. 먼저 학교가 운영될 수 있었던 것은 학생들로부터 학비를 받았기 때문이다. 1913년 당시 학생 1인당 1년치 학비는 기숙사비를 포함하여 60달러였다.[61] 당시 농장 노동자들의 월급이 24~30달러였던 점을 감안해 본다면, 학생들에게 있어 학비는 상당한 부담감으로 작용하였을 것이다. 이에 학교측에서는 부담을 줄이기 위하여 반년치 30달러만 받거나, 그것도 여의치 않으면 학생들에게 일자리를 알선하여 학비를 충당하게 하였다.[62] 학교 측의 배려와 더불어 당시 하와이에 거주하던 한인들은 자녀들이 학교에서 공부를 할 수 있도록 의연금을 지급하기도 했다. 예컨대, 1910년 한인기숙학교에서 수업을 받던 노진국을 위하여 한인들은 개별적으로 학비나 공부에 필요한 물품을 제공해 주었다.[63] 노진국 외에도

---

58) 『태평양잡지』, 1913년 11월 1호, 「한국녀자긔숙ᄉ」.

59) 『국민보』, 1914년 6월 17일, 「한인 즁앙학원 졸업식과 밋 력사뎍 연극」.

60) 『신한국보』, 1909년 8월 17일, 「긔숙교 긔학뎡긔」, 1910년 6월 14일, 「韓人寄宿學校 第二回 졸業式 盛況」, 12월 27일, 「放學과 誕日禮式」; 『국민보』, 1914년 6월 27일, 「즁앙학원에 썸머슥홀」.

61) 『국민보』, 1913년 9월 6일, 「한인즁앙학교」.

62) 『신한국보』, 1910년 6월 28일, 「학교의 학비」; 『국민보』, 1913년 9월 6일, 「한인즁앙학교」.

63) 『신한국보』, 1910년 5월 3일, 「셩심연금」, 11월 29일, 「感賀義捐」.

한인기숙학교에 다니던 많은 학생들은 한인들로부터 의연금과 물품을 지급받았다.[64)]

학생들의 학비만으로 학교를 운영하기에는 여러 가지로 역부족이었다. 교실 등이 낙후되었을 경우 상당한 비용이 드는 것은 당연했다. 특히 기숙사의 보수 및 확장은 중앙학원이 매년 겪는 문제이기도 하였다. 1910년 6월 한인기숙학교는 기숙사 수리비가 부족하였는데, 당시 기숙학교 학생이었던 김종석이 하와이 여러 섬을 돌며 한인들로부터 의연금을 받아 해결하였다.[65)] 더욱이 해마다 증가하는 학생들을 수용하기 위해서는 기숙사의 확장이 필수적이었다. 1913년 이승만이 한인중앙학원 교장으로 부임하면서 학생 수는 3배가 넘게 증가하였으며, 학교는 한인들로부터 의연금을 받아 임시적으로 보수, 확장 공사를 할 수밖에 없었다.[66)] 하지만 그것은 근본적인 대책이 아니었으며, 한인중앙학원 관계자들은 감리교로부터 지원을 받지 않을 수 없는 처지에 놓이게 되었다. 1914년 감리교 총회에서는 이러한 문제점을 해결하기 위해 3,000달러를 지원하였다.[67)] 이처럼 한인중앙학원은 많은 한인들과 감리교회의 지원 속에서 학교가 운영되어 갔다.

---

64) 『신한국보』, 1910년 4월 26일, 「량씨긔부」, 5월 10일, 「빅씨셩의」, 5월 17일, 「感賀」, 9월 16일, 「感賀義捐」, 9월 27일, 「연금권학」, 10월 18일, 「감하의연」, 11월 8일, 「감하의연」; 『국민보』, 1914년 1월 7일, 「학생을 도음을 감샤」.

65) 『신한국보』, 1910년 6월 28일, 「公益이라면 발 벗고 나셔」, 7월 12일, 「줌치를 기우리오」, 8월 9일, 「연금八百」, 8월 16일, 「학교즁슈」, 9월 13일, 「寄宿學校의 義捐額」.

66) 『국민보』, 1913년 9월 6일, 「한인즁앙학교」.

67) 『국민보』, 1913년 12월 17일, 「우리 즁앙학원 긔슉사를 위ᄒᆞ야 미이교회 총회에서 三千원 금액을 지출」; 『신한민보』, 1914년 1월 1일, 「하와이 듕앙학원」.

Ⅳ. 학원의 교육내용

1. 정체성과 언어교육

1903년부터 하와이로 이민 온 한인들이 당장 겪어야 할 문제는 언어소통의 부재였다. 농장 노동에 있어 통역이 있기는 하였으나 그 수는 극히 미비하였으며, 일상생활에서 오는 불편함도 감내해야만 했다. 한인들은 언어소통의 문제를 해결하기 위하여 쉽게 배울 수 있는 영어책을 제작하여 판매하기도 하였으며, 교회 예배당에서 영어야학을 개설하기도 하였다.[68] 하지만 이러한 것은 근본적인 대책이 아니었다. 더욱이 이민 올 때 같이 온 어린 자녀와 하와이에서 태어난 자녀들에게는 향후 전개될 그들의 삶에 있어 체계적이고 근본적인 영어교육이 필요로 했던 것이다. 이에 하와이에 세워진 한인학교에서는 다른 어학과목보다도 영어교육을 중시했으며, 필수과목으로 지정하는 학교도 늘어갔다.[69]

한인중앙학원도 위와 같은 분위기 속에서 예외일 수 없었다. 설립 당시부터 국한문·산술과 더불어 영어를 가르쳤으며,[70] 교감이었던 민찬호는 "영어 에이비씨로부터 대한 반절과 40일 간 공과와 회화 1천 마디와 각항 요긴한 단자 4천여 자를 조합"하여 만든 영어 교재를 출판하기도 했다.[71] 한인중앙학원은 다른 한인학교보다 영어교육에 더 많은 힘을 기울였던 것으로 보인다. 이는 유명한 영어교사를 초빙하거나, 졸업한 학생들로 하여금 영어로 연설하게 하였다는 사실을 통해 확인해 볼 수 있

68) 『신한국보』, 1909년 2월 12일, 「룩 히어 화이」, 3월 30일, 「韓英新書出現」, 5월 4일, 「리씨셩광」.

69) 『신한국보』, 1909년 3월 30일, 「生徒募集廣告」, 8월 24일, 「韓明義塾生徒募集廣告」, 9월 28일, 「한명의슉의 한영교과」.

70) 玄楯, 『布哇遊覽記』, 11쪽.

71) 『신한국보』, 1909년 9월 7일, 「緊急廣告」.

다.[72] 이승만이 교장으로 부임하면서 영어교육은 한층 강화되었다.[73] 중앙학원의 영어교육 강화와 더불어 영어 야학교를 설립하였다.[74] 영어 야학교는 학생들로부터 한달에 '1원 50전'을 받았으며, 교사는 한인중앙학교 영어교사 '빠들리'였다.[75] 한인중앙학원 학생들은 영어야학 신입생들과 더불어 영어 속성과정을 수학하였던 것으로 생각된다.

미국에서의 효율적인 삶을 위해 시작된 영어교육은 한인자녀들로 하여금 미국적인 삶을 스스로 체화하게 하였으며, '한국적인 것'을 천시하는 풍조를 낳았다. 『신한국보』 1909년 9월 21일자 「我 學生의 秋期開學」의 논자는 "외국인 교장의 단속으로 인하여 날이 다하며 해가 바뀌도록 리딩(영어독본)지요, 그래피(영어지리)에 순결한 뇌근을 허비할 따름이오. 자국의 사적과 풍교는 가히 좇아 들을 곳이 없는 고로 워싱턴의 영웅과 래리쏜의 군략을 말하면 흉금이 쇄락하여 첩첩이구로 장강대하를 기울여도 단군의 신성과 광개토왕의 공적을 물으면 늦은 가을 찬바람에 병든 매미가 입을 봉하여 능히 한 구절을 대답지 못하며"라고 하여, 당시 한인학교의 교육 실태와 한인 학생들의 자세에 대해 일침을 가했다. 이러한 현상은 한인중앙학원 학생들에게서도 보였다. 당시 기숙학교 교장이었던 와드만의 부인은 졸업식에서 공개적으로

금번 하기시험은 제군의 열심 주공으로 인하여 그 성적이 심히 아

72) 『신한국보』, 1909년 6월 8일, 「放學式의 盛況」, 8월 24일, 「開學廣告」.

73) 『국민보』, 1913년 9월 6일, 「한인즁앙학교」.

74) 『국민보』, 1913년 8월 16일, 「영어야학」, 8월 30일, 「영어야학을 환영티 안눈지」, 9월 6일, 「영어야학을 위ᄒᆞ여 겨우 十三인이 응모」, 9월 10일, 「영어야학도가 일차 회집」.

75) 『국민보』, 1913년 9월 24일, 「영어야학교 ○○○일」, 10월 1일, 「야학교의 개학」.

> 름답고 겸하여 한문 과정도 우등 성적을 가진 자가 많으니 나의 심히 끼버하는 바라. 그러나 그 중에 몇몇 학생은 영문과에는 우등성적을 얻었으되 한문과에는 힘쓰지 아니한 고로…제군은 아무쪼록 영문의 역사 **지리 산술 물리 등 제반 학술을 힘쓰는 동시에 본국 역사 지지와 기타 제반 학술을 힘쓸 의무**를 잊지 말고[76]

라고 하여, 지나치게 미국인화 되어 가는 것을 경계하고 나왔다. 그러면 왜 한인 학생들은 영어와 미국적인 삶을 중시하는 것일까. 1907년 하와이에서 태어난 한인여성은 "우리들은 모두 모국어인 한국어를 읽고 쓰고 배웠으며…당시 나는 그러한 공부에 흥미가 없었으며, 따분하고 시간낭비라고 생각했다. 내 생각에는 영어면 충분했고…학교(한국어를 가르치던 곳을 말한다 : 필자)에 가면 그 충직한 유교선비는…유교 고전의 신비를 가르쳤다"[77]라고 고백하였다. 이 한인여성의 구술을 통해 당시 한인 학생들이 영어와 한국어에 대해 가지고 있던 심성을 읽어낼 수 있지 않을까 한다. 당시 한인 학생들은 한국어를 신비감(무용성)으로 등치시키며 현실생활과는 거리가 먼 것으로 간주하는 반면 영어는 학생들의 생활과 인간관계에 있어 실용적인 것으로 생각하였다. 어린 나이에 이민을 왔거나 하와이에서 태어난 학생들에게 있어 어려운 한국어를 굳이 배우기보다는 실용적인 영어를 배우는 것이 이들에게는 더 유익했던 것이다.

한인 학생들에게서 위와 같은 현상이 나타나는 이유는 차등화된 문명관에서도 찾아볼 수 있다. 널리 알려져 있듯이, Civilization은 Culture와

---

76) 『신한국보』, 1910년 6월 21일, 「와드먼 목스를 감샤하여 동포 학싱과 부형 졔군의게 고ᄒᆞ노라」.

77) *Life History*, University of Oregon Library : Wayne Patterson, *THE ILSE ; First-Generation Korean Immigrants in Hawai'i, 1903~1907*, University of Hawai'i Press, 2000, p. 118.

더불어 서양인들이 자신들의 정체성을 찾기 위하여 만든 것이며, 이는 비서양권을 침략할 때 정당성을 확보해 주는 개념이기도 하였다. 서양은 문명, 비서양은 야만이라는 이분법적 구도를 서양인들은 강요하였으며, 침략을 받는 비서양국가들의 지식인들은 이를 받아들였다. 즉, 야만인 비서양권 국민들은 문명국으로 나아가기 위해서는 그들의 각종 제도와 종교 및 삶의 양식을 본받아야 한다는 것이다.[78] 한국의 계몽주의 계열 지식인들도 예외는 아니었다. 특히 이들은 미국에 대해 '이십세기 극도에 달한 문명국'으로 인식하고 있었다.[79] 당시 지식인들의 인식이 이러했다는 점을 감안해 본다면, 나이 어린 학생들에게서는 정도가 더 심했을 것으로 판단된다. 어려운 생활여건 속에서 살아가는 부모들과는 달리 한인 학생들은 '초라한' 한국인으로서의 삶보다 문명화된 미국인으로서의 삶을 살아가고 싶어 했으며, 그것을 이루기 위해서는 미국인보다 더 미국적인 것을 배우지 않을 수 없었다.

미국적인 삶을 중시하는 한인 학생들의 모습은 부모와 지식인들의 입장에서는 위험스럽게 비추어졌다. 이에 지식인들은 미국 문물을 무분별하게 받아들이면, 이는 마치 "뱃속에서는 쪼로록 소리가 나는 자가 화려한 예복을 입고 대도상으로 완보코자 함"과 같다고 하며, "처음에는 그 위풍이 늠름하다 할지라도 두어 분이 지나지 못하여 길가에 쓰러지는 망태를 면치 못할"것이라고 학생들에게 경고하였다.[80] 그리고 한인 학생

---

78) 니시카와 나가오 지음, 윤대석 옮김, 「한자문화권에서의 문화연구-문명・문화・민족・국민의 개념을 둘러싸고」, 『국민이라는 괴물』, 소명출판, 2002, 97~127쪽.

79) 유영익, 「개화기 한국인의 대미인식」, 『한국근현대사론』, 일조각, 1992, 151~161쪽; 장규식, 「개항기 개화 지식인의 서구 체험과 근대인식」, 『서구문화의 수용과 근대개혁』, 태학사, 2004, 79~102쪽.

80) 『신한국보』, 1909년 9월 21일, 「我學生의 秋期開學」, 1910년 6월 21일, 「와드믠 목ᄉᆞ롤 감샤하여 동포 학싱과 부형 졔군의게 고ᄒᆞ노라」.

들이 미국 문물을 효과적으로 이용하기 위해서는 국가(민족)정신이 먼저 갖추어져야 하며, 이것이 학생들의 머릿속에 자리잡기 위해서는 국어교육이 선행되어야 함을 지식인들은 역설했다.[81] 국어교육에 대한 중요성이 지식인들에 의해 지속적으로 제기되자, 그동안 교과서를 자체적으로 제작하지 않았던 대한인국민회 하와이지방총회에서는 1911년 6월 10일 『초등 국어교과서』 상, 하권을 편찬하였으며, 1917년 2월 8일에는 『국민국어과정』 상·중·하, 1923년 8월 대한인교민단에서 『국민독본』 상·중·하 3권을 제작하였다.[82]

한인중앙학원 또한 국어교육의 중요성을 강조하여, 많은 시간을 국어교육에 배정하였다. 기숙학교 교장 와드만은 "한국 청년은 영문학술로만 족하다 하지 못할 것이니 한국문자를 힘써 수입하여 완전한 한국 모범적 청년이 되라"고 하여 많은 양의 국어공부를 학생들에게 요구하였다. 실제로 한인중앙학원은 학생들이 부담스럽게 생각할 정도로 국어교육을 실시하였던 것으로 보인다. 이는 당시 한인기숙학교를 다녔던 John K. 玄은 "여러 과목이 미국의 중학교에 입학하기 위한…아이들에게 가르쳐졌는데 그 중에서도 한국어는 필수과목이었다.…필자는 큰소리로 한글 절차를 암송하였던 것과 읽는 실력이 형편없었기 때문에 암기하기 위해 많은 시간을 보내던 것을 지금도 기억하고 있는데, 나는 선생님들한테 매를 맞지 않기 위해서 교과서를 암기했다가 마치 그것을 읽는 것처럼 암송하곤 했었다"[83]라고 하였다. 이는 한인중앙학원이 국어교육의 중요성에 대해 절감하고 있었음을 보여주는 것이라 할 수 있다.

이승만 또한 국어교육을 강조하였다.[84] 특히 웨슬리 홈과의 분쟁은 이

81) 『신한국보』, 1910년 9월 13일, 「古學生 제君」.

82) 김원용, 『재미한인 50년사』, 188쪽.

83) John K. 玄 저, 洪性傑 역, 『國民會略史-하와이 國民會의 成立과 活躍相(1903~1945)』, 고려대 민족문화연구소, 1986, 9쪽.

승만으로 하여금 국어교육의 중요성을 다시 한번 실감하게 하였다. 웨슬리 홈에 다니던 일본 여성이 "말은 영어와 한국 방언을 통ᄒᆞ고 한국 일홈을 지어 쥬어 남과 ᄀᆞᆺ치 부르면 조아ᄒᆞ되 일본 일홈을 부르면 울녀" 한다는 소식을 접하고서 이 학교에 다니던 한인여성들도 "ᄇᆡᆨ인이나 혹 다른 나라 사ᄅᆞᆷᄀᆞᆺ치" 그리고 "부모ᄌᆞ식의 경의도 다 업셔지게" 될 것을 염려하였다. 이에 그는 국어교육을 통해 '한국정신'을 학생들의 뇌에 넣어주고자 웨슬리 홈의 여학생들을 전격적으로 받아들였다.[85] 이처럼 한인중앙학원 학생들은 영어와 국어교육을 받았다. 학생들이 영어를 공부하였던 이유는 실용성과 더불어 문명인으로 살아가고자 하는 욕망에 있었으며, 국어 공부를 하였던 것은 앞선 세대들의 국어교육에 대한 애착심과 한인으로서의 정체성 유지에 있었다. 이는 비단 한인중앙학원 학생들에게만 해당되는 것이 아니라 하와이 전체 한인학생에 나타나는 현상이라 할 수 있을 것이다.

2. 독립과 상무교육

1910년 일본이 한국을 강제 병합한다는 소식이 미주와 하와이로 전해지자 이를 저지하기 위하여 여러 단체가 설립되었다. 미주에서는 최정익·윤병구·이대위·조성학 등이 중심이 되어 1910년 7월 3일 애국동맹단을 창설하였다. 이들은 일본에 대항하기 위해서는 외교활동과 군인양성이 시급히 이루어져야 할 것으로 판단했다. 미주에서 애국동맹단이 설립될 당시 하와이에서도 정원명·안원규·이내수·민찬호 등이 중심이 되어 대동공진단을 1910년 7월 5일에 조직하였다. 이 단체 또한 외교와 군인양성사업을 최우선 과제로 선정하였는데, 대동공진단은 외교와

84) 『국민보』, 1913년 9월 6일, 「한인즁앙학교」.

85) 『태평양잡지』, 1913년 11월 1호, 「한국녀자긔슉ᄉᆞ」.

선전을 국민회에 맡기고 자신들은 각 지방에 양성소를 설립하여 군인양성에만 치중하기로 하였다. 하지만 이 또한 국민회 안에 연무부가 설치됨에 따라 국민회가 주최가 되어 군인양성운동을 이끌어갔다.[86)]

1910년 7월경에 조직된 애국동맹단과 대동공진단으로 인해 미주와 하와이에서는 '숭무(崇武)' 분위기와 군인양성운동이 조직적으로 전개되었다는 것은 지금까지 알려진 사실이다. 하지만 하와이에서는 그 이전부터 이러한 분위기가 감지되고 있음이 확인된다. 1909년 12월 27일 국민회 임시 대의회에서는 하와이 각 지방에서 무예연습을 실시할 것을 결정하였다.[87)] 국민회의 결정을 받아들인 마우이 지방에서는 자체적으로 군복과 모자를 만들기도 하였으며,[88)] 카우와이 지방에서도 4곳의 지방회가 연합하여 "대한독립을 확립하기 위하여 죽기로써 맹서하고 무예를 확장"하기로 하였다.[89)] 이처럼 하와이에서는 애국동맹단과 대동공진단이 설립되기 이전부터 상무를 중시하는 분위기가 있었으며, 군인양성훈련도 이루어졌다.

대동공진단이 조직된 7월 이후부터 군인양성사업은 하와이 전 지역으로 범위가 확대되어 갔다. 카우아이 글로아 지방에서는 서창순이 군사교관으로 담당했으며, 양용서는 연습에 필요한 물픔을 담당하기로 했다. 그리고 카우아이 막가월리 지역에서는 이정근·임경춘이 중심이 되어 무예연습을 진행하였다.[90)] 와이파후 지역에서도 김책구와 서병용이 중심

86) 김원용, 『재미한인 50년사』, 253~256쪽; 반병률, 「미주 지역에서의 무력양성운동 －일제초기를 중심으로－」, 『미주한인의 민족운동』, 혜안, 2003, 171~188쪽.

87) 『신한국보』, 1910년 2월 22일, 「무예연습의 실시」.

88) 『신한국보』, 1910년 4월 12일, 「무예련습 」.

89) 『신한국보』, 1910년 4월 26일, 「동셩상응」.

90) 『신한국보』, 1910년 8월 2일, 「셔씨열심」, 9월 6일, 「양씨의 공익심」·

이 되어 학생들에게 군사훈련을 가르쳤다.[91] 1910년 11월 대한인국민회 하와이지방총회 연무부는 지난해에 이어 또다시 하와이 각 지방회에 무예연습을 실시할 것을 권유하였으며, 학생들로 하여금 매일 저녁 목총을 메고 병식훈련을 하게 하였다.[92] 한인중앙학원 또한 하와이 전지역에 퍼져 있는 숭무분위기를 타고 학생들을 대상으로 군사훈련을 하고 있었다. 아래의 자료는 당시 한인기숙학교에서 어떠한 군사훈련이 실시되었는지 말해준다.

> 한인의 슝무쥬의가 발달ᄒᆞ야 각쳐 련무가 늘노 확댱ᄒᆞᄂᆞᆫ 것은 우리가 티하ᄒᆞᄂᆞᆫ 일이라고 그런고로 본보ᄂᆞᆫ 이러ᄒᆞᆫ 쇼식을 가져 보도ᄒᆞ기를 게을니 ᄒᆞ지 안이 ᄒᆞ더니 근일 드른즉 호놀룰루항 한인기슉학교 싱도들은 목총을 만ᄃᆞ러 실디로 집총샤격을 련습ᄒᆞᄂᆞᆫᄃᆡ 그 군률이 엄슉ᄒᆞ고 기샹이 활발ᄒᆞ야 보ᄂᆞᆫ 쟈가 경ᄋᆡ홈을 말지 안이 ᄒᆞᆫ다 ᄒᆞ엿스니 원릐 부여민족의 무기가 업ᄂᆞᆫ 것 안이라 ᄒᆞ노라[93]

한인기숙학교 학생들은 집총사격과 더불어 1913년부터는 병식체조도 아울러 실시하였다. 집총사격과 병식체조를 실시할 때에는 학생들을 4개 소대로 나누었다. 2개 소대씩을 1개 중대로 구분·편성하였다. 2개 중대는 1개 대대로 편성하였다. 한인중앙학원은 군대와 비슷한 조직적 군사훈련을 하였으며, 여기에 필요한 복장도 따로 마련하였다. 중앙학원은 두 가지의 군복을 마련하여 착용하였는데, 하나는 미국병정이 입는 옷이며, 다른 하나는 미군 사관들이 입는 옷이었다. 이러한 군복을 입고 학

「막가월리 九동 同胞의 氣槪」.

91) 『신한국보』, 1910년 8월 9일, 「와이파후 열심」.

92) 김원용, 『재미한인 50년사』, 255~256쪽.

93) 『신한민보』, 1911년 12월 18일, 「기숙학교의 무예련습」.

생들은 일주일에 4일 가량의 훈련을 소화해야 했다.[94] 한인중앙학원 학생들은 평소 훈련을 바탕으로 하와이에서 열리는 각종 행사에 참가하였다. 이는 사회적인 유대감 조성은 물론 한인들에게 자긍심을 고취시키는 방편 중 하나였다.[95]

1911년부터 시작한 군사훈련은 적어도 1914년까지는 지속되었던 것으로 생각된다. 1914년 대한인국민회 경축식에 한인중앙학원 생도들이 참가하고 있음이 확인되었기 때문이다.[96] 1914년 이후 관련 자료가 없어 존폐 여부는 확인할 수 없다. 적어도 중앙학원에서는 군사훈련을 1916년까지 지속하였던 것으로 판단된다. 1916년 국민군단의 해체로 말미암아 하와이에 조성된 숭무분위기는 급속도로 수그러들기 시작하여 군인양성 사업을 중지하는 곳이 많았다.[97] 중앙학원 또한 이러한 분위기에 편승되어 없어졌다고 보는 것이 타당하지 않을까 한다. 이처럼 1909년부터 1916년까지 하와이에서는 숭무분위기가 조성되어 전 지역에서 군사훈련이 이루어졌으며, 한인중앙학원 또한 실시하였다. 비록 박용만이 이승만에 의해 제거된 이후부터 군사훈련은 폐지되거나 축소되고 말았지만, 한인학생들을 상대로 7년 동안 지속한 군사훈련은 훗날 전개될 독립운동에 있어 토대가 되었다고 할 수 있을 것이다.[98]

---

94) 『국민보』, 1913년 11월 15일, 「중앙학원에 졍보」, 12월 20일, 「즁앙학원 학생의 군복을 개량」.

95) 『국민보』, 1914년 1월 17일, 「기념예식과 취임식은 경대하고 또한 재미있을 듯」, 2월 7일, 「와싱톤 탄일 경축에 한인측 위원의 분쥬」.

96) 『국민보』, 1914년 2월 7일, 「긔념식과 취임식의 대략」.

97) 김원용, 『재미한인 50년사』, 258쪽.

98) 한인중앙학원에서는 상무교육과 더불어 사진교육과 구두제작 교육을 실시하였다. 1909년부터 실시된 이 교육은 실업양성과 취직장려를 위해 도입된 수업이었다. 『신한국보』, 1909년 4월 27일, 「사진뎐습소의 셜치」, 5월 11일, 「사진 뎐습소의 니용」, 7월 27일, 「실업계의 급션봉」, 8

Ⅴ. 학생들의 활동과 사회진출

한인중앙학원은 호놀룰루에 위치하고 있었다. 호놀룰루는 하와이의 중심도시로서 많은 유명 인사들이 이 지역을 거쳐 갔으며, 각각의 단체들이 여기서 설립되었다. 뿐만 아니라 하와이에서 벌어지는 각종 중요한 행사는 호놀룰루에서 행해졌다. 한인중앙학원 학생들은 호놀룰루가 가지고 있는 이러한 장점을 최대한 활용하여 각종 기념행사에 참여할 수 있었다. 호놀룰루에서는 매년 워싱턴과 링컨의 탄신일을 맞이하여 축제를 열었는데, 한인중앙학원 학생들도 여기에 참여하였다.[99] 미국인이 주체하는 행사들 외에 중앙학원 학생들은 대한인국민회 창립기념일, 국민총회장 취임식 등과 같이 한인들이 주도하는 행사에도 참가하여 활동하였다.[100]

학생들은 각종 기념일 행사에 주역을 자임함과 동시에 각종 모임을 조직하여 활동하였다. 대표적인 것으로 환등회, 화류회, 기도회, 금주회 등을 들 수 있다. 환등회와 화류회는 하와이에 거주하던 저명인사들을 학교로 초청하기 위해 만든 한시적 단체였다. 이를 통해 학생들은 한인

월 17일, 「김씨사진 필업」).

99) 『국민보』, 1914년 2월 7일, 「와승톤 탄일 경축에 한인측 위원의 분쥬」, 2월 14일, 「링큰 대통령의 긔념일」, 2월 21일, 「와승톤 탄일 각 단톄의 대힝과 한인륙해군 군대의 대차」, 2월 25일, 「와승톤 탄일 긔념일의 특색은 오즉 한인의 륙해군인과 중앙학원 학도들의 병식힝진」.

100) 『국민보』, 1913년 12월 20일, 「중앙학원 학생의 군복을 개량 명年 二月 一日 국민회 긔념일 총회장 취임식에는 새 광치를 보일 듯」, 1914년 1월 17일, 「긔념례식과 취임식은 경대ᄒᆞ고 ᄯᅩ한 자미잇슬듯」, 1월 28일, 「二百여명 군인이 신임 총회쟝을 시위」, 1월 31일, 「국민회 긔념일과 총부회쟝 취임식 절차」·「국민회 긔념례식과 총회쟝 취임식 절차」, 2월 7일, 「긔념식과 취임식의 대략」.

으로서의 정체성과 독립정신을 고취할 수 있었다.[101] 기도회 또한 상설 조직은 아니었다. 기도회는 '德育' 함양에 설립 목적이 있었으나, 실질적으로는 감리교인으로서의 삶을 더욱 공고히하기 위하여 만든 조직이었다.[102] 하와이로 이민 온 한인들 사이에서 사회적 문제가 되었던 것이 음주와 아편이었다.[103] 이는 가정 없이 힘든 농장생활을 해야만 했던 일부 남성들에게서 나타나는 현상이었다. 이러한 문제를 해결하기 위하여 한인중앙학원 학생들은 금주회를 조직하였던 것이다.[104]

한인중앙학원 학생들은 학생청년회 조직에도 적극적이었다. 학생청년회가 하와이 호놀룰루에서 조직될 수 있었던 것은 이승만 때문이었다. 그는 교장으로 부임하기 이전부터 와드만, 홍한식 목사 등과 더불어 학생청년회의 창립에 대해 의논하고 있었다.[105] 이승만은 먼저 호놀룰루 백인청년회와 협의하여 재정지원을 이끌어내고자 하였다.[106] 하지만 백인청년회로부터 재정지원을 받지 못한 까닭에 이승만의 청년회 조직 작업은 잠시 주춤할 수밖에 없었다. 난국에 봉착한 이승만에게 뜻하지 않은 사람이 찾아왔다. 학생청년회 사업을 위해 미주로 가던 최상호가 이승만을 돕기 위해 호놀룰루로 왔던 것이다.[107] 그는 먼저 학생청년회를 조직하여 기초를 다진 후 지방청년회를 세우고자 하였다. 최상호의 이러

101) 『신한국보』, 1909년 4월 20일, 「한교의 환등회」, 6월 14일, 「긔슉학교의 화류회」.

102) 『국민보』, 1914년 2월 14일, 「중앙학원의 긔도회 젼수학생이 일쥬일 개회」.

103) 김원용, 『재미한인 50년사』, 35쪽.

104) 『국민보』, 1914년 4월 15일, 「금쥬회를 새로 죠직」.

105) 『국민보』, 1913년 8월 23일, 「호놀룰루에 한인 그리스도 교인 쳥년회를 셜립홀듯」.

106) 『국민보』, 1914년 1월 14일, 「한인의 긔독쳥년회를 쟝차 셜립」.

107) 『국민보』, 1914년 3월 25일, 「최상호씨의 도착」.

한 계획이 소개되자 국민회 당국자와 각 교회 주무원 그리고 일반 한인들은 그의 사업에 적극적으로 협조하였다. 이에 최상호는 지방청년회를 먼저 조직할 수 있었다.[108] 최상호와 하와이 한인들의 노력으로 인해 이승만은 백인청년회와 더불어 1914년 2월 25일 학생청년회 결성할 수 있었다.[109]

이승만과 최상호는 학생청년회를 조직한 이후 임원을 선정하였다. 이사부원으로는 김종학 · 이태수 · 이승만 · 박상하 · 박용만 · 신홍균 · 한재명 · 홍한식을 선임하였으며, 회장에는 이승만, 부회장은 박상하, 서기는 홍한식, 장재에는 안원규가 피선되었다. 임원 선출과 더불어 학생청년회는 종교부, 사교부, 직업소개부를 설치하여 내실 있는 조직체를 갖추어 갔다.[110] 그리고 규칙제정위원을 정하여 박완모 · 양유찬 · 김계봉을 선임하였다.[111] 이처럼 학생청년회는 인선과 조직을 정비하여 안전궤도 안에 진입하기에 이르렀다. 한 가지 특기할 것은 한인기숙학교 출신자이거나 중앙학원에 재학 중인 학생들이 학생청년회에서 요직을 차지하고 있었다는 점이다. 예컨대, 규칙제정위원으로 선임된 양유찬은 중앙학원에 재학중이었으며,[112] 김계봉과 박원걸은 기숙학교 출신이었다.[113] 이를 통해 볼 때, 한인중앙학원의 학생들은 한인청년회의 조직과 운영에 있어 많은

---

108) 『국민보』, 1914년 4월 15일, 「최상호씨가 쳥년회 일에 챡수」.

109) 『국민보』, 1914년 4월 18일, 「한인쳥년회를 죠직」, 4월 22일, 「학생쳥년회를 죠직코져」, 4월 25일, 「한인쳥년회는 완젼히 셩립」.

110) 『국민보』, 1914년 4월 25일, 「한인쳥년회는 완젼히 셩립」, 4월 29일, 「한인쳥년회에 각 부원을 션치」.

111) 『국민보』, 1914년 4월 29일, 「학생쳥년회의 죠직」.

112) 『신한국보』, 1910년 9월 13일, 「感荷義捐」; 『국민보』, 1913년 12월 13일, 「즁앙학원 학도의 쓰커쎌 대승젼」.

113) 『신한국보』, 1909년 6월 8일, 「放學式의 盛況」, 5월 11일, 「사진 뎐습소의 니용」.

역할을 하였음을 알 수 있다.[114)]

이처럼 한인중앙학원 학생들은 수업 외에 교외활동도 많이 하였다. 그들은 링컨·워싱턴 대통령 탄신일과 같은 미국 경축일에 주도적으로 참석하였다. 학생들이 미국 국경일 행사에 주도적으로 참여하였던 것은 미국 국민의 일원으로 살아가야 했기 때문이다. 즉, 앞으로 하와이 또는 미주에서 살아갈 수밖에 없는 한인 학생들은 미국인과의 융화가 시급한 과제였으며, 이를 해결하기 위하여 그들이 주도하는 행사에 적극적으로 참여하였던 것이다. 한편 그들은 한국인으로서의 정체성을 유지하기 위하여 환등회, 화류회 등을 결성하여 하와이 한인사회와 호흡을 같이하고 있었다. 사회 저명인사들을 초청하여 강연을 들었으며, 이들을 통해 독립의식을 키워갔다. 기도회나 금주회를 조직하여 한인사회의 도덕성과 건전함을 유지해나가는데 앞장섰다. 뿐만 아니라 이들은 각종 청년회, 학생회를 조직하여 학생들간의 유대감을 형성하였다.

한인중앙학원의 교육과 학생들의 교외활동은 학생들이 하와이·미주 한인사회의 지도층으로 성장할 수 있는 밑거름이 되었다. 실제로 여기를 졸업한 학생들 중 대다수가 흥사단, 대한인국민회·동지회 등에 참여하여 독립운동·사회운동가로서 하와이·미주한인사회를 이끌어갔다. 예컨대, 기숙학교를 졸업한 한영대는 흥사단 179단우였다.[115)] 그는 파리강화

114) 한인청년회 조직 외에도 중앙학원 학생들은 한인학생 동맹회를 결성하였다. 1913년 9월 중앙학원에 재학중이던 김계봉·김정윤·박관모·양유찬·오용운·주영한 등이 중심이 되어 "대·중·소학교를 물론하고 연령 十五 세 이상 된 학생"들을 대상으로 한인학생 동맹회를 1913년 9월에 조직하였다. 한인학생 동맹회의 임원명단은 다음과 같다. 회장 김계봉, 부회장 오용운, 서기 이한용, 재무원 박관모, 사찰원 주영한, 김정윤 평의원 정봉관, 양유찬, 김일만, 차신호, 서기문 박관두(진한 글씨는 한인중앙학원 학생을 의미한다). 『국민보』, 1913년 9월 27일, 「한인학싱동맹회」, 10월 22일, 「학싱동맹회에 새 규뎡」.

회의 대표자, 애국단 간부로 활동하였으며, 중일전쟁이 발발하자 한국광복전선을 결성하여 임시정부를 후원하였다. 1941년 하와이 호놀룰루에서 해외한족대회가 개최되자, 대한인국민회 대표의 자격으로 참석하여 부의장으로 선출되었다. 일본이 진주만을 공습하였을 때 한인들의 생명보전에 앞장섰으며, 1944년 10월에는 주미외교위원부의 부위원장직을 수행하였다.[116] 한시대 외에 중앙학원 출신자로서 흥사단에서 활동하였던 인물로 제12단우 이석진, 제126단우 차균상을 들 수 있다.[117]

한인중앙학원 출신자들 가운데 일부는 대한인국민회 하와이 지방총회 지방회에서 활동하였다. 1910년 기숙학교에 재학중이던 강순근은 같은 해 유년밀 지방회 회원으로 있었으며, 졸업 후 오아후와히아와 지방회 경찰직을 맡았다. 1938년에는 쿠니아지방 동회 회장을 역임하였다.[118] 중앙학원을 졸업한 노진국은 가파 지방회에서 서기로 일하였으며, 가알니아 지방회 회원으로 있었다.[119] 하와이 지방총회 지방회에서 활동하고 있던 강순근과 노진국은 1940년 5월 9일 하와이 오아후 와이아와 지방에 한국독립당 하와이 지부가 설립되자,[120] 독립당 하와이 총지부 회원이

115) 島山安昌浩先生紀念事業會 편, 「179단우 韓始大」, 『島山安昌浩全集』 10, 2000, 739쪽.

116) 국가보훈처 편, 『대한민국 독립유공자 공훈록』 13, 1996, 715~717쪽. 한시대의 동생 한영대 또한 기숙학교 출신이었으며, 샌프란시스코에서 의사로 활동하였다. 『국민보』, 1953년 5월 13일, 「한영대 의사와 령남 헝익으로 별세」).

117) 도산안창호선생기념사업회 편, 「재12단우 李錫津」·「제126단우 車均祥」, 『도산안창호전집』 10, 2000, 563·682쪽.

118) 『신한국보』, 1910년 3월 8일, 「地方회록」, 10월 4일, 「感荷義損」; 『국민보』, 1914년 1월 14일, 「地方會錄」, 3월 16일, 「구니아 三一경축」.

119) 『신한국보』, 1909년 5월 25일, 「國民地方會報」, 6월 15일, 「國民地方會報」, 1910년 5월 3일, 「성심연금」; 『국민보』, 1942년 7월 29일, 「중앙학원 동창회」.

되기도 하였다.[121] 이는 대한인국민회의 일에도 종사하면서 나름의 독립단체에 가입하여 독립운동을 꾸준히 해나가고 있음을 말해주는 것이라 할 수 있다.

한인중앙학원 출신자들 가운데 일부는 동지회 회원이 되어 이승만을 따라 독립운동에 뛰어드는 경우도 있었다. 대표적인 사람으로 양유찬을 들 수 있다. 그는 중앙학원을 졸업한 후 보스톤 대학에서 의학을 전공하여 교수직으로 있었으며, 1923년부터 하와이에서 거주하였다.[122] 1924년 7월 호놀룰루에서 개최된 제2차 범태평양회의에 딘찬호, 김영기와 더불어 해외한인대표로 참석하였다.[123] 그리고 그는 1937년 4월 한인기독학생운동의 회장으로 취임하였으며, 해방 이후 주미대사로 부임하였다.[124] 주영한 또한 이승만을 따른 인물이었다. 그는 중앙학원을 졸업한 이후 테일러대학에 진학하였으나 가정형편이 여의치 않아 학업을 중단해야만 했다. 주영한은 노동을 통해 돈을 벌어 식당업을 하였으며, 이 돈은 이승만의 정치자금으로 들어갔다. 이에 대한 보답으로 그는 샌프란시스코 총영사가 되었다.[125] 이 둘이 이승만을 따를 수 있었던 것은 중앙학원 시절부터 그와 더불어 각종 단체를 조직하여 활동한 경험이 있기 때문이다.[126]

---

120) 김원용, 『재미한인 50년사』, 167쪽.

121) 『국민보』, 1944년 6월 14일, 「독립당 하와이총지부원 방명록」. 강순근의 이름은 독립기념관에 소장되어 있는 『한국독립당 하와이 제4주년 지부 연례대회 회의록』에서 찾아볼 수 있었다.

122) 『신한민보』, 1921년 6월 23일, 「리랑 량씨의 명예학위」, 1923년 6월 14일, 「량유찬박사의 도모」.

123) 윤치영, 『윤치영의 20세기』, 삼성, 1991, 92~93쪽.

124) 『국민보』, 1937년 4월 28일, 「한인기독학생운동」, 1951년 4월 4일, 「양유찬 의사 대사로 임명」.

125) 신성려, 『하와이 이민약사』, 161~168쪽.

중앙학원 졸업한 후 하와이에 머물지 않고 상해로 이주하여 독립운동에 참가한 사람들도 있었다. 1910년 6월 한인기숙학교를 졸업한 황진남은 1915년 미주본토로 들어갔다.[127] 다음해 그는 버클리대학에 진학하였으며, 1919년 3월 필라델피아 외교선전부 고문 서재필과 더불어 상해로 갔다.[128] 상해로 간 황진남은 임시정부에서 활동하였다. 그는 여기서 국무원 참사와 외무원 참사를 역임했다.[129] 1924년 이전부터 황진남은 독일 베를린대학과[130] 파리 소르본대학에서 유학을 하였다. 해방 이후 여운형의 비서로 발탁되어 인민당에서 활동하였다.[131] 흥사단의 126단우 차균상 또한 임정에서 활동한 대표적인 인물이었다. 그는 중앙학원을 졸업한 것은 아니었지만, 1914년부터 2년여˚ 동안 중앙학원에서 수학하였다. 그는 1917년 7월 임시정부가 설립한 사료편찬위원회에서 조역으로 근무한 적이 있으며, 임시정부 재무부 주계국에 근무하면서 임정의 재정

126) 이 둘은 중앙학원 시절 한인학생동맹회를 조직하고 이승만과 더불어 학생청년회를 설립하였다((『국민보』, 1913년 9월 27일, 「한인학싱동맹회」, 1914년 4월 29일, 「학생쳥년회의 죠직」). 양유찬과 주영한에 비해 한길수는 정반대였다. 그는 한인중앙학원에서 이승만에게 배운 인물이지만, 1930년대 중반부터 이승만의 政敵으로 등장하였다. 한길수에 대해서는 방선주, 「한길수와 이승만」, 『이승만연구-독립운동과 대한민국 건국-』, 연세대출판부, 2000, 323~355쪽; 고정휴, 「하와이 중한민중동맹단(1938~1945) 연구」, 『한국근현대사연구』 34, 2005, 157~192쪽.

127) 『신한국보』, 1910년 6월 14일, 「한인긔숙학교 第二回 졸업식 盛況」; 『신한민보』, 1915년 8월 19일, 「화와이 학싱도릐」.

128) 『신한민보』, 1918년 9월 26일, 「벅글리 양셩소의 긔슉싱」; 『국민보』, 1958년 4월 30일, 「대한인국민회 역사 간략」.

129) 『大韓民國臨時政府公報』, 제2호, 「敍任及辭令」(1919년 9월 5일); 『신한민보』, 1921년 3월 10일, 「대한민국림시정부공부 뎨十九호」.

130) 『신한민보』, 1924년 2월 21일, 「황진남씨 절박한 사졍」.

131) 정병준, 『몽양 여운형 평전』, 한울, 1995, 215쪽.

관리를 담당하였다.[132] 이처럼 한인중앙학원 출신자들은 각종 독립운동 단체에 가입하여 하와이·미주 나아가 해외 각 지역에서 한국의 독립운동을 이끌어갔던 것이다.

Ⅵ. 맺음말

한인중앙학원은 한인감리교회의 창설과정에서 설립되었다. 1906년 한인감리교인들과 감회사 와드만이 주축이 되어 설립된 이 학교는 1918년 8월까지 지속되어 갔다. 설립 초기 학생 수는 적은 숫자에 불과했지만, 시간에 지남에 따라 증가하기 시작했으며, 학교 설립 1년 만에 미국 정부로부터 정식사립학교로 인정받기에 이르렀다. 정식인가를 받은 한인기숙학교는 그 이전과는 다른 위상을 가질 수 있었다. 하지만 학교와 교회 설립에 있어 '산파'역을 자임해 왔던 와드만이 물의를 일으켰다. 그는 일본영사로부터 한인보조금 750달러를 받았으며, 이것은 한인사회에 급속도로 전해졌다. 한인들은 일본영사로부터 받은 돈으로 한인학생을 공부시킬 수 없다는 입장을 표명했으며, 와드만은 한인들이 간섭할 문제가 아니라고 하였다. 그가 이렇게 나오자 한인학생들은 동맹휴학이라는 극단의 카드를 제시했다. 그로서는 궁지에 몰리지 않을 수 없었다. 와드만은 이승만이 한인들로부터 환영을 받으며 하와이로 들어오는 모습을 지켜보면서 자신이 처한 상황을 그가 해결해줄 것이라 믿었다.

와드만은 이승만으로 하여금 한인의 감정을 제어해 줄 것을 요구하였으며, 이승만은 이를 해결해 주었다. 그는 이에 대한 보답으로 한인기숙학교의 교장직을 맡겼으며, 이승만은 이를 받아들였다. 이승만은 교장으

132) 국가보훈처, 『대한민국 독립유공자 공훈록』 5, 1988, 798~799쪽.

로 취임함과 동시에 학교의 이름을 한인중앙학원으로 바꾸었으며, 학제를 6년제에서 8년제로 개편하기도 했다. 나아가 그는 웨슬리 홈에 다니던 한인여학생을 받아들여 중앙학원을 남녀공학으로 만들었다. 이승만은 여자기숙사 부지 소유권 문제와 교육비 지원을 두고 국민회와 갈등을 겪기 시작했으며, 또 다른 한쪽에서는 감리교 이사부와 분쟁이 일어났다. 분쟁에 휩싸인 이승만은 1915년 한인중앙학원 교장직을 사임하고 호항 한인여학교 교장으로 취임하였다. 이승만의 이탈은 중앙학원의 폐막을 알리는 신호탄이었다.

중앙학원 교장을 사임한 이승만은 국민회를 잠식해 들어갔으며, 이를 통해 한인여학원의 기숙사 설립문제를 해결하였으며, 많은 한인 학생들을 받아들였다. 한편 한인중앙학원은 쇠퇴의 길로 접어들고 있었다. 이승만의 후임으로 온 폐지는 한인 학생들과 충돌을 일으켰으며, 이를 무마하기 위해 송헌주를 불렀지만 그는 얼마 지나지 않아 한인여학교 부교장으로 취임하였다. 감리교회 총본부는 무너져가는 학교를 재건하기 위해 1,200달러를 지원하였으며 아울러 학교의 운영권도 한인들에게 맡겼다. 방화중과 이선일이 중심이 되어 재건의 날개를 펼칠 무렵 이승만은 한인중앙학원은 한인의 학교가 아니기 때문에 지원할 필요가 없다고 하며 학교를 압박해 들어왔다. 이러한 공격에 더 이상 버틸 수 없었던 한인중앙학원은 1918년에 폐교되고 말았다.

1906년부터 1918년까지 13년 동안 유지된 한인중앙학원은 처음 4년제로 출발하였다. 1912년부터 1914년까지는 6년제, 1916년 이후부터는 8년제로 바뀌었다. 6년제에서 8년제로 바뀐 이유는 1914년부터 이 학교 졸업생들이 공립중학교로 진학할 수 없었기 때문이다. 이러한 문제점을 보완하기 위해 이승만은 고등과를 도입하여 8년제로 만들었다. 학교의 재정은 학비, 감리교의 지원금, 한인들의 의연금으로 유지되었다. 학생 1인당 1년치 학비는 60달러였으며, 학비가 없는 학생들에게는 취직자리를 알선하거나 등록금은 감면해 주었으며, 한인들의 의연금을 통해 공부를 지속할 수 있도록 하였다. 학교의 시설을 보수 또는 확장해야 할 경우에는 한인들로부터 의연금을 모집하거나 감리교로부터 지원을 받는 형태로 운영되어 갔다.

한인중앙학원의 교육은 크게 두 가지로 나누어 살펴볼 수 있다. 하나는 언어교육이며, 또 다른 하나는 무예연습이었다. 언어교육은 영어교육과 국어교육을 실시하였다. 당시 이민 온 한인 학생들은 자신의 삶을 영위하기 위해서는 필수적으로 영어공브를 해야 했으며, 영어가 실용적이기도 했다. 그리고 당시 젊은 학생들에게 있어 문명인으로서의 삶을 살아가기 위해서도 영어공부가 필요했다. 즉, 미국인보다 더 미국인적인 삶을 살아가고 싶어 했던 당시 젊은 학생들은 이를 달성하기 위해서는 영어가 필수적이었던 것이다. 이에 반해 부모나 지식인들의 입장에서는 한국인으로서의 정체성을 유지하기 위해서는 학생들의 국어교육 또한 필수적이었다. 이에 한인중앙학원에서는 국어교육과 영어교육을 아울러 실시하였으며 강조했다.

언어교육과 더불어 한인중앙학원에서는 군사훈련(무예연습)도 강조하였다. 특히 하와이에서는 1909년 국민회의 지시 사항으로 무예연습을 장려하였으며, 1910년 일본이 한국을 강제 병합하자 이에 저항하기 위해 설립된 대동공진단은 독립을 위한 방편으로 군인양성을 제시하였다. 이러한 분위기는 하와이 전 지역으로 확산되어 갔으며, 한인중앙학원 또한 이러한 분위기에 편승되어 군사훈련과 병식체조를 실시하였다. 나아가 이들은 군사훈련을 할 경우 미국 군복을 착용하였으며, 한인사회에 크나큰 행사가 있을 경우에는 이를 입고 활동하였다. 학생들은 상무교육과 훈련을 통해 독립의식을 고취해 갔으며, 사회에 진출하여 독립운동 전선으로 뛰어들었다.

한인중앙학원 학생들은 수업 외에 교외활동도 많이 하였다. 그들은 링컨·워싱턴 대통령 탄신일과 같은 미국 경축일에 주도적으로 참석하였다. 학생들이 미국 국경일 행사에 주도적으로 참여하였던 것은 미국 국민의 일원으로 살아가야 했기 때문이다. 한편 그들은 한국인으로서의 정체성을 유지하기 위하여 각종 모임을 결성하여 하와이 한인사회와 호흡을 같이하고 있었다. 환등회와 화류회를 조직하여 사회 저명인사들로부터 초청 강연을 들었으며, 이들을 통해 독립의식을 고취하였다. 그리고 기도회나 금주회를 조직하여 한인사회의 도덕성과 건전함을 유지해나가는데 앞장섰다. 이들은 학생동맹회, 학생청년회를 결성하여 다른 한인학교 학생들과 더불어 한인으로서의 유대감을 형성하였다.

한인중앙학원의 수업과 학생들의 교외활동은 향후 사회진출에 있어 크나큰 밑거름이 되었다. 그들은 하와이 혹은 미주본토에서 지속적은 공부를 하였으며, 흥사단·대한인국민회·독립당 하와이지부 등과 같은 독립단체에 가입하여 독립운동을 주도해 나갔다. 일부 출신자들의 경우에는 상해로 이주하여 임시정부에서 독립운동을 하였다. 독립운동뿐만 아니라 이들은 해방 이후에도 많은 활동을 하였다. 이를 통해 볼 때, 하와이 최초의 학교인 한인중앙학원은 한국독립운동가를 양성하는 기관이었으며, 미주와 하와이 한인사회를 이끌고 나아갈 지도자를 배출하는 기관이었던 것이다.

하와이에서 이승만의 『태평양잡지』 발간활동과 독립사상

오 영 섭*

〈목 차〉

Ⅰ. 머리말

1912년 3월 26일 이승만은 세계기독교감리회 4년총회에 한국 평신도 대표로 참석하기 위해 서울을 떠났다. 망명을 위한 도미행은 이른바 105인사건 이후 심해진 일제의 탄압과 감시를 피하기 위한 부득이한 조치였다. 5월 1일에 미국 미네소타주 미네아폴리스에 당도한 이승만은 29일

* 吳瑛燮, 연세대 이승만연구원 연구교수

까지 계속된 감리교 총회에서 위기에 처한 한국 기독교를 구하기 위한 연설 및 설교 활동을 벌였다. 이어 6월에 뉴저지주로 가서 대학 시절 은사인 윌슨(Woodrow Wilson) 주지사를 방문했고, 8월 중순에 네브라스카주 헤스팅스에서 한성감옥 시절의 의형제 박용만과 감격적인 상봉을 하였다. 이처럼 이승만은 명망가들과의 연이은 만남과 요담을 통해 한국의 독립 방안과 자신의 향후 진로를 다각도로 모색하였다. 그러던 차에 1912년 늦여름경부터 하와이로 와달라는 하와이 동포들의 간곡한 요청을 받아들여 1913년 2월 3일 하와이에 당도하였다.[1)]

태평양의 낙원 하와이는 망명객 이승만에게 독립운동의 터전이자 제2의 고향이나 다름없는 곳이다. 하와이는 독립운동의 가장 중요한 요소인 물적·인적 자원이 다소나마 구비된 곳이었고, 일제의 검거망이 미치지 못하는 비교적 안전한 지대였다. 이러한 하와이를 체류지 겸 주요 활동지로 삼은 이승만은 1913년 2월부터 1939년 11월까지 하와이 한인사회의 가장 유력한 인사로서 교육·종교·언론·단체·식산 등 다방면에 걸쳐 민족운동을 활발히 벌여나갔다. 당시 그가 벌인 민족운동을 갈래지어 살펴보면, 1) 한인기숙학교(한인중앙학원)·한인여자학원(한인기독학원)을 통한 교육활동, 2) 한인감리교회를 통한 종교활동, 3) 『태평양잡지』·『태평양주보』·「한인교회보』를 통한 언론활동, 4) 국민회·교민단·동지회를 통한 단체활동, 5) 동지식산회사를 통한 산업활동 등을 꼽을 수 있다. 이것들은 한결같이 실력양성론과 외교구국론 및 기독교민족주의에 입각한 것으로서 온건한 방식의 장기지속적인 독립운동노선에 속한다.

여기서는 이승만이 하와이에서 벌인 민족운동의 여러 방략 가운데 가장 주목을 받지 못한 언론활동을 살펴보려 한다.[2)] 하와이에서 이승만은

---

1) 유영익, 『이승만의 삶과 꿈』, 중앙일보사, 1996, 94-102쪽.

순한글 월간지인 『태평양잡지』(*The Korean Pacific Magazine*)와 순한글 주간지인 『태평양주보』(*Korean Pacific Weekly*) 발간 활동을 벌였다. 이외에도 한인기독교회의 기관지인 『(布哇)한인교회보』 발간 활동, 하와이 언론과 백인사회를 대상으로 전개된 한국 홍보 및 교민 보호 활동, 『국민보』를 비롯한 국문 신문과 잡지 및 하와이 영자 신문에의 기고 활동 등을 동시에 벌였다. 이중에서 『태평양잡지』 발간 활동은 이승만이 하와이 체류 전반기에 그야말로 심혈을 기울여 추진한 사업이었을 뿐 아니라 그의 독립사상이 가장 선명히 나타난 것이다.

1913년 9월 1일부터 1930년 12월 13일까지 간행된 『태평양잡지』는 『국민보』·『한민시사』·『(布哇)한인교회보』 등과 함께 배일적인 기사를 실었다 하여 한국 내에서 금지처분을 받기도 하였던 항일성향의 잡지였다.[3] 또한 『태평양잡지』는 1923년 이후 동지회의 기관지로서 이승만의 외교독립노선을 선전하고 홍보하는 친위기관의 역할을 수행한 친이승만계 잡지였다. 나아가 『태평양잡지』는 미국의 보호 내지 후견 하에서 자치운동을 통한 영세중립국의 수립을 갈구했던 이승만의 '실력양성론적 외교독립노선'의 핵심논리를 담겨 있는 사상 잡지였다. 그러므로 하와이 체류 전반기 이승만의 독립운동과 독립사상을 제대로 파악하고, 1910년대 후반 위임통치청원과 대한민국임시정부 통치전략에 나타난 이승만의 정치사상을 제대로 이해하기 위해서는 『태평양잡지』에 대한 분석적 연구

2) 하와이 한인들의 언론활동을 다루는 가운데 이승만의 언론활동을 겸하여 간략히 언급한 연구로는 이해창, 「해외 국문지의 변천(상)·(하)」, 『신동아』, 1970년 10·12월; 차근배, 「布哇韓僑新聞史略」, 『신문학보』 13, 1980; 최기영, 「한말-일제시기 미주의 한인언론」, 『한국근현대사연구』 8, 1998; 이덕희, 「하와이의 한글 언론, 1904~1970」, 『미주 한인의 민족운동』, 혜안, 2003; 손세일, 「이승만과 김구(25)」, 『월간조선』, 2004년 3월호.

3) 『불령단관계잡건』, 〈조선인의부:재구미(2)〉, 「外國在留排日朝鮮人ニ關スル件照會」(1916.10.18).

가 선결문제라고 하지 않을 수 없다.[4] 여기서는 이승만이 하와이 체류 시절에 벌인 민족운동의 중요 부면임에도 불구하고, 그간 베일에 쌓여있던 『태평양잡지』 발간사업과 거기에 나타난 독립사상을 집중적으로 살펴보려 한다.[5]

Ⅱ. 『태평양잡지』의 발간 경위와 취지

1. 발간 경위

하와이에서 이승만의 『태평양잡지』 발간 사업은 어떤 경위를 거쳐 이뤄졌는가? 1913년 2월 3일 이승만이 하와이에 당도하기 이전에 하와이에는 약 6천 명의 한인들을 대상으로 몇 종의 신문과 잡지가 발간되었다. 그것들은 『신조신문』·『한인시사』·『포와한인교보』(『한인교회보』)·『친목회보』·『자신보』·『합성회보』·『전흥협회보』·『신한국보』(『국민보』)·『독립신문』 등이다. 이 중에서 1913년 이후에도 제호를 바꾸어 꾸준히 발간된 『국민보』와 『한인교회보』를 제외하면, 모든 잡지와 신문들은 재정 곤란으로 말미암아 채 1~2년을 못넘기고 폐간되고 말았다.[6]

1913년 2월 이전 하와이 동포들이 발행한 신문들은 모두 영어가 아니

---

4) 오영섭, 「이승만의 대한민국임시정부 통치구상」, 『한국민족운동사연구』 61, 2009; _____, 「대한민국임시정부 초기 위임통치 청원논쟁」, 『한국독립운동사연구』 41, 2012.

5) 본고에서는 국사편찬위원회가 『태평양잡지 · 태평양주보 색인』(2005)을 펴내기 위해 국내외 각지에서 수집·복사하여 제본해 놓은 『태평양잡지』를 이용하였다.

6) 최기영, 「한말-일제시기 미주의 한인언론」, 100-107쪽; 이덕희, 「하와이의 한글 언론, 1904~1970」, 195-211쪽.

라 순한글로 제작되었기 때문에 하와이 한인사회의 대외적인 대변지 역할을 하기에는 미흡한 편이었다. 그렇기 때문에 하와이 한인사회의 지도층은 일찍부터 미국 정부와 하와이 일본영사관을 상대로 자위수단을 확보하고, 한인 교민사회의 위상을 높이고, 한국인의 독립운동을 홍보하고, 그리고 한인들의 독립의식을 고취하기 위한 효과적인 방안을 강구하고 있었다. 이에 따라 그들은 다양한 용도를 지닌 영자신문에 대한 필요성을 강하게 느끼고 자금을 모금하여 '英文報社(英字報館)'의 설립을 추진하려 하였다.[7] 이처럼 하와이 한인들이 원했던 영자 신문이나 잡지 발간 사업은 일제강점기 내내 샌프란시스코 한인사회를 비롯한 미주 한인사회의 숙원사업 가운데 하나였다.

하와이 한인사회의 유력자인 박상하 · 정칠만 등 대한인국민회 소속 인사들이 1912년 늦여름경부터 이승만과 박용만에게 여비는 자신들이 부담할 터이니 부디 하와이에 와서 동포들을 지도해 주고 하와이 정형을 봐가며 향후 사업을 추진해 달라는 간곡한 내용의 서한을 보내왔다.[8] 이에 따라 1912년 연말경까지 이승만 · 박용만 양인의 하와이행과 하와이에서의 사업을 둘러싸고 양인 간에 그리고 양인과 하와이 한인들 간에 다수의 서신교환이 이루어졌다. 아울러 1912년 9월경에 서재필은 국민회 중앙총회장 최정익에게 서신을 보내 영자신문사 설립을 강조하였고, 최정익은 이를 하와이 각지에 알리며 재정 지원을 요청하였다.[9]

하와이에서 영자 신문이나 잡지 발간 시에 가장 중요한 문제는 충분한 재정과 우수한 인력을 갖추는 것이었다. 예산문제에 대해, 박용만이 이승만에게 보낸 편지를 보면 서재필이 작성한 영자신문사 설립 예산은

---

7) 유영익 · 송병기 · 이명래 · 오영섭 편, 『이승만 東文 서한집』 하, 정칠만 → 이승만(1912.10.15), 연세대 출판부, 2009, 289-290쪽.

8) 『이승만 東文 서한집』 중, 박용만 → 이승만(1912.9.30), 295-296쪽.

9) 『이승만 東文 서한집』 중, 박용만 → 이승만(1912.10.2), 299쪽.

3만 4백 달러에 달했는데, 하와이에서는 5만달러를 목표로 모금운동에 돌입하였다.[10] 아울러 하와이의 정칠만은 "영자신문사 설립은 모든 동포들이 바라는 바이나 조금 모아진 재정으로는 가시적 성과를 거둘 수가 없으며, 이승만과 박용만 양인이 함께 하와이에 온다면 단시일내에 2~3만달러를 모금할 수 있을 것이라고 하였다.[11] 신문 편집진에 대해, 이승만과 함께 미국 루스벨트 대통령을 상대로 외교청원활동을 벌였던 윤병구는 '英文報社' 설립에 대한 하와이 한인들의 자문에 응하는 한편, "하와이에서 돈만 드는 일은 혹 타인들이 하더라도 편집 업무는 형님이 맡아서 서재필씨와 함께 하는 것이 좋겠다"는 건의를 이승만에게 올렸다.[12]

하와이에서 영자신문 발간의 움직임이 일어나 자신을 간절히 초청하자 이승만은 하와이로 건너가려 하였다. 먼저 그는 정칠만에게 1912년 12월 말경 청년회 총국의 임기가 만료되는 대로 하와이로 건너갈 예정이나 아직 확정적인 것은 아니라고 하였다.[13] 그러다가 2주일 후에 박용만에게 성탄절 무렵이나 그 전에 하와이로 갈 예정이니 하와이 한인들에게 자신의 여비를 보내달라고 요청하라고 함으로써 하와이로 가겠다는 의사를 분명히 표명하였다.[14] 또한 이승만은 박용만의 권유에 따라 1913년 1월 7일 펜실베니아주 필라델피아로 가서 서재필을 만났는데, 이때 양인은 영자신문 발간문제를 깊이 논의했을 것이다.[15]

---

10) 『이승만 東文 서한집』 중, 박용만 → 이승만(1912.11.13), 302쪽.

11) 『이승만 東文 서한집』 하, 정칠만 → 이승만(1912.10.15), 290-291쪽. 박용만과 이승만의 하와이행이 거론되자 윤병구와 문양목도 하와이로 건너갈 계획을 세웠다.

12) 『이승만 東文 서한집』 하, 윤병구 → 이승만(1912.10.31), 103쪽.

13) 『이승만 東文 서한집』 상, 이승만 → 정칠만(1912.11.10), 154쪽.

14) 『이승만 東文 서한집』 중, 이승만 → 박용만(1912.11.25), 302쪽.

1913년 2월 3일 하와이에 도착한 지 2~3일이 지난 후에 이승만은 미 본토의 서재필에게 전보와 편지를 보내 하와이 한인들이 영문 월간잡지의 발간을 포기하고 고등학교를 세우려 한다는 소식을 전하였다. 이 소식에 대단히 실망한 서재필은 하와이 한인지도자들이 영문잡지 발간을 연기하고 3만 달러를 들여 고등학교를 짓는 것은 소수의 학생들에게는 이익이 되겠지만 한국민 전체에게는 큰 해가 되는 본말이 전도된 행위라고 강하게 비판하였다. 그는 이승만에게 자신의 서한을 하와이 인사들에게 두루 보이라고 말하기까지 하였다.[16] 서재필의 측면 지원을 등에 업은 이승만은 3만 달러로 고등학교를 설립하고 자신을 교장으로 추대하려는 한인사회 지도자들에 대해 잡지 발간이 실현되지 않으면 미국으로 돌아가겠다고 으름장을 놓았다. 그리하여 한인사회 지도자들은 타협책의 일환으로서 고등학교 설립계획을 취소하고 잡지발행을 위한 모금을 다시 시작하였다.[17]

이승만은 1913년 5월 중순경부터 7월말까지 여러 섬들을 순회하며 강연과 모금 활동을 벌였다. 이때 현지사정에 밝은 안현경을 데리고 하와이 각지를 돌아다녔다. 처음에 그는 하와이 한인들이 적어도 2~3만 달러를 기부할 수 있을 것으로 보았다. 그러나 그가 5월 14일부터 6월 20일경까지 하와이 군도에서 가장 큰 섬인 하와이와 마우이에서 기부를 약속받은 액수는 4,500달러였고, 현금으로 받은 기부금은 겨우 200달러에 지나지 않았다. 게다가 하와이 한인들은 하와이 국민회 총회장 박상하가 한글신문을 담당하고, 이승만이 한글잡지를 발행하기를 원하고 있

15) *Log Book of Syngman Rhee*, 1913년 1월 7일.

16) *The Syngman Rhee Correspondence in English, 1904~1948*, Vol. 2, Philip Jaisohn → Syngman Rhee(1913.2.20), Institute for Modern Korean Studies, 2009, p. 68.

17) "Autography of Syngman Rhee."

었다. 그러므로 이승만은 인쇄기값 2천 달러와 2~3년간의 운영비를 모금할 수 없는 현실적 제약요건을 최우선적으로 고려하여 영문잡지 발간사업을 잠정적으로 중단하고 국문잡지의 간행요구를 수락할 수밖에 없었다. 이때 그는 월간의 국문잡지 발간을 계획하고 서재필에게 도움을 요청하였다.[18)]

1913년 6월 24일 서재필에게 보낸 편지에서 이승만은 그에게 국문잡지의 '공동편집권'을 부여하고 수고료로 매달 20달러를 지급할 것이니 매달 한국어나 영어로 쓰인 기사를 보내달라고 하였다. 아울러 "우리의 잡지발간 목적은 하와이와 미주, 극동 전지역과 한반도의 한국민들을 계몽시키는 것"이라고 단언하고, 창간호에 실을 기사와 국문잡지의 이름을 제시해 달라고 하였다.[19)] 이후 국문잡지 발간에 돌입한 이승만은 자금 모금을 위해 분주히 뛰어다녔으나 설탕세 인상 때문에 동포들의 재정이 군색하여 만족할 만한 성과를 거두지 못하였다.[20)] 미국 정부가 사탕수수농장에 부과하는 설탕세가 하와이 한인사회의 재정상황을 크게 악화시킨 점을 고려하더라도, 한인들의 기부금이 그처럼 적은 사실에 이승만은 크게 낙담하였다.

이승만은 1913년 7월 말 지방여행에서 돌아오자마자 국문잡지 발간에 매달릴 예정이었다. 그는 훌륭한 국문잡지를 발간하여 하와이 한인들을 교육시킨다면 향후 영자신문을 발간하는데 밑거름으로 작용할 것임을

18) *The Syngman Rhee Correspondence in English, 1904~1948*, Vol. 1, Syngman Rhee → Philip Jaisohn(1913.6.24), pp. 6-9. 이승만은 하와이섬에서 호놀룰루 한인들만이 출판사(publication bureau)의 필요성을 인식했을 뿐이며 다른 모든 지역의 한인들은 출판사의 필요성을 깨닫지 못하고 있다고 말하였다.

19) *The Syngman Rhee Correspondence in English, 1904~1948*, Vol. 1, Syngman Rhee → Philip Jajsohn(1913.6.24), pp. 7-8.

20) *The Syngman Rhee Correspondence in English, 1904~1948*, Vol. 1, Syngman Rhee → John R. Mott(1913.8.19), p. 10.

확신하였다. 당시 서재필이나 이승만 등과 같은 외교독립론자들이 영자 신문 발행을 통해 궁극적으로 의도한 것은 일본이 한국에 가하는 고통과 실상을 세계에 알리고, 각국에 한국을 지지하는 여론주도층을 창출하고, 한국인의 줄기찬 독립의지를 전세계에 호소할 수 있는 사상적 무기를 확보하는 것이었다.[21] 하와이에서 이승만은 자신의 구상이 당장 구현될 수 없는 어려운 상황에서 현실적인 차선책을 택할 수밖에 없었다.

이상과 같은 우여곡절을 거쳐 1913년 9월 1일 창간된 『태평양잡지』에 대해 9월 3일자 『국민보』는 아래와 같은 기사를 실었다.

> 여러 해 동안을 경영ᄒᆞ고 여러 사람의 힘을 모하 리박사 승만씨가 태평양잡지를 발간ᄒᆞᆫ다 ᄒᆞᆷ은 이믜 본보에 여러 번 말ᄒᆞᆫ 바ㅣ어니와 9월 1일에 비로소 뎨1호를 발힝ᄒᆞᄂᆞᆫᄃᆡ 책의 술은 비록 크디 못ᄒᆞ나 대개 젼일 상항셔 발간ᄒᆞ던 대도보와 근사ᄒᆞ며 그 안헤 게재ᄒᆞᆫ 문뎨는 졍치·종교·과학·잡조 등을 긔록ᄒᆞ야 잡지 셩질의 완젼ᄒᆞᆫ 졔도를 보혓스며 ᄯᅩ 그 거죽에는 사진·조각을 너허 아름다온 색태를 한층 더ᄒᆞ엿더라. 이번에 발힝ᄒᆞᄂᆞᆫ 첫 ᄒᆞ는 비록 책술이 크디 못ᄒᆞ고 모든 것을 마음ᄃᆡ로 ᄒᆞ디 못ᄒᆞᆯ 것이 만ᄒᆞ나 이 다음붓허는 책술도 더 크게 만들고 졔도도 완젼히 ᄒᆞ야 읽ᄂᆞᆫ 쟈의 자미를 더 도읍고져 ᄒᆞ며 잡지ᄉ갑은 매 권에 25전씩 쟉졍.[22]

위 기사에 의하면, 『태평양잡지』는 첫째, 김원용의 『재미한인오십년사』의 9월 20일 창간설과 달리 9월 1일에 창간되었고, 둘째, 샌프란시스코에서 발행된 월간잡지 『대도』[23]를 모방했으나 책모양에 세련미를 더하

---

21) *The Syngman Rhee Correspondence in English, 1904~1948*, Vol. 2, Philip Jaisohn → Syngman Rhee(1913.2.20), pp. 68-71.

22) 『국민보』, 1913년 9월 3일, 「ᄐᆡ평양잡지의 발힝」.

23) 『大道』(*The Korean Evangel*)는 1908년 12월 21일부터 1912년 12월

였고 내용면에서 정치 · 종교 · 과학 · 문학 기사를 추가하여 완전한 종합잡지의 형식을 갖추었으며, 셋째, 발간시기를 맞추느라 그런지 창간호는 완전한 형태를 갖추지 못했으며, 넷째, 제1~2호의 가격은 처음에는 25센트로 예정했다가 판매와 구독을 장려하기 위해 20센트로 최종 결정했음을 알 수 있다. 1914년 1년 동안 『국민보』에 『태평양잡지』 선전광고가 계속 실렸는데, 여기에는 『태평양잡지』가 정치 · 종교 · 교육에 관련된 중요 문제를 깊이 다루는 월간잡지임이 잘 나타나 있다.

> 광고 太平洋 잡지
>
> 태평양잡지는 리박사 승만씨가 정치 · 죵교 · 교육 등 모든 긴ᄒᆞᆫ 문뎨로 매월 1ᄎᆡᆨ식 발행ᄒᆞᄂᆞᆫ 글인ᄃᆡ 죵죵 고명ᄒᆞᆫ 긔셔도 잇고 간혹 ᄌᆞ미로은 소셜과 각국 유림긔며 세계 현셰의 대개를 들어 됴흔 론셜이 만ᄒᆞ니 유지 동포는 널니 젼파ᄒᆞ야 만히 보게 ᄒᆞ시기를 바라오. 잡지대금표 1권 25전, 3삭됴 70전, 6삭됴 1원 30전, 1년됴 2원 50전. 외국에는 특별이 감ᄒᆞ야 해 디방 통용금으로 시행ᄒᆞ되 우표가는 ᄯᅡ로 밧음. 하와이 호놀룰루 태평양잡지샤 간사원 안현경 고백. The Korean pacific magazine co. Cor Beretania & punchbowl ST HONOLULU T. H. U.S.A.[24)]

『태평양잡지』가 간행됨에 있어 발간비용은 이승만이 하와이 각지의 독지가들로부터 희사받은 금액과 박용만의 주도하에 하와이 국민회 총회가 고등학교 설립기금으로 모은 자금을 건네받은 것이었다. 다만 그 액수에 대해서는 명확하지 않다. 이중에서 국민회 총회가 모은 자금의

까지 샌프란시스코 한인감리교회가 발행한 월간잡지로서 기독교 중심의 국민계몽을 주장하였다. 최기영, 「한말－일제시기 미주의 한인언론」, 112쪽.

24) 『국민보』, 1914년분, 광고:태평양잡지.

액수에 대해 이승만은 자기가 도착하기 전에 국민회 총회가 3만 5천 달러를 모금했다고 하였고,[25] 하와이 일본총영사관은 국민회 총회가 고등학교 설립기금으로 모금한 9만 달러 중에서 이미 수납된 2천 달러를 이승만에게 제공했다고 했으며,[26] 같은 시기에 하와이에서 활동한 정두옥은 그 액수가 중학교 건립기본금으로 책정된 3천 달러였다고 적고 있다.[27] 아무튼 당시 이승만이 소지한 초기 발간비용은 수익사업과는 무관한『태평양잡지』발간사업을 장기간 추진하기에는 턱없이 부족한 액수였다.

2. 발간 취지

이승만은 한평생 언론활동을 정력적으로 펼쳤다. 그는 독립운동에 종사하던 청·장년기에는 신문과 잡지를 직접 제작하며 수많은 논설을 직접 집필하였고, 노년기에는 담화문과 연설문을 직접 집필하여 국민들에게 공포하였다. 이것은 이승만이 언론매체를 통한 대민홍보와 대민접촉 및 자가선전에 누구보다도 관심이 많았던 인물이었음을 입증해 주고 있다. 이처럼 이승만이 언론홍보활동에 매달린 이유는 신문과 잡지 및 담화문·연설문이 지닌 권능을 독립운동과 국내정치에 적절히 이용함으로써 자신의 위상을 강화하고 민족의 이상을 구현할 수 있다고 생각했기 때문이었다.[28]

---

25) "Autography of Syngman Rhee."

26) 김정명 편,『조선통치사료』7,「在布哇朝鮮人事情」(1925.12), 한국사료연구소, 1971, 952쪽.

27) 정두옥,「재미한족독립운동실기」,『한국학연구』3, 인하대 한국학연구소, 1991, 53쪽.

28) 오영섭,「이승만 대통령의 문인적 면모」, 유영익 편,『이승만 대통령 재평가』, 연세대 출판부, 2006.

청년기부터 말년기까지 다채롭게 펼쳐진 이승만의 언론활동을 시기별로 살펴보면 다음과 같다. 첫째, 배재학당 시절의 주간지 『협성회회보』 및 한국 최초의 일간지 『매일신문』 발간 활동, 둘째, 대한제국기 한성감옥서에서의 신문·잡지 기고 활동, 셋째, 미국 유학시절과 황성기독교청년회 시절의 구국계몽 강연 활동, 넷째, 일제시기 하와이와 미주에서의 잡지·선전책자 발간, 신문·잡지에의 기고, 방송사와 각종 단체에서의 강연 활동, 다섯째, 해방 후 방송 강연 및 언론매체에의 기고 활동, 여섯째, 대통령 재직 시의 담화문 집필 활동 등을 들 수 있다. 따라서 이승만이야말로 평생을 언론과 긴밀한 연관을 맺고 살아갔던 언론인이라고 말해도 과언이 아닐 것이다. 이처럼 평생에 걸친 언론활동에 대해 이승만은 대통령 재직 시에 다음과 같은 인상 깊은 술회를 남겼다.

> 내가 1895년 이후로 지금까지 계속하여 한 일은 그것은 신문 잡지에 글을 쓴 것이다. 감옥소에 있을 때는 논설을 써서 당시 신문에 종종 발표한 것이다. 그것은 물론 내가 감옥에 있기 때문에 비밀히 하게 된 것이고, 그 후 미국에서는 1905년부터 1910년까지 공부하는 까닭에 계속해서 글을 쓴 것은 없으나 종종 국문과 영문으로 쓴 것이 있다. 한국에 들어와 있을 때는 잡지와 신문에 계속해서 썼지만, 1913년 9월 이후로 1939년까지는 『태평양잡지』를 월보로 만들었고 분주한 중에도 주보로 만들어 발간하고, 거기 습관이 되어서 지금도 하고 싶은 것이 있으면 그것을 계속하고자 하는 것이다. 종종 신문에 발표하는 것은 대통령의 명의로 나가는데 이것은 실상 대통령 담화라기보다 나의 자유의사 발표로 다만 몇몇 사람이라도 보아서 도움이 될까 하는 것이다.[29)]

위 글에서 이승만은 자신이 평생에 걸쳐 언론과 긴밀한 관계가 있었

29) 『서울신문』, 1951년 9월 21일.

음을 토로하는 한편, 신문에 자주 담화를 발표한 것은 대통령의 권위와 직위에 의해서가 아니라 개인의 입장에서 자유의사를 표명한 것이라고 하였다. 이것은 그가 언론활동을 통해 자신의 자유의사를 자유롭게 개진하려는 태도를 지니고 있었음을 보여준다. 또 그는 『태평양잡지』와 『태평양주보』를 발행하면서 자신도 모르게 습관적으로 잡지를 발행하게 되었다고 말했다. 이것은 그가 일제시기 하와이에서 잡지 발간을 위해 그야말로 심혈을 쏟았음을 입증해 주는 좋은 예화이다. 하여튼 평생 정력적으로 잡지 기고 활동과 잡지 간행 작업에 매달렸던 이승만은 그러한 잡지들 속에 자신의 자유의사를 반영하기 위해 각별히 노력했음을 알 수 있다.

현재 창간호가 남아있지 않기 때문에 이승만이 『태평양잡지』 창간사에서 어떤 입장을 밝혔는가를 알 수가 없다. 발간 이후에 『태평양잡지』는 자치론과 실력양성론 및 외교독립론을 두둔하는 것 같은 인상을 주는 일부 논설과 『태평양잡지』 1913년 12월호(제4호)에 '일본천황께서' "일본영사관 연회에 왕참이라" 등의 일부 표현이 친일적이라 하여 비판을 받았다. 『태평양잡지』의 對日 유화적인 논조에 대한 미주와 원동의 비판은 경술국치 전후 한국민족운동계에 나타나기 시작한 완진론과 급진론 간의 노선차이에 기인하는 것이었다.

1914년 2월 블라디보스톡에서 발간된 『권업신문』은 잡보란에서 "『태평양잡지』 제4호를 보니 "과연 괴상한 주의와 그 파측한 언론이 보는 쟈로 하야곰 마암을 현란케 ᄒᆞ얏다"고 하면서, 한국인이 당장 배일하는 것은 독립운동 전략상 불가하다는 이승만의 주장, 『태평양잡지』가 '천황폐하' 등의 어구를 사용한 대목, 일본 천황 생일날에 하와이 일본영사의 초청에 응한 사실 등을 조목조목 거론하며 비판하였다.[30] 또한 안창호의

30) 『권업신문』, 제98호, 1914년 2월 15일, 「태평양잡지의 괴상 언론」.

측근 이강으로 추정되는 '遠東의 인사'는 『신한민보』에 서한을 보내 『태평양잡지』의 '친일성'을 비판하는 기사를 내보낼 것을 촉구하였다.[31] 그리고 다수 인사들이 항일애국 논조가 가득한 기고문이나 항의문을 직접 태평양잡지사에 보내기도 하였다. 이들이 보낸 항의문 중에는 "충분격절ᄒᆞ야 ᄉᆞ룸으로 하여곰 피가 끌케 ᄒᆞᄂᆞᆫ," "익원비창ᄒᆞᆫ 말로 망국ᄒᆞᆫ과 노예된 셔름을 무한히 셜원ᄒᆞᄂᆞᆫ" 이라는 구절들도 들어 있었다.[32]

『태평양잡지』의 논조와 표현을 문제시한 기고문이나 항의서한들은 한국독립운동의 장기적인 터전을 마련하려는 이승만의 『태평양잡지』 발행 취지와 동떨어진 것이었다. 이에 이승만은 『태평양잡지』가 지향하고 있는 실력양성론적 독립노선을 분명히 하기 위해 1914년 2월 『태평양잡지』 제6호에 「본 잡지의 쥬의」란 장문의 글을 실었다.

> 대개 우리의 쥬의는 젼징에 잇지 안코 평화에 잇ᄂᆞ니 이는 우리가 담약ᄒᆞᆫ 마음으로 젼징을 두려워셔 이러홈이 안이오. 다만 우리가 젼징 쥰비를 못ᄒᆞ엿슨즉 남의게 질 쥴을 알고셔 남과 싸호려 ᄒᆞᄂᆞᆫ 것은 심히 어리셕은 일이라. 우리가 쥰비 차릴 동안에 아모죠록 평화를 유지ᄒᆞᄂᆞᆫ 것이 우리의 쥬의ᄒᆞᄂᆞᆫ 바ㅣ며
>
> 젼징을 안이 가지고는 죵시 내 것을 차즐 슈 업난 쥴도 우리가 ᄭᆡ닷지 못홈은 안이라. 그러나 우리는 피 흘니지 안코 될 젼징을 쥰비ᄒᆞ고져 ᄒᆞᄂᆞ니 이것은 사룸들이 쳐음 듯난 말이라. 응당 괴이히 녁일 터

---

31) 『신한민보』, 1914년 4월 2일, 「단합을 힘쓰고져」. 이강은 안창호에 보낸 서한에서 "이승만씨의 太平洋報는 친일적 어구를 거재한 고로 遠東에서는 일반이 切齒痛罵하는데 신한민보사에셔 수수방관함을 불만족스럽게 생각하는 이가 적지 않은 모양이다"고 하였다. 『도산안창호자료집』 1, 이강→안창호(1914.3.5), 독립기념관 한국독립운동사연구소, 1990, 93쪽.

32) 『태평양잡지』, 「본 잡지의 쥬의」, 1914.2, 65-66쪽.

이나 이것을 일우난 방법이 두 가지가 잇스니 하나는 우리의 용밍을 기름이오 또 하나는 의리를 빅양홈이라. 이 두 가지를 간략히 셜명홀지니

(一) 우리의 용밍을 기른다 홈은 우리의 힘을 빅양ᄒᆞ자 홈이니 은근히 쥰비를 힘써 ᄒᆞ야 급홀 ᄯᅢ에 방비홀 미쳔이 잇게 만들면 놈이 그 사룸의 속힘을 스ᄉᆞ로 짐작ᄒᆞ고 감히 우리의게 무리ᄒᆞᆫ 일을 힝치 못홀 터인즉 젼징이 스ᄉᆞ로 막히고 우리의 고유ᄒᆞᆫ 것을 슌히 회복홀 것이니 이것이 곳 지금 셰상에 모든 나라들이 해륙군을 늘임으로 국제샹 평화를 누리는 근본이며

(二) 의리를 빅양홈이니 이는 신령샹 능력을 발달홈이라. 사룸이 만일 의리를 슝상ᄒᆞ야 쳔창만검지지중에 들지라도 의를 굴치 안키를 목숨보다 즁히 녁일진ᄃᆡ 덕국의 군함 대포가 능히 그 사룸의 육신 ᄒᆞ나는 업시 홀지언졍 그 사룸의 의는 일월과 갓치 들어나셔 갈이지도 못ᄒᆞ고 업시ᄒᆞ지도 못홀지라.…지금은 공의로 힝셰ᄒᆞ는 시ᄃᆡ인즉 셰상 물론을 비반ᄒᆞ고 공의를 ᄃᆡ적ᄒᆞ면 문명 샹등국의 ᄃᆡ우를 밧을 수 업난 터인즉 우리가 공의를 셰상에 들어낼ᄉᆞ록 우리의 친구는 만히 싱기고 우리를 히ᄒᆞ려는 쟈는 외로와셔 스ᄉᆞ로 서기 어려울 디경에 닐을지니 이는 한국에 교회핍박 일졀로만 보아도 가히 ᄭᆡ다를지라.[33]

위 글에서 이승만은 『태평양잡지』의 주의는 전쟁이 아니라 평화에 있으며, 준비가 안된 상태에서 전쟁을 치르는 것은 패배를 자초하는 어리석은 짓이며, 따라서 전쟁 준비를 갖추는 동안에 평화를 유지하자는 것이 『태평양잡지』의 발간 취지임을 분명히 하였다. 그는 한국인들이 10만명의 군사를 허비하고서도 세상 공론을 일으키지 못한 반면, 몇 10명의 기독교 교인들이 핍박을 당한 일로 인연하여 각국에서 공론이 일어나 일본에게 곤욕을 안겨주었음을 각별히 중시하였다.[34] 따라서 그는 전쟁

33) 『태평양잡지』, 「본 잡지의 쥬의」, 1914.2, 66-67쪽.

을 하지 않고 승리를 담보하는 무혈전쟁이 올바른 항일운동 방식이라는 신념에 따라 무혈전쟁을 제대로 준비하기 위해서는, 먼저 은근히 속으로 외침을 막아내고 독립을 이룩할 힘을 길러야 하며, 다음으로 국제여론을 주도할 수 있는 공의를 확립하기 위한 정신적 능력을 배양해야 한다고 주장하였다.

이승만은 모름지기 독립운동은 "길게 준비해야 한다"는 이른바 준비론에 입각하여 자신이 싸우는 사람이 되기보다는 싸우는 사람을 많이 길러 항일무대에 내세워야 한다는 입장을 취하였다. 그러므로 그는 "본 잡지의 쥬의가 아모조록 우리 인민을 육톄와 지혜와 심령상으로 두로 발달식혀 모든 일이 날로 자라셔 젼진ᄒᆞ게 ᄒᆞ고져 ᄒᆞ노니 대한 사ᄅᆞᆷ들이 쟝리에 아모 것도 없고 말녀면 그만이어니와 만일 우리의 원ᄒᆞ고 바라는 것이 셩취ᄒᆞᄂᆞᆫ 날이 잇고져 ᄒᆞᆯ진ᄃᆡ 오날 일만 ᄉᆡᆼ각ᄒᆞ여 가지고는 될 수 업스며 지금 당ᄒᆞᆫ 것만 뎨일로 치고는 도모지 엇지ᄒᆞᆯ 수 업스리나 이것을 깁히 ᄭᆡ달아 길게 쥰비ᄒᆞᄂᆞᆫ 것이 가ᄒᆞ다 ᄒᆞ노라"라는 점진적인 장구한 독립방책을 구상하였다.[35] 이러한 독립방책이 이승만이 『태평양잡지』에 기고한 논설들에 그대로 반영되었음은 물론이다.

요컨대 『태평양잡지』 발간 당시 이승만은 온건한 방식의 준비론적 항일운동 방략을 택하고 있었는데, 이에 대해 일제는 "점진파에 속하는 이승만은 하와이 동포들에게 상당한 교육을 실시하여 신사상을 주입시켜 만반의 기초를 공고히 한 다음, 시기가 도래하기를 기다려 일거에 국권을 회복하고 초기의 목적을 달성하려는 생각에서 『태평양잡지』를 발간하여 널리 동포들에게 반포 강독하게 하는 일로 마음을 쓰고 있다"고 보았다.[36] 이는 이승만이 '선실력양성 후독립달성'이라고 하는 실력양성

34) 『태평양잡지』, 「본 잡지의 쥬의」, 1914.2, 67-69쪽.

35) 『태평양잡지』, 「본 잡지의 쥬의」, 1914.2, 66-67쪽.

36) 〈조선인의부:재구미(3)〉, 「在外排日鮮人李承晩及朴容萬等ノ行爲」(1917.

론적 독립노선을 강구하고 있었음을 잘 보여주고 있다.

Ⅲ. 『태평양잡지』의 발간 현황과 재정 문제

1. 발간 현황

『태평양잡지』는 1913년 9월부터 1930년 11월까지 총 17년 3개월 동안 발간되었다. 그러나 실제로 발간된 호수는 많은 편이 아니다. 극심한 재정난, 이승만 개인사정, 기타 사정 등으로 인해 대략 12년 이상이나 휴간 상태에 있었기 때문이다. 현재 접근 가능한 휴간에 관한 단편적인 기사들과 국내외 각지에 남아있는 몇 권의 잡지 원본을 바탕으로 『태평양잡지』의 발간시기를 구분해 보면 대략 3시기로 나눌 수 있다. 제1기(1913. 9~1918. 12)는 전반기에 이승만이 발행·집필·편집을 도맡아 담당하다가 후반기에 지인들이 주필을 맡았던 시기이다. 제2기(1923. 3~1925)는 구미위원부와 동지회에서 활동하는 이승만의 측근들이 발간하던 시기이다. 제3기(1930. 3~1930. 12)는 『태평양주보』로 바뀔 때까지 동지회의 영향 하에 이승만의 측근들이 발간하던 시기이다. 이중 제2~3기 동안에 『태평양잡지』는 동지회의 기관지 역할을 맡았다.[37] 따라서 김원용의 『재미한인50년사』의 소론에 따라 『태평양잡지』를 동지회의 기관지라고 단정 지어 말하는 것은 부분적으로만 맞는 말이다.

10.18).

37) 『태평양잡지』는 「대한인동지회헌장」(1930) 제17조에 의해 동지회의 '기관보'로 공식 인정을 받았다.

〈표 1〉 현존『태평양잡지』의 호수와 발간 연월

1913년	1914년	1923년	1924년	1925년	1930년
11월 (vol.1 no.3)	1월 (vol.1 no.5)	3월 (vol.5 no.1)	4월 (vol.6 no.4)	7월 (vol.7 no.4)	3월 (Series.2, vol.1 no.1)
	2월 (vol.1 no.6)	7월 (vol.5 no.5)	7월 (vol.6 no.7)	8월 (vol.7 no.5)	5월 (Series.2, vol.1 no.3)
	3월 (vol.1 no.7)	8월 (vol.5 no.6)	10월 (vol.6 no.10)	9월 (vol.7 no.6)	7월 (Series.2, vol.1 no.5)
	4월 (vol.1 no.8)	9월 (vol.5 no.7)		10월 (vol.7 no.7)	9월 (Series.2, vol.1 no.7)
	6월 (vol.1 no.10)				10월 (Series.2, vol.1 no.8)

『태평양잡지』는 1913년 9월 1일에 순한글의 월간잡지로 창간되었다. '태평양잡지'라는 제호를 지은 이가 서재필인지 이승만인지는 분명히 알 수가 없다. 다만 그 제호에는 태평양의 고도 하와이를 중심으로 삼아 미주와 극동을 포괄하려는 의도가 나타나 있으며, 오늘날 태평양시대의 도래를 예견한 것 같은 선견지명이 담겨 있다. 영문제호는 *The Korean Pacific Magazine*이다. 처음에 인쇄는 한인감리교회의 인쇄시설을 이용하였고, 1914년 2월호부터는 일본에서 들여온 5호 주자를 이용하여 인쇄하였다. 한 면은 한문책처럼 우→좌로 쓰여 있다. 각 호의 글자수는 제1기에는 상・하단 각기 17행, 1행이 세로로 20자이며, 제2・3기에는 상・하단 각기 20행, 1행이 세로로 24~26자였다. 『태평양잡지』의 권당 분량은 제1기에는 95~102쪽 정도이며, 제2기는 33~46쪽 정도이며, 제3기는 55~60쪽 정도이다.[38)]

38) 1930년 10월 교민단과 동지회 갈등사건 특집호만 예외적으로 41쪽이다.

『태평양잡지』의 표지 제목과 기사제목 옆의 그림과 지도 등은 이승만이 직접 쓰거나 그린 것이다. 이는 이승만이 서예와 그림에 상당한 조예를 지닌 인물이기에 가능한 것이었다.[39] 표지 제목은 정자체와 흘림체를 혼용해 썼으며 매번 위치가 달랐다. 예컨대, '태평양잡지'나 '太平洋雜誌'란 정자체와 흘림체의 제목이 표지 상단과 하단에 가로로 쓰여 있거나, '태평양잡지'란 제목이 위에서 아래로 표지 중앙이나 좌측에 쓰여 있거나, 45도 각도로 우에서 좌로 쓰인 경우도 있었다. 그리고 이승만이 미주에서 하와이로 돌아온 것을 기념하는 1924년 10월 특집호와 1930년 9·10월호는 영문제목과 국문제목을 표지에 같이 넣기도 하였다. 아울러 표지와 잡지 속에는 풍경·인물·건물의 사진을 넣어 독자의 이해를 넓히려 하였고, 잡지 말미에는 보통의 신문이나 잡지처럼 광고란을 두었다.

『태평양잡지』는 영문판을 겸하여 펴내려는 의도로 시작된 잡지였기 때문에 처음부터 서두의 목차에 영문 목차가 첨부되었다. 당시 이승만은 재정이 확보되면 영문판을 아울러 발간하고, 나아가서 영자신문의 발간까지도 고려하고 있었다. 영문 목차는 제1기에는 겉표지 다음 면에 나오고, 제2·3기에는 잡지 맨 마지막장에 수록되었다. 제1기에는 영문 제호 바로 아래에 잡지사의 영문주소를 넣었고, 이승만이 발행을 전담했음을 강조하기 위해 영문 목차에 "Published Monthly by Syngman Rhee Ph.D."라는 구절을 특별히 넣었다. 또 표지 상단에 '사장 겸 주필 철학박사 리승만'이라는 문구를 넣기도 하였다. 그러나 이승만 측근들이 발간을 담당한 제2~3기에는 영문 목차의 맨 아래에 잡지 편찬원의 이름을 기입하였다. 그리고 제2기의 1923년 3월호에는 표지 다음면에 '태평양잡지 영문부(English Department)'라는 타이틀을 넣고, 잡지 말미에

39) 오영섭, 「이승만 대통령의 문인적 면모」, 446-447쪽.

는 4쪽의 영문논설(editorial)을 실었다.[40] 아울러 영문주필을 별도로 임명하기도 하였다.

『태평양잡지』의 발행부수는 시기별로 약간 달랐다. 1913년 11월호에서 이승만은 잡지사의 경영자립을 위해서는 2,000권 정도가 발매되기를 원했고, 1914년 2월호에서는 적어도 1,500권이 판매되어야 잡지사 운영이 가능하다고 하였다.[41] 그러나 이런 숫자는 하와이 교민사회의 실정을 감안할 때에 불가능한 것이었다. 제1기의 발행부수에 대해 1914년 하와이 한인 기독교인의 보고서에는 1,300부로 나오고, 1914년 12월 하와이 일본총영사관의 기록에는 400부라고 되어 있으며, 1915년 6월 하와이총영사가 일본 외무대신에게 보낸 문서에는 약 300부라고 하였다.[42] 그런데 동지회 조직망이 국내외 각지에 설치된 제2기에 간행된 1923년 9월호가 총 700부 발행되어 하와이 450권, 미주 130권, 쿠바와 멕시코 30권, 중국・상해・남경・북경・만주 50권, 영국・독일 30권 등 도합 690권이 배포된 것을 보면,[43] 제1기의 발행부수는 대략 500권 내외였을 것이다. 따라서 한국인의 기록은 발행부수를 과장한 것이며, 일본측의 기록은 하와이에 배포된 부수만을 계산한 것으로 보인다.

제1기에 『태평양잡지』의 배포처와 지사원은 하와이 전역과 미주・극동에 걸쳐 퍼져 있었다. 제2기 이후에 『태평양잡지』는 동지회의 기관지

---

40) 영어논설은 “Why In English?” “American Program Seen As Propagranda By Local Japanese Paper” “The Governor’s Massage To The Legislature” “Korean In Need Of Trained Men” 등이다.

41) 『태평양잡지』, 1913.11, 「본샤 고백」, 93쪽, 1914.2, 「본샤 경형」, 91쪽.

42) C. P. Hong, “Report of Korean Christian Advocate,” *Minutes of Hawaiian Mission*, 1914, p. 23; 〈조선인의부:재구미(2)〉, 「布哇在留朝鮮人ノ狀態ニ關スル報告書提出ノ件」(1914.12.4); 『한국독립운동사 자료 37』, 제4장, 미주지역편, 「鮮字新聞增設ニ關スル件」(1915.6).

43) 『태평양잡지』, 1923. 9, 「태평양잡지 익독 졔씨에게 고홈」, 34쪽.

로서 동지회의 조직망을 타고 훨씬 광범한 지역에 배포되었을 것이다. 그러나 제2기 이후의 배포처 명단이 아직 발견되지 않고 있기 때문에 자세한 사실을 알 수는 없다. 다만 제1기의 배포처는 『태평양잡지』의 권말 기사를 통해 확인이 가능하다.

〈표 2〉 『태평양잡지』 배포처와 지사원(1913. 11~1914. 6)

하와이	오아후	가와이	북미	멕시코	중화민국	일본
힐로 박봉순	와이파후 이정근	후라이아 김춘일	캘리포니아주 사크라멘토 김홍균	메리다 김기정	상해 이위림	동경 최상호 某씨(1914.2)
호노가아 이만춘 김경준(1914.6)	와일누아 정두옥	샹하나마울루 이영근 김상하(1914.4)	샌프란시스코 양주은			
북고아 김광현	호항 유춘관	골라아 이종관	시카고 박처후 (1914.2.빠짐)			
고할라 차윤중 남순명(1914.6)	〃 박원걸					
가피우 서광석	〃 정윤필					
학갈라우 최홍위 (1914.2.추가)	와이미아 박유근 (1914.2.추가)					
	예와 박성학 (1914.4.추가)					

『태평양잡지』 발행의 실무작업은 이승만과 그의 지지자들이 맡았다. 이승만은 전시기에 걸쳐 사장을 지냈고, 제1기 초반(1913~1914)에 주필과 편집을 오로지 담당하였다. 이때 안현경은 재무와 영업 등 서무를 담당하였다. 따라서 제1기 초반의 『태평양잡지』는 이승만의 개인 저작품이

라고 말해도 과언이 아닐 정도이다. 그렇기 때문에 제1기에 간행된 『태평양잡지』의 정치 · 종교 · 교육 논설들은 1910년대 이승만의 독립사상의 정수를 보여주고 있다. 제2기 이후에는 문필에 능하고 책자 발간 경험이 있는 유능한 인재들이 『태평양잡지』 간행에 동원되었다.

이승만을 제외하면, 『태평양잡지』의 주필을 맡았던 이들은 노진구-민찬호-지용은[44]-김영우-송필만-윤치영-김현구 등이다.[45] 그런데 이들의 정확한 임면일자에 대해서는 관련자료의 부족으로 잘 알 수 없는 실정이다. 이들 가운데 현존 『태평양잡지』의 임직원 명단에 보이지 않는 노진구와 민찬호는 1915년경부터 1922년 가을 이전에, 지용은은 1922년 10~11월에, 김현구는 1930년 봄경에 주필을 맡았던 것으로 보인다. 그리고 김성기 · 김원용 등도 발행인으로서 주필의 역할을 일부 맡기도 했던 것으로 보인다.[46] 아래 〈표 3〉은 현존 『태평양잡지』에서 그 존재가 확인되는 임직원 현황이다.

『태평양잡지』의 주필이나 발행인을 담당한 인물들과 이승만과의 관계를 간략히 알아보면 다음과 같다. 먼저 노진구는 하와이 한인사회에 알려지지 않은 미지의 인물로서 앞으로 연구가 필요한 인물이다. 閔燦鎬는 배재학교의 기독학생회 회장을 지내며 이승만과 함께 협성회 간부를 지낸 인연으로 미국에서도 이승만과 활동을 같이한 인물이다. 池鎔殷(1896년, 평양생)은 미국 노스웨스턴대학교를 졸업하고 구미위원부 위원이자

---

44) 김원용의 『재미한인50년사』에는 지용운으로 되어 있으나 이는 오류이다.

45) 김원용, 『재미한인50년사』, 혜안, 2004, 197쪽.

46) 『태평양잡지』 1914년 6월호 「한인교회보」란에는 태평양잡지사가 1914년 4월부터 월간잡지 『한인교회보』를 발행하였고 이승만과 기타 임원들이 출판 사무를 겸임했다고 하였다. 그런데 1913년 4월 4일자 『국민보』의 「한인교회보」란에는 『한인교회보』의 임원으로 사장 이승만, 편집 홍한식, 발행 안현경 등이 나와 있다. 따라서 1914년 어느 시점에 홍한식이 『태평양잡지』의 편집을 맡았던 것으로 보인다.

〈표 3〉 현존 『태평양잡지』에 나오는 태평양잡지사 임직원 현황

	사장	주필	발행인 겸 편집인	재무	영업부 사원	인쇄인	기타
1913.11	이승만	이승만				문순익	간사원 : 안현경
1923.7		김영우(국문) 정태화(영문)		김영우		유인화	
1923.9			김성기	김성기			김성기 발송도 담당
1924.4		송필만				유인화	
1924.10		윤치영	윤치영			문순익	특파기자 : 송필만
1925.7		윤치영				문순익	사무원 : 김성기
1930.3	이승만		김현구(편집) 김광재(발행)	박주범	박내선		원동통신원 : 이정암 내지통신원 : ○○○
1930.5	이승만		김현구	박주범	박내선	박병언	
1930.7						박진한	
1930.9	이승만		김원용	김원용	박내선	박진한	

이승만의 측근인 신형호(하늘나라신)의 인도로 잡지 발행에 간여하게 되었다.[47] 김영우는 이승만이 설립한 한인기독학원의 교사로서 민찬호·김노디(김혜숙)와 함께 1923년 5월 하와이 학생고국방문단의 인솔자를 맡았던 이승만의 측근이었다. 宋必滿(1890년, 진천생)은 일본 중앙대학 법과와 동경 正則영어학교를 거쳐 연건교수를 역임하다가 도미하여 하와이에서 잡지 발간에 참여하였다. 그는 1923년 동경대진재 당시 한인의 피해를 보도한 경력을 지니고 있었다.[48] 尹致暎(1898년, 서울생)은 일본

47) 지용은은 미국 유학 중이던 1919년 2월에 일본에 와서 동경유학생들에게 해외정보를 전달하였다. 미국 노스웨스턴대학교를 졸업하고 잠시 『태평양잡지』에 관여하다가 귀국하여 평양 광성중학교장, 미군정청 중앙식량행정처장, 중앙농지위원회 민간인 위원 등을 지냈다.

48) 『신한민보』, 1924년 3월 13일, 「송필만씨 도미」. 그는 1924년 7월 1일

와세다대학 졸업 후 기독교 중앙청년회관에서 일했고 1924년 여름 야구단의 일원으로 하와이에 도착했다가 이승만의 권유로 하와이에 체류하며 잡지 발간을 맡았다.[49] 金鉉九는 1918년 6월 오하이오 콜럼버스대학에서 문학사 학위를 받고 1927년 4월 구미위원부에서 대미 외교사무를 담당했으며, 1929년 하와이 대한인교민단의 서기와 재무를 담당하다가 이승만에 의해 잡지 발간에 투입되었다.[50]

『태평양잡지』는 재정부족으로 자주 휴간했던 관계로 잡지사 사무실도 여러 번 옮겼다. 창간 당시 사무실은 호놀룰루 한인기숙학교(한인중앙학원) 내에 있었고, 주소는 "Korean [Compound] School, Beretania & Punchboul Streets, Honolulu, T. H."였다. 1922년 가을 잠시 워싱턴 구미위원부에서 신형호 주도하에 잡지를 간행하려 했는데, 이때 주소는 "The Korean Pacific Magazine 907 Continental Trust Building Washington D.C."였다.[51] 1923년 3월경에는 호놀룰루 한인기독학원 내에 발행소를 두었는데 주소가 "3320 Wainlac Road, Honolulu, T. H." 였다. 곧이어 7월에 새 사무실을 장만하여 "1521 Palolo Road, Honolulu, T. H."로 이사했고, 1925년 7월의 주소는 "1521 Lurline Ave, Honolulu, T. H."였다. 1930년 3월부터 12월까지의 주소는 "1306 Miller Street, Honolulu, T. H."였다.

2. 자금 부족과 잦은 휴간

창간 초기에 『태평양잡지』는 전적으로 이승만의 개인적인 노력과 헌

『태평양잡지』 '기자'직을 사임하고 미 본토로 건너갔다.

49) 『신한민보』, 1924년 10월 9일.

50) 김원용, 『재미한인50년사』, 203쪽.

51) 신형호 등 구미위원부 인사들은 워싱턴 구미위원부 건물의 주소가 찍힌 편전지를 사용하였다.

신에 의해 발간되었다. 이때 그는 사장 겸 주필로서 간사원 안현경, 인쇄인 문순익을 데리고 잡지 발간을 주도하였다. 그는 매호당 약 100쪽, 원고지로 약 350~400매 정도의 원고를 거의 혼자 집필하다시피 하였다. 잡지 가격은 제1~2호는 20센트, 제3호부터는 25센트, 1년 구독료는 2달러 50센트를 받았다. 그러나 잡지사 경영이 적자에 이르자 이승만은 "100쪽이 나가는 잡지를 20센트씩 받아서는 수지를 맞출 수 없다"며 1913년 11월 제3호부터 권당 25센트로 인상하였다. 다만 선금을 납부한 이들이나 외국에는 그 지방에서 통용되는 돈으로 시행할 것이라고 하였다. 아울러 1913년 12월 제4호부터는 대금을 보내는 이들에게만 잡지를 발송할 것임을 밝혔다.[52]

이승만은 잡지를 발간함에 있어 동포들의 의연금이나 자선금에 의지하지 않고 재정 자립을 이루려 하였다. 다시 말해 그는 처음에 모금한 돈으로 몇 달간 잡지를 발간하여 판매한 다음, 이렇게 얻어진 수익금으로 재정적 자립을 이루어 국한문본과 영문본 잡지까지 발간하려는 원대한 구상을 품고 있었다. 그는 자신의 구상이 실현되려면 잡지가 적어도 2천권, 최소한 1,500권은 팔려야 잡지사의 재정자립을 이룰 수 있다고 보았다. 이러한 구상은 동포들로부터 지원을 받지 않고 재정자립을 달성하려 했다는 점에서 갸륵한 것이었으나 하와이 현지실정을 감안하지 않은 다소 무모한 것이었다. 따라서 이승만의 『태평양잡지』 발간사업은 재정적자로 말미암아 시작부터 중단 가능성을 안고서 출발한 셈이었다.

1923년 9월 애독자들에게 알린 글을 보면 태평양잡지사의 전반적인

52) 『태평양잡지』, 1913.11, 「본샤 고벡」, 92-93쪽. 1922년 11월에 이창규는 『태평양잡지』가 "폐지가 너무 적은데 가격은 太過하다"고 지적하였다. 그럼에도 재정곤란으로 1924년 10월호부터 잡지 가격을 1부 30센트, 1년 3달러 40센트로 인상하였다. 『이승만 東文 서한집』 上, 이창규 → 신형호(1922.11.17), 308-309쪽.

재정상황을 짐작할 수 있다. 당시 『태평양잡지』는 700부를 발행하여 하와이에 450부, 미국·중미·유럽·아시아 각지에 240부를 배포하였다. 이중에서 각지에 보낸 240부는 무료로 배포한 것이며, 하와이에 배포한 450부에 대해서만 구독료를 징수하였다. 그런데 450부 가운데서 구독료가 걷히는 것은 300부(총 75달러)를 넘지 못했고, 동지회 전체 회원 1천명 중에서 잡지 구독료인 월연금 25센트를 내는 회원은 100여명(25달러)에 불과하였다. 따라서 이 100달러만 가지고서는 주필 월급 7~80달러와 인쇄기 대여료 및 사무실 운영비는 말할 것도 없고, 125달러에 달하는 최소한의 잡지 발행비용조차도 충당하지 못할 지경이었다. 이런 궁박한 처지였기 때문에 거액의 의연금을 확보하지 못할 경우 『태평양잡지』 발간사업은 수시로 중단될 수밖에 없었던 것이다.[53]

1915년 11월 하와이 주재 일본총영사관의 보고에 의하면, "이승만이 경영하는 『태평양잡지』는 여학교의 설립과 평소 잡지대금의 회수 곤란으로 드디어 1915년 4월호부터 폐간되었다"고 한다.[54] 이때의 휴간 원인은 일차적으로는 창간 당시에 모금한 자금이 고갈되었기 때문일 것이며, 이차적으로는 이승만과 박용만 간에 하와이 한인사회의 주도권을 둘러싸고 분쟁이 격화됨에 따라 이승만이 잡지간행에 전념치 못했기 때문일 것이다.[55] 이후 『태평양잡지』는 어느 시점에 속간되었으나 1916년 4월부터 다시 휴간한 것으로 보인다. 이는 1918년 6월과 7월에 하와이우체국 국장과 부국장에게 보낸 이승만의 서한을 통해 확인이 가능하다. 거기에

53) 『태평양잡지』, 1923.9, 「태평양잡지 익독 졔씨에게 고홈」, 34-35쪽.

54) 〈조선인의부:재구미(2)〉, 「在留朝鮮人狀態ニ關スル件」(1915.11.22).

55) 1915년 하와이 한인사회의 분쟁에 대해서는, 방선주, 『재미한인의 독립운동』, 한림대 아시아문화연구소, 1989, 81-92쪽; 홍선표, 「1910년대 후반 하와이 한인사회의 동향과 대한민국민회의 활동」, 『한국독립운동사연구』 8, 1994, 5-10쪽.

서 이승만은 얼마 동안 발행되지 못했던 『태평양잡지』가 1916년 4월 이래 다시 출간되지 않고 있으며 별다른 통지가 없는 한 계속 정간될 것이라고 하였다.[56] 이에 미 본토의 우편총국은 하와이 우체국장에게 『태평양잡지』에 부여한 2급 우편권을 철회하라고 지시하였다.[57]

1918년 봄에 이승만은 로스앤젤레스 거주동포 윤병희로부터 7월 초순까지 왕림해 달라는 요청을 받았다. 당시 윤병희 등 40여 명은 1주당 30달러로 주식 500주를 발행하여 영자신문을 간행하고자 자본금 모집활동을 벌이고 있었다.[58] 평소부터 영자신문의 발행을 원했던 이승만이 이에 대해 어떤 반응을 보였는가는 잘 알 수 없다. 1919년 1월 이승만은 파리강화회의에 한국측 대표로 참석하기 위해 하와이를 떠나 미 본토로 갔다. 이에 따라 『태평양잡지』의 휴간은 상당 기간 지속될 수밖에 없었다. 하와이에는 1918년 11월부터 박용만이 주간지 『태평양시사』를 발간하기 시작했기 때문에 이승만의 초조함은 더욱 깊었을 것이다. 미 본토에서 이승만은 국민회 중앙총회의 안창호에게 영문잡지의 간행을 공식적으로 요청하였다. 그러나 안창호는 영문잡지의 발간이 중요한 일이기

---

56) *The Syngman Rhee Correspondence in English, 1904~1948*, Vol. 1, Syngman Rhee → Postmaster General(1918.6.12), p. 21, Syngman Rhee → Mr. Mohoikaiu, Assistant Post-master(1918.7.13), p. 41. "Mr. Mohoikaiu, Assitant Postmaster Honolulu, T. H. Dear Sir: As reported before, the Korean Pacific Magazine has been discontinued for some time and has not been published again since April 1916." 『신한민보』 1916년 6월 22일자 기사에는 『태평양잡지』 제2권 제9호가 계간되었다고 나온다. 따라서 이승만도 잦은 휴간-속간 일자를 정확히 기억하지 못한 것이 아닌가 생각된다.

55) *The Syngman Rhee Correspondence in English, 1904~1948*, Vol. 4, Post Office Department → Postmaster, Honolulu(1918.7.2), pp. 114-115.

58) 『이승만 東文 서한집』 하, 윤병희 → 이승만(1918.4.18), 103-104쪽.

는 하지만, 지금은 파리강화회의에 대한 일이 무엇보다도 우선할 일이며 국민회 중앙총회가 모금한 자금은 독립운동을 위한 것이라는 이유를 내세워 영문잡지의 발간요청을 은근히 거부하였다.[59] 이에 따라 이승만의 미 본토에서의 영문잡지 발간노력은 무위로 돌아갔다.

1922년 1월 원동의 조성환은 워싱턴 구미위원부의 정한경에게 "『태평양잡지』를 간행할 활자를 원동으로 가져다가 아무 단체에 부속치 말고 별도로 독립기관을 간드는 것이 현금의 시국 형편에 대단히 필요하다"는 의견을 피력했다.[30] 그러나 이승만은 이에 대해 별다른 반응을 나타내지 않았다. 1922년 9월에 이승만은 구미위원부에 보낸 편지에서 『태평양잡지』가 재간되기를 바란다는 의사를 표명하였다.[61] 이에 구미위원부 위원 신형호가 지용은을 초빙하여 구미위원부가 있는 워싱턴에서 잡지간행 작업을 모색하였다. 당시 재정 군색으로 어려움을 겪고 있던 이승만은 잡지발간 보조금으로 2~30원만 지급하겠다고 하였고, 잡지가 재정곤란으로 한 두호만 나오고 중단되는 것을 우려하였다.[62] 이후 자금지원을 요청하는 신형호의 서한에 대해 이승만은 구미위원부가 지속되는 한 『태평양잡지』를 계속 발행하고 싶지만, 현실적으로 태평양잡지사와 주필 지용은에게 지급할 충분한 자금이 없기 때문에 『태평양잡지』의 발행을 중단하거나 하와이로 옮겨야 한다는 견해를 표명했다.[63] 이는 하와

---

59) 『이승만 東文 서한집』 하, 안창호→이승만(1919.3.13), 3-4쪽.

60) 『이승만 東文 서한집』 하, 조성환→정한경(1922.1.20), 335쪽.

58) *The Syngman Rhee Correspondence in English, 1904~1948*, Vol. 1, Syngman Rhee→Korean Commission(1922.9.29), p. 476.

59) 『이승만 東文 서한집』 상, 이승만→신형호(1922.11.13), 54쪽.

60) *The Syngman Rhee Correspondence in English, 1904~1948*, Vol. 1, Syngman Rhee→Hanal Narasin(1922.11.4, 11. 18). p. 482, 484, Syngman Rhee→Korean Commission(1922.11.18), p. 483.

이에 있는 이승만 지지자들의 항의성 압력을 받아들인 결과로 보인다.

1922년 11월 22일 이승만은 당분간은 『태평양잡지』를 계속 단행할 생각이며 『태평양잡지』 간행작업을 하와이로 옮겨야 한다는 분명한 의사를 구미위원부에 전달하였다.[64] 아울러 그는 주필 지용은에게 구미위원부가 재정부족으로 잡지 발간을 지원할 수 없으며, 따라서 『태평양잡지』 발간사업을 워싱턴으로 옮겨서는 안된다는 공식적 입장을 통보하였다.[65] 이에 잡지 발행에 전력을 다하던 지용은은 크게 낙담하고 상황 개선이 어렵다고 판단하고 환국하고 말았다.[66] 이승만의 측근들은 『태평양잡지』 속간작업에 착수하여 1923년 3월호를 겨우 간행하였다. 그러나 이번에는 기사를 집필할 적당한 주필을 구할 수 없어서 잡지의 면수가 이전보다 줄어들 수밖에 없었다.[67]

1923년 3월에 속간된 『태평양잡지』는 통권이 31호였다. 이는 『태평양잡지』가 1913년 9월 창간이래 1923년 3월까지 수차례 휴간과 속간을 반복한 결과, 총 115개월 동안 31개월만 간행되었음을 의미한다. 이로 인해 1924년 4월 신형호는 하와이의 이창규에게 "부대 이번에는 뎡간이라는 말이 업도록 하시라"는 특별 당부를 하기도 하였다.[68] 그러나 『태평양잡지』는 이번에도 재정부족을 이기지 못하고 1925년 11월 이후 어느 시점에 다시 휴간하고 말았다.

---

61) *The Syngman Rhee Correspondence in English, 1904~1948*, Vol. 1, Syngman Rhee → Korean Commission(1922.11.24), p. 485.

62) *The Syngman Rhee Correspondence in English, 1904~1948*, Vol. 1, Syngman Rhee → Y. E. Chee(1922.12.13), pp. 488-489.

66) 『이승만 東文 서한집』 하, 신형호 → 이창규(1922.12.28), 259쪽.

67) 『이승만 東文 서한집』 하, 이창규 → 신형호(1923.2.13, 3.3, 3.13, 3.24), 314-317쪽.

64) 『이승만 東文 서한집』 하, 신형호 → 이창규(1923.4.11), 263쪽.

1924~1925 양년간 이승만을 도와 하와이에서 『태평양잡지』 주필을 지낸 적이 있는 윤치영은 1927년 1월 "『태평양잡지』는 우리 독립운동의 생명력인데 그 내용과 실력이 자신이 관계하던 때보다 못하다면 차라리 발간을 연기하는 것이 좋을 것이며, 태평양잡지사를 워싱턴으로 옮겨 제대로 간행하자고 주장하는 인사가 많으나 자신은 어디든지 이승만이 머물고 있는 곳에서 발간하되, 그 내용과 체제에 일대 개혁을 가하자"고 이승만에게 건의하였다.[69] 또한 1927년 2월 김현구는 이승만에게 『태평양잡지』를 '半國·半英'으로 출간하면 영문잡지 발간 요청을 영구히 타파할 수 있을 것이나 전체 60쪽 가운데 영문 분량이 20%만을 차지해서는 영문잡지를 발간하는 의미가 없다고 하였다.[70] 또한 그는 "하와이에 있는 동지들이 신문사 경영이나 영문잡지의 발간이 불가능한 상황을 고려하여 『태평양잡지』의 계간을 극구 찬동하고 있으며, 그들은 『태평양잡지』를 워싱턴의 구미위원부에서 임시로 맡아 간행하는 것이 가장 타당하다는 의견을 개진하고 있다"고 보고하였다.[71]

윤치영과 김현구의 건의에 대해, 1927년 3월 이승만은 『태평양잡지』가 없으면 광복운동을 진행할 수 없기 때문에 다시 『태평양잡지』 간행 활동에 전력을 다하려 한다고 전제한 다음, 태평양잡지사의 워싱턴 이전 문제는 주자활판의 운반비가 다대하며, 워싱턴의 인쇄비가 하와이보다 2배 많으며, 교포숫자가 워싱턴보다 하와이가 많다는 세 가지 이유를 들어 하와이에서 간행하는 것이 좋겠다는 결론을 내렸다.[72] 이후 김현구는 『태평양잡지』를 발간하면 한국과의 연락이 가능하고, 반대파의 암약을 제어할 수 있고, 영문 잡지나 신문을 대신할 수 있을 뿐만 아니라 『태평

---

69) 『이승만 東文 서한집』 하, 윤치영 → 이승만(1927.1.7), 124쪽

70) 『이승만 東文 서한집』 중, 김현구 → 이승만(1927.2.7), 61쪽.

69) 『이승만 東文 서한집』 중, 김현구 → 이승만(1927.2.14), 65-66쪽.

72) 『이승만 東文 서한집』 상, 이승만 → 윤치영(1927.3.20), 88쪽.

양잡지』가 『三一申報』보다 낫다는 이유를 들어 10여 차례나 『태평양잡지』의 속간을 이승만에게 요청했다.[73] 이에 이승만은 『태평양잡지』의 속간을 시도하여 8월 초경에 속간본이 나왔다.[74] 그러나 곧이어 9월호부터 다시 휴간하고 말았다. 이에 이승만은 김현구에게 "『태평양잡지』를 아직 간행할 도리가 없으니 매우 민망한 일이외다"는 편지를 보냈다.[75] 이후 『태평양잡지』는 1930년 3월 속간하여 같은 해 12월 『태평양주보』로 제호가 변경될 때까지 계속 발행되었다.[76]

Ⅳ. 『태평양잡지』의 내용과 특징

『태평양잡지』 제1기 초반(1913.9~1914.6)에 이승만은 거의 혼자 집필작업을 도맡다시피 하였다. 이때 대동보국회 회장과 대한인국민회 북미지방 총회장을 지낸 문양목의 「동양의 평화」(1914.1)와 일본 와세다대 유학생 안재홍의 「인도인의 혁명운동(1)·(2)」(1914. 3~1914. 4)·"To the Young Man of Dai Han"(1914. 6) 등이 실리기도 하였다. 제2기(1923. 3~1925)에는 이승만 측근의 젊은 주필들이 기사작성을 전담하였고, 간간히 이승만이 국제정세와 민족단합론, 사회주의 비판과 기독교민족주의 강조, 임시정부 유지문제 등에 관한 논설을 기고하였다. 그리고 1924년 7월호의 기고문에는 기고자의 성명을 기사 말미에 넣었고, 1924년 10월호에는 예외적으로 기사집필자의 성명을 목차에 수록하였다. 제3

73) 『이승만 東文 서한집』 중, 김현구 → 이승만, 1927.2~7월분 서한 참조.

74) 『이승만 東文 서한집』 중, 김현구 → 이승만(1927.8.3), 145-146쪽.

75) 『이승만 東文 서한집』 상, 이승만 → 김현구(1927.9.4), 22쪽.

76) 1930년 7월 美布대표회는 『태평양잡지』에 영문부를 둔다는 조항을 가결했으나 실현되지는 못했다.

기(1930.3~1030.12)에는 목차에 기사집필자의 성명을 기입하였다. 이때 이승만은 교민통합과 동지회 운영 협조 및 동지회 정신 이행을 강조하는 기사를 기고하였다.

〈표 4〉 『태평양잡지』의 발간 시기별 기사내용 비교

제1기 (1913.11)	제2기 (1923.3)	제3기 (1930.7)
국문은 됴션의 대복(1)	샤셜 三·一졀 츅하(1)	十분외 九 인민독립요구(1) (리승만)
츄풍긔회(8)	한족의 단합이 언제(2)	구미 경제경쟁(3) (동양인)
니치 ᄌ쥬(10)	남북론(7)	의견 그만 두오(14) (리승만)
늬우욕과 싸쇽세계(15)	국민대표회(12)	정강의 신셩(16) (한 동지)
파나마운하(23)	우리 청년학생에게(14)	짝한 일(20) (리승만)
하멜의 파션 ᄉ젹과 일긔(35)	공산당의 당부당(160	태평양잡지(23) (김승제)
한국녀ᄌ긔숙ᄉ(40)	멱국외불법(19)	하와이 우리ᄉ업(25) (리승만)
녯젹혼인과 시톄혼인(51)	론도의 친밀(20)	망향가(33) (리경암)
방탕ᄒᆞᆫ ᄌ식(65)	미국에 대ᄒᆞᆫ 일본비평(22)	국긔 해결(34) (안금례)
월슨정칙과 하와이ᄉ탕(71)	일본은 예슈교 대국이라고(22)	량란(35) (흑문)
일인의 뒷공론(79)	빌립빈독립(23)	신용은 단합의 요소(36) (정운셔)
일본과 멕시코(81)	일본과 화태도(23)	세계의 큰 우숨(38) (한광쥬)
원셰긔 대통령(82)	한국 이국당의 피착(24)	(속)피의 잔(43) (흰옷)
손일션과 공화정부(83)	노롱정부에 동맹요텽(24)	인도독립(45) (리승만)
동경유학싱의 수욕(84)	즁국의 비외운동(24)	동지간친회(1) (리승만)
엘리스씨의 편지(85)	해외단톄에 경고하는 글(25)	동지식산회샤 쥬쥬대회 결과(2)(리승만)
멕시코 풍운(86)	한국에 비협동운동(27)	동지회간친회 상보(4) (리용직)
하와이 국민회 총회쟝(88)	독자 연구 회담(28)	니약이를 광구(10)

신문샤 활판(89)	안창호씨 도미셜(29)	
하와이션교운동(90)	호항학생 내ᄃ 유람셜(29)	
호항한인학교(90)	긔독교회 ᄒᆞᆫ당식(30)	
호황한국부인회(91)		
본샤 고빅(92)		
국민보 긔념(93)		

* 괄호안 숫자는 시작페이지

『태평양잡지』는 종합 월간잡지의 형태를 띠고 있기 때문에 다양한 내용들을 담고 있다. 『태평양잡지』에 자주 나온 기사들을 크게 분류해 보면, ① 국제정세와 외국사정 및 외국지도자 동정, ② 동서양의 정치사상과 정치제도, ③ 미국의 대내외 정책과 지도자 동향, ④ 민중계몽과 풍습개량, ⑤ 일제의 식민통치와 한국 실정, ⑥ 민족단합론과 인심합일론, ⑦ 사회주의·공산주의 비판과 기독교민족주의 강조, ⑧ 한국기독교 동향과 민족운동가의 동정, ⑨ 이승만과 임시정부 노선 옹호 및 반이승만 세력 비판, ⑩ 동지회 관련기사, ⑪ 하와이내 이승만 관련단체 동정 소개, ⑫ 번역·번안한 일기와 소설 ⑬ 社告 및 광고 등이었다.

이상의 내용들은 이승만이 발행을 전담한 제1기 초반에는 ①·②·③·④에 관련된 내용이 큰 비중을 차지한 반면, 동지회의 기관지로 변한 제2~3기에는 잡지의 발행면수가 절반 정도로 축소된 가운데 ①·②·③·④에 관련된 기사의 분량이 대폭 줄고 ⑤·⑦·⑨·⑩에 관련된 기사의 비중이 크게 증가하였다.[77] 이는 『태평양잡지』가 이승만의 독립사상과 정치사상이 그대로 반영된 계몽적·학술적 성격의 종합잡지에서 그의 독립운동과 정치활동의 정당성을 오로지 옹호하고 반대파를

77) 1930년 3월 이후 『태평양잡지』에는 동지회 기사가 압도적인 분량을 차지하였다.

비판하는 정치적 · 당파적 성격의 관변잡지로 변신했음을 의미하는 것이다. 그러나 어느 경우이든지 『태평양잡지』에 실린 글들은 이승만과 그의 측근들의 독립사상과 정치사상을 이해하는데 가장 중요한 문건 가운데 하나임에 틀림없다.

이 외에도 『태평양잡지』에는 이채로운 기사들이 다수 실려 있다. 예컨대 하와이와 미주 한인사회의 현실문제를 논급한 「윌슨졍칙과 하와이 ᄉᆞ탕」(1913.11) · 「이민문뎨」 · 「사진혼인」(1914.3) · 「이민문뎨」(1923.9) ·「외국인과 혼인」·「미국시민권」(1924.7) ·「영어와 국어」(노듸김, 1930.5) ·「국기해설」(1930.7) ·「미국사람이 되지 말자」(1930.9), 이승만이 각국의 헌법에 주목하고 있음을 보여주는 「즁화민국 헌법 초건대지」 · 「즁화헌법 긔초즁지」(1914.1) ·「미국헌법의 발견」(1914.2), 이승만의 「하와이셤 려힝긔」(1914.6), 외국소설을 번안한 「금낭비결」 · 「죠진주」 · 「흰누이」, 『신한민보』와 『대동공보』의 『태평양잡지』 노선비판 기사에 대한 논박문, 『교민공보』와 『동아일보』 기사를 그대로 전재하여 소개한 1915년 10월호 『태평양잡지』, 6회 연재된 「하멜의 일기」(1913.11~1914.4) 등을 들 수 있다. 이제 『태평양잡지』의 핵심내용을 이승만의 논설을 중심으로 몇 가지로 나누어 설명하면 아래와 같다.

1. 자치운동과 영세중립국에 대한 관심

『태평양잡지』는 창간 초부터 국제정세에 대해 깊은 관심을 보였다. 그 결과 동시대에 국내외에서 발간된 다른 국문잡지들보다 국제문제에 대한 잡다한 기사들을 많이 싣고 있다. 특히, 식민모국들의 식민지 통치방식과 식민지국가의 독립유지에 관한 문제가 큰 비중을 차지한 점이 특이하다. 또한 그에 관련된 논설들의 거의 대부분을 이승만이 직접 혼자 집필했다는 점도 이채를 띤다. 여하튼 이승만이 『태평양잡지』에서 필리핀 · 아일랜드 · 베트남 · 대만 · 인도 등의 식민지 사례를 자주 거론하고 중국·멕시코·발칸반도[78] 문제에 이따금 관심을 보인 것은, 『태평양잡지』의 궁극적 발간동기와 맥이 닿아 있음을 유념할 필요가 있을 것이다.

『태평양잡지』에서 식민지문제나 자치문제는 전체 국제관계 기사 중에서 차지하는 분량도 적지 않을 뿐더러 이승만의 정세인식을 반영하는 측면이 있다. 이런 기사로는 「닉치자쥬」(1913.11)·「대만혁명운동」·「필립핀의 독립」(1914.1)·「대만인을 됴상홈」(1914.2)·「멕시코와 각국」(1914.3)·「인도인의 혁명운동(1)·(2)」(1914.3~4)·「아이얼런드 즈치운동」(1914.4)·「영국소식 : 아이얼런드자치」(1914.6)·「필립빈독립」(1923.3)·「영국과 인도」(1923.7)·「익렬런드의 졍돈」(1923.8)·「필립빈독립」·「필립빈문뎨 최근 소문」(1923.9)·「득립국과 속국의 구별」(1924.7)·「十분의 九가 독립을 원(願)」(1930.7)·「인도독립」(1930.7) 등을 들 수 있다. 이 논설들의 제목을 보면 『태평양잡지』가 아일랜드의 자치운동, 미국의 필리핀 통치 문제, 인도의 평화적 독립운동 문제 등에 각별한 관심을 보였음을 알 수 있다.

이승만은 「닉치자쥬」(1913)에서 1870년 아이작 벗(Issac Butt)이 아일랜드 의회 창설을 주장하는 정당을 만들면서부터 시작된 아일랜드 자치운동(Home Rule)에 대해 호의적 태도를 보였다.[79] 그는 영국이 아일

---

78) 『태평양잡지』, 1914년 3월호에서 이승만은 발칸반도 각국의 역사와 종교 및 피침 정형을 상세히 기술한 후, 말미에 "근릭 젼징의 참혹흔 것이 이럿케 혹독ᄒᆞ나 지금 셰상에서 나라의 독립을 찻고 인민의 권리를 회복ᄒᆞ려면 무슈흔 피와 황금을 만히 쥰비ᄒᆞ여 가지고야 되는 법이더라"고 하였다. 이 구절은 이승만이 무력투쟁론의 필요성을 인정하면서도 한국의 현실적 조건과 인민의 피해를 최소화하는 방식의 독립운동을 추구하려 했음을 잘 보여준다.

79) 아일랜드 민족운동과 한국민족운동과의 비교에 대해서는, 박지향, 「아일랜드·인도의 민족운동과 한국의 자치운동 비교」, 『역사학보』 182, 2004

랜드를 통할한 후에 아일랜드가 오랜 기간 피어린 독립운동을 통해 영국으로부터 자치를 얻은 다음, 국회를 설립하여 정당을 조직하고 내치의 자주권을 행사하는 것을 중시했다. 이를테면 아일랜드가 수도에 국회를 별도로 세워 내치를 자주하되, 영국 여왕을 군주를 삼고 그녀의 통치 하에서 영국 국민들과 동등한 지위를 누리며 지내고 있는 것을 한국이 본받을 만한 사례로서 고려한 것으로 여겨진다.[80] 아래 글에서 이승만은 한국인들이 학식을 넓혀서 자치운동을 행하여 세상의 공론을 돌려놓는다면 일본 통치자들도 영국 수상이 아일랜드의 자치운동을 도운 것처럼 한국의 자치운동을 도울 것이라는 입장을 보였다.

> 일본이 년젼에 됴션을 합병ᄒᆞᆯ ᄡᅵ에 셰상에 광포ᄒᆞᆫ 말이 우리가 됴션을 합병ᄒᆞ난 것은 미국이 필립빈을 관할ᄒᆞᆷ과 영국이 아이얼런드를 관할ᄒᆞᆷ과 ᄀᆞᆺ치 ᄒᆞᆫ다 ᄒᆞ엿ᄂᆞ니 이는 잠시 놈의 력ᄉᆞ를 빌어다가 ᄌᆞ긔들의게 유익ᄒᆞ도록 인증ᄒᆞ고져 ᄒᆞᆷ이라. 우리는 다 소상히 보아서 알아야 이 즁에셔 스ᄉᆞ로 배우난 것이 싱겨셔 우리도 엇지 ᄒᆞ난 것이 조흘난지 압길을 예비ᄒᆞᆯ지라.…지금 한인의 학식이 ᄌᆞ치 권리를 쥬쟝ᄒᆞᆯ 만치 되여 가지고 ᄌᆞ치운동을 ᄒᆡᆼᄒᆞ야 셰샹의 공론을 돌녀놓을진대 일본 쥬권자들이 병력으로 셰샹 이목을 영영 가리울 슈 업난지라. 이렇게 만드러 노으면 일본 쥬권자들이 저희 이ᄒᆡ를 비교ᄒᆞ야 우리 한인의 ᄌᆞ치운동을 도아셔 일ᄒᆞ기를 영국 總相이 아이얼런드의 ᄌᆞ치 당파를 위ᄒᆞ야 일ᄒᆞᆫ 것 ᄀᆞᆺ치 ᄒᆞ디 말라ᄂᆞᆫ 뎨가 업난지라.[81]

이승만은 또한 「아이얼런드 ᄌᆞ치운동」(1914.4)에서 “아이얼런드 안에 ᄶᅡ로 국회를 세워셔 ᄂᆡ디 ᄉᆞ무와 법률 지뎡ᄒᆞᄂᆞᆫ 일에는 다 그 국회에셔

참조.

80) 『태평양잡지』, 1913년 11월호, 「ᄂᆡ치자쥬」, 12-13쪽.

81) 『태평양잡지』, 1913년 11월호, 「ᄂᆡ치쟈쥬」, 10・14쪽.

결쳐ᄒᆞ고 다만 보통 정치샹 관계에만 영국 국회에셔 결쳐ᄒᆞ자 홈이니, 명목으로 영국에 여젼히 부속ᄒᆞ나 ᄉᆞ실샹으로는 ᄌᆞ유ᄒᆞᄂᆞᆫ 나라와 ᄀᆞᆺ게 됨이라.…ᄌᆞ치운동에 유명ᄒᆞᆫ 인도쟈가 만히 싱겨셔 셰계 각국 지회를 셜시ᄒᆞ고 됴흔 날과 힘 잇ᄂᆞᆫ 연셜로 동지쟈를 구ᄒᆞ니 구라파 각국에셔도 찬셩ᄒᆞᄂᆞᆫ 사름이 허다ᄒᆞ거니와 미국이 ᄀᆞ장 만허서 졍의와 지졍샹으로 도읍ᄂᆞᆫ 힘이 심히 쟝ᄒᆞ더라”라고 하여 영국 통치 하의 아일랜드는 자주하는 국가나 다름없으며, 나아가 약소국의 자치운동을 돕는 사람들이 미국에 가장 많다는 점을 강조하였다.[82] 이는 미국의 전폭적 지지를 받아 성공한 아일랜드 자치운동의 경험을 모방한다면 한국도 자치운동에 성공을 거둘 것이라는 속내를 드러낸 것이 아닌가 하는 느낌을 준다.[83]

이승만의 자치운동에 대한 관심은 1930년대까지도 지속되었다. 그는 세계기독교청년회의 쉬룻 에디가 뉴욕에서 간행한 *World Tomorrow*라는 잡지와 미국 각처 신문에 실은 기사의 일부 내용을 인용하면서 자치권을 다시금 강조했다. 그 기사에서 에디는 인도나 필리핀이 영국과 미국으로부터 자치권을 얻은 반면 한국은 전혀 자치권을 얻지 못하고 있다며, “지금 일본졍부에서 이상 졍칙을 변ᄒᆞ야 뎨일 죠흔 졍칙을 쓰고져 홀진ᄃᆡ ᄉᆞ실젹 자치권을 한인들에게 쇽히 허락ᄒᆞᄂᆞᆫ 거시 지혜롭고 한인들은 자치권을 엇은 후에도 완젼독립을 회복ᄒᆞ도록 계속ᄒᆞ야 일홀 거시라”고 하였다.[84] 이 기사에 대해 이승만은 일본이 자치를 주거나 독립을 주거나 하는 것이 중요한 것이 아니라 한국인들이 피로 싸워서 독립을 찾으려는 결심을 가지고 있다는 것이 중요하다고 덧붙였다. 그럼에도 길게 인용한 에디의 자치권 주장은 사실 이승만의 주장이라고 말해도 과언이 아니라고 생각한다.

---

82) 『태평양잡지』, 1914년 4월호, 「아이얼런드 ᄌᆞ치운동」, 41-42쪽.

83) 정병준, 『우남 이승만 연구』, 역사비평사, 2005, 134쪽.

84) 『태평양잡지』, 1930년 7월호, 「十분의 九가 독립을 원(願)」, 2-3쪽.

『태평양잡지』 발간 초에 이승만이 일제에 자치를 요구한 대목과 '일본 천황께서'라는 표현은 세간에 반발을 불러일으켰다. 그리하여 이를 둘러싸고 비판 여론이 일어나 항일애국 논조가 가득한 기고문과 항의문을 태평양잡지사로 보내는 이들이 있었다. 그러나 그것들은 독립운동을 위한 장기적인 터전을 마련하려는 이승만의 『태평양잡지』 발행취지를 제대로 이해하지 못한 상태에서 나온 것이었다. 이승만은 "독립운동은 길게 준비해야 한다"는 이른바 준비론에 입각하여 자신이 싸우는 사람이 되기보다는 싸우는 사람을 많이 길러내겠다는 온건한 방식의 항일운동 방략을 택하고 있었다.[85] 또한 그는 미국처럼 약소국에 우호적이라고 판단되는 강대국의 후원 하에 일본으로부터 자치권을 획득하여 점진적으로 독립권을 되찾으려는 장구한 방식의 독립운동 방안을 강구하고 있었다.

이승만은 약소국들이 식민통치 하에서도 문명진보를 달성할 수 있다는 점을 긍정적으로 평가했다. 그는 필리핀이 미국의 관할 하에서 개명진보를 이루어 독립을 주장할 만큼 성장했고, 인도가 영국의 속국으로서 대학교를 설립하고 학문지식을 증대하여 독립운동을 일으킨 결과 속국의 지위에서 벗어나 자주국을 이루게 되었으며, 발칸반도의 여러 약소국들이 터키의 지배하에 신음하다가 점점 개명진보를 달성하여 터키를 물리치고 독립을 달성한 점들을 중시했다.[86] 이승만의 이러한 주장들을 한국의 사례에 대입해 보면, 한국이 일본의 식민통치 하에서 내치의 권한을 인정받은 후에 실력을 길러 일본을 물리치고 독립을 달성할 수 있다는 논리로 해석된다.

이승만은 미국의 필리핀통치에 대해 깊은 관심을 가지고 지켜보았

85) 『태평양잡지』, 1914년 2월호, 「본 잡지의 쥬의」, 65-66쪽.
86) 『태평양잡지』, 1914년 1월호, 「숑구영신」, 3-4쪽.

다.[87] 다만 그의 필리핀 문제인식은 지극히 호의적인 미국관에 기초한 것이었다. 그는 남북전쟁에서 북군이 흑인노예를 해방시킨 것처럼 미국이 필리핀인들을 차차 발전시켜 그들에게 자유독립을 주자는 뜻에서 식민통치를 시작했다고 보았다. 또한 미국은 필리핀의 영토에 대한 야심이 없으며, 오로지 필리핀이 스페인의 압제정치 밑에서 신음하는 것을 통분히 여겨 그들에게 자유를 찾아주려 했다고 하였다. 이런 의도에서 미국은 필리핀에 학교를 설립하고 교사를 파송하고 정부관리를 필리핀인으로 임명하고 정치제도와 정치운용을 가르치고 있다고 하였다.[88] 이처럼 미국의 필리핀통치를 극도로 미화한 이승만은 필리핀의 독립문제와 관련해 매우 주목할 만한 주장을 제기했다.

> 대뎌 필립빈 ᄇᆡᆨ셩들이 만히 ᄀᆡ경ᄒᆞ야 ᄌᆞ쥬권리를 능히 누릴만치 되엿는지 아직ᄭᆞ지도 그만치 못되야 서로 편당싸홈이나 ᄒᆞ며 ᄉᆞᄉᆞ 리익을 도모ᄒᆞ노라고 ᄌᆞ샹 잔멸ᄒᆞ기에 이를넌지 우리는 좌단ᄒᆞ고 말ᄒᆞ기를 원치 안이 ᄒᆞ거니와 셰샹 사ᄅᆞᆷ들의 소견으로 말ᄒᆞ면 다수히 ᄉᆡᆼ각ᄒᆞ되 아직 좀 어리다 ᄒᆞ난지라.
>
> 이 불가라 ᄒᆞᄂᆞᆫ 뜻을 ᄒᆞᆫ 그림에 볼 수 잇슬지니 이 그림은 각국에 만히 젼파된 쟈이라. 그 그림경ᄎᆞ를 말ᄒᆞᆯ진ᄃᆡ 너른 바다를 거리고 바다 우에 큰 손이 나와셔 ᄉᆡ ᄉᆡᆨ기 하나를 밧치고 잇ᄂᆞᆫᄃᆡ 그 ᄉᆡ는 아직 부등깃시 나지 안엿스되 몸을 속쳐셔 날고져 ᄒᆞᄂᆞᆫ 모양이고 그 ᄉᆡ의 일홈은 필립빈이라 ᄒᆞ엿스니 이는 그 손을 버셔 나가면 날ᄀᆡ 나지 안은 ᄉᆡ가 부득이 너른 바다에 빠즐 수 밧게 업다 ᄒᆞᆷ이더라.
>
> 쟉년에 미국 국회 폐회ᄒᆞᆯ ᄯᆡ에 버지니아 ᄃᆡ표로 온 하의원 존스(W.

87) 미국의 필리핀 통치와 필리핀의 자치문제에 대해서는 최정수, 「미국의 필리핀 지배전략과 자치화 정책」 『제국주의시기 식민지인의 정치참여 비교』, 선인, 2007.

88) 『태평양잡지』, 1914년 4월호, 「필립빈독립」, 62-63쪽.

> A. Jones)라 하ᄂᆞᆫ 이가 국회에셔 동의ᄒᆞ고 즉시 가결되기를 청ᄒᆞ엿난ᄃᆡ 그 ᄉᆞ연인즉 1913년 7월 4일붓허 시쟉ᄒᆞ야 1921년 7월 4일ᄭᆞ지 젼후 8년 동안을 한ᄒᆞ고 필립빈 ᄇᆡᆨ셩의게 림시 ᄌᆞ치정부를 셰워 쥬어 시험ᄒᆞ여 보게 ᄒᆞ며 만일 무ᄉᆞ히 ᄌᆞ쥬홀만 하거던 아조 ᄌᆞ쥬 독립을 허략ᄒᆞ쟈 ᄒᆞ며 ᄯᅩ한 필립빈의 헌졍과 필립빈 샹의원을 림시로 셰워 쥬어 시험ᄒᆞ게 ᄒᆞ되 미국인과 밋 타국사ᄅᆞᆷ의 권리를 보호ᄒᆞ게 ᄒᆞ며 미국대통령으로 ᄒᆞ여금 영·덕·법·아·일·셔 각국으로 더부러 약됴를 뎡ᄒᆞ야 필립빈을 영셰즁립국으로 만들자고 ᄒᆞᆫ지라.[89]

위에서 존스 의원은 필리핀 인민의 민도가 아직은 낮은 상태이기 때문에 필리핀에 의회를 세워주고 일정 기간 미국의 보호통치를 받게 만든 후에 열강들의 약조 아래 영세중립국으로 만들자는 제안을 내놓았다. 이때 그는 미국을 넓은 바다 위에 펼쳐진 은혜로운 큰 손에 비유하고, 필리핀을 이제 막 태어난 어린 새에 비유하며, 어린 새에 해당하는 필리핀이 큰 손인 미국의 보호를 상당기간 받는 것은 당연한 문제라고 보았다. 그런데 이승만이 번스 의원의 제안을 자세히 소개한 의도는 한국의 자주독립 문제나 영세중립국 문제를 해결함에 있어 번스의 주장에서 채용할 점이 많다고 보았기 때문이었다.

이승만은 인도의 평화적 독립운동 방식에 대해서도 깊은 관심을 보였다. 그가 「인도인의 혁명운동」이란 안재홍의 기고 논문을 『태평양잡지』에 2회 연속으로 실어준 것도 그러한 관심의 일환이었다. 3·1운동의 정의와 인도 정신을 계승하여 비폭력적인 희생으로 대업을 성취하자고 강조했던 동지회 정강도 일정 부분 인도 간디의 비폭력운동에 영향을 받은 때문이었다. 이승만 자신은 「인도독립」(1930.7)이란 논설에서 간디의 비폭력·비협조 운동에 대한 인도 언론의 찬성과 영국 언론의 반대를

89) 『태평양잡지』, 1914년 4월호, 「필립빈독립」, 66-67쪽.

대비시켜 설명했다. 이어 그는 “(영국)국회에서 파송ᄒᆞᆫ 인도국 시찰위원장 사이몬씨가 정식으로 공포ᄒᆞ야 인도국을 영국황뎨 밋헤셔 ᄌᆞ치ᄒᆞᄂᆞᆫ 졍부를 세워셔 캐나다와 오스투랠리아의 일례로 ᄃᆡ우ᄒᆞ게 ᄒᆞ자ᄂᆞᆫ 뜻을 발표ᄒᆞ엿ᄂᆞᆫᄃᆡ 이는 간듸의 요구ᄒᆞᄂᆞᆫ 바이라. 이거슬 물론 완젼독립의 쳡경으로 요구ᄒᆞᄂᆞᆫ 뎜이 될지라”고 하며 인도가 영국으로부터 자치정부의 권한을 획득한 것을 완전독립을 위한 첩경으로 파악하고 있었다.[90)]

그런데 필리핀에 자치정부를 세워주고 영세중립국으로 만들어주자는 번스 의원의 주장을 중시한 것이나 인도가 영국으로부터 자치권을 획득한 것을 완전독립의 첩경이라고 파악한 것은 현재까지도 논란거리가 되고 있는 이승만의 위임통치 청원문제와 깊은 연관이 있었다. 1919년 2월에 이승만은 윌슨대통령에게 제출한 위임통치청원서에서 “장래 한국의 분명한 독립을 보장한다는 조건하에 한국을 국제연맹의 위임통치 아래에 두어 달라. 그렇게 되면 한국은 극동의 완충국으로서 중립적 통상지대가 될 것이다”고 하였다.[91)] 이러한 위임통치청원의 궁극적 목적은

---

90) 『태평양잡지』, 1930년 7월호, 「인드독립」, 47쪽.

91) In the name of fifteen millions of liberty-loving Koreans, we earnestly petition you to present the accompanying memorial to the Peace Conference, and to espouse our cause of freedom at the Peace Table, so that the Allied Powers assembled at the Peace Conference will take such action as will free Korea from the present domination of Japan and place Korea under the mandatory of the League of Nations with the definite guarantee of complete independence in the future. The accomplishment of this will convert the Korean peninsula into a zone of neutral commerce to the benefit of all nations. It will also create a buffer state in the Far East which will help prevent aggrandizements by any single power and maintain peace in the Orient. 방선주, 「이승만과 위임통치청원」, 『재미한인의 독립운동』, 한림대 아시아문화연구소, 1989, 237-238쪽.

위임통치 기간 동안 한국이 영세중립국으로서 중립적 지위를 누리며 내치와 통상의 자유를 통해 실력을 배양함으로써 자주독립을 이룩할 기반을 닦아나가자는 것이었다. 이는 1910년대 말경 한국실정과 국제정세를 고려한 가장 현실적 독립방안 가운데 하나이며, 한국의 독립을 단계적·점진적으로 달성해 나가려는 외교적인 독립구상이었다.[92] 하여튼 이승만은 미국의 필리핀 통치와 영국의 인도 통치를 깊이 연구하는 과정에서 한국의 독립을 해결할 묘안을 찾고 있었던 것이다.

위에서 살펴본 것처럼, 이승만은 아일랜드·필리핀·인도의 독립운동과 자치운동에 깊은 관심을 보였다. 주지하듯이 1910년 이전에 이승만은 일본이 동양의 선도적인 문명개화국이라는 호의적 대일인식을 지니고 있었다. 이어 그는 1912년 3월 『워싱턴 포스트』 기자와 가진 인터뷰에서 한국이 일본의 식민통치를 받아 산업화된 근대국가로 발전하고 있었음을 긍정적으로 평가했다. 그는 "산업화된 조선의 분주한 모습이 화제가 되고 있으며, 조선의 급격한 변화는 상상을 넘는 것이라"는 입장을 보였다.[93] 또한 하와이에 당도한 직후에 가진 연설에서 "청일전쟁 때에 각국 군사들과 달리 일본군의 행위는 단정하여 일본의 태양기는 광명한 일광을 받아서 공중에서 기색이 늠름하게 휘날렸다"고 말하여 비판을 받기도 하였다.[94]

이승만의 호의적 대일인식은 그로 하여금 일본정부로부터 자치권을

---

92) 오영섭, 「대한민국임시정부 초기 위임통치 청원논쟁」, 제4장 참조.

93) 방선주, 「이승만과 위임통치청원」, 205쪽에서 재인용. 이승만은 1914년 1월호 『태평양잡지』의 「일본젼충리대신 계틱랑」이란 글에서 '텬황폐하와' '텬황폐하께옵서'라는 문구를 썼다가 독립전쟁론을 옹호하고 있던 블라디보스톡의 『권업신문』과 미주의 『신한민보』로부터 호된 비판을 받았다. 이로 인해 그는 『태평양잡지』 1914년 2월호에 「본 잡지의 주의」란 해명기사를 써야만 했다.

94) 정두옥, 「재미한족독립운동실기」, 54쪽.

얻어내자는 구상을 갖게 하는데 일정한 영향을 미쳤다. 또한 미일전쟁을 염원하는 한국인들의 희망과 달리 미일 양국이 우호관계를 유지하고 있던 1910년대의 국제정세도 이승만으로 하여금 자치권 획득 구상을 정립하게 하는데 영향을 미쳤다. 다만 이승만의 자치구상은 한국이 일본으로부터 자치권을 얻어내는 데서 그친 단순한 것은 아니었다. 그것은 국제열강의 공동 협약에 의해 한국을 영세중립국으로 만들어 실질적으로 내치와 통상을 자주할 수 있도록 해주어야 한다는 것이었다. 이 점에서 이승만의 자치권 획득구상은 장기적인 차원에서 한국의 독립과 자주를 이룩하자는 것이었다.

이승만은 아일랜드・필리핀・인도의 사례를 통해 자치운동을 통해 내치의 자주권을 획득한 다음, 한국문제에 이해관계를 지닌 강대국들로부터 영세중립권을 획득하는 방안을 구상했다. 이에 관해 1910년대 중반 오아후섬에서 태평양잡지사 지사원을 지내다가 반이승만파로 돌아선 정두옥은 예리한 분석을 내놓았다. 그는 “당시 리승만씨가 경영하던 태평양잡지가 사회에 파급되였든 평판에 한 구절이 기억된다. 주로 그 잡지의 주론이 영세중립을 써왔는데 그 론조도 우리에게 부당하거니와 하물며 약한 나라로 강자에게 먹힐 젔을 찬성할가부냐. 이에 인도국이 영국에 식민지가 되여서 안락을 누린다는 것, 빌이핀은 미국에게 통치를 받는 것, 안남이 법국에 식민지가 되였서 다들 안젼한 생활을 하고 평화로이 안젼하다는 것이다. 리씨가 실로 이겼을 흠선하고 바래는 바이 않인가?[95]”라고 하였다.

『태평양잡지』의 영세중립 논조가 실현가능성이 적다거나 혹은 없다고 비판하는 것은 타당할지 모르겠으나, 정두옥처럼 그것을 ‘부당’하다고 말하는 것은 이승만의 외교독립노선을 반대하는 무단파의 입장에서 나온

95) 정두옥, 「재미한족독립운동실기」, 66쪽.

편향적인 발언이다. 그럼에도 불구하고 위의 인용문은 『태평양잡지』와 이승만의 궁극 목표가 자치운동을 통해 영세중립국을 수립하는 것이었음을 간파한 것이라는 점에서 주목을 요한다. 요컨대 현실적으로 즉각적 독립의 가능성이 희박한 현실상황을 최대한 고려한 이승만은 내정의 자치권을 일제에 요구하여 이를 얻어내고 열강의 공동 협약에 의해 영세중립국의 지위를 보장받으면서, 내부적으로 내치의 경험을 쌓아가며 점차 독립을 위한 실력을 비축해나가고, 외부적으로 미일전쟁과 같은 국제정세의 변화를 적극적으로 활용하여 한국의 독립을 달성한다고 하는 것을 최종적인 독립운동방안으로 설정한 것으로 판단된다.

2. 문명진보론과 인심개량론의 강조

하와이에서 이승만은 재미 한인들과 한반도 인민들의 생활개선과 인심개량을 추구하는 계몽운동에 남다른 관심을 보였다. 그는 모든 인민들에게 신교육을 통해 근대사상을 주입시킨 후 그들을 기반으로 독립을 이루려는 장구한 방식의 독립운동을 구상하고 있었다. 이는 이승만이 인민들을 독립운동과 신국가건설에 필요한 인적 자원으로 활용하려는 생각을 품고 있었음을 의미한다. 그렇기 때문에 그에게 있어 인민들의 생활방식과 사고방식을 개선하는 문제는 교육개혁과 독립운동의 성패를 가를 만큼 중요한 문제였다. 물론 이러한 측면은 1910년대 이래 한국의 독립운동가들이 국내외에서 주창한 문명진보론이나 인심개량론과 성격이 같은 것이었다.

『태평양잡지』에 실린 이승만의 문명진보론과 인심개량론 관련 논설들은 자치문제와 영세중립국 문제가 주로 다뤄진 국제관계 기사에 못지않게 큰 비중을 차지하고 있다. 그 논설들은 1913~1914년 이승만이 잡지 발간을 전담할 때에 작성된 것들이 대부분이며, 거기에는 1910년대 이승만이 품었던 계몽사상의 핵심논리가 잘 나타나 있다. 그러한 논설로는

「국문은 됴션의 대복」·「녯적 혼인과 시톄 혼인」·「방탕흔 즈식」(1913. 11)·「숑구영신」·「식회 직히는 풍속」·「거듭 나는 사름」(1914.1)·「미국 공화ᄉ상」·「춤과 노릭」(1914. 2)·「ᄉ진혼인」(1914. 3)·「ᄉ상의 능력」·「됴션에 세 가지 업는 것과 세 가지 잇는 것」(1914.4)·「한인들은 엇지 ᄒ려는고」(1924.7) 등을 들 수 있다. 이 외에도 이승만은 1923년 이후 한국독립운동계에 분파주의와 대립주의가 만연한 상황 속에서 『태평양잡지』에 기명으로 민족통합과 인심단합에 관계된 계몽논설을 다수 기고했는데, 그것들은 상해와 미주에서 활동 중인 적대적 경쟁세력에 대한 정치투쟁의 일환으로 작성된 것들이다.

1910년대 전반 이승만이 『태평양잡지』에 기고한 계몽논설들은 크게 세 가지로 구분된다. 그것들은 첫째, 공화제의 의의와 공화제 실행의 전제조건인 인민의 개명진보를 강조한 것, 둘째, 구래의 봉건적 풍습을 개혁하고 신시대에 맞는 새로운 풍습을 채용할 것을 촉구한 것, 셋째, 사회발전과 독립운동의 기반확립을 위해 필요한 선진적인 의식개혁을 단행할 것을 강조한 것 등이다. 이중에서 이승만이 가장 중시한 것은 단연 공화제와 관련된 문제였다. 자신이 지선극미한 정치제도라고 평가한 공화정치를 한국사회에 부식하는 문제는 이승만의 정치활동과 독립운동의 핵심을 이루고 있었던 것이다. 그것은 이승만이 『태평양잡지』를 발간하는 궁극적인 목적 가운데 하나이기 때문에 주목을 요한다.

먼저, 이승만은 「국문은 됴션의 대복」이란 논설에서 한글과 인민교육을 연관지어 설명하였다. 『태평양잡지』를 국한문으로 내는 것이 좋겠다는 각지의 요청에 대해, 이승만은 서양 언어학자들이 한글을 세계의 문자 중에서 과학적으로 우수한 문자라고 인정한 점을 중시하였다. 이어 그는 동양이 서양문명을 수입하는 시대에 배우기 쉽고 쓰기 쉬운 한글이 한문이나 일본어보다 훨씬 편리한 수단임을 확신하였다. 이처럼 한글의 과학성과 편리성을 극도로 중시한 이승만은 대통령에 취임한 후에

한글전용정책을 강력히 추진하다가 사회문화계 인사들과 심한 마찰을 빚기도 하였다.[96]

이승만은 자신이 순한글을 고집하는 이유를 다음과 같이 거론하였다. 즉, 그는 ① 국문 문장이 차차 생겨나고 발달하여 장래 한국인의 행복을 증진할 것이며, ② 당장은 재정이 부족하여 국한문 주자를 장만할 수 없으며, ③ 실상을 연구하는 시대에 한글이 한문보다 훨씬 편리한 문자이며, ④ 평민을 개명시키는데 한글만큼 좋은 도구는 없다 라는 논리를 내세웠다.[97] 이중에서 ④는 이승만의 문명진보론을 대변하는 구절이라고 생각되기 때문에 자세히 살펴볼 필요가 있다.

> 보통 평민을 ᄀᆡ명식히ᄂᆞᆫ 것이 우리의 뎨일 힘쓰ᄂᆞᆫ 바이니 이것이 국문 슝샹ᄒᆞᄂᆞᆫ 큰 본의라. 국한문 셕거 쓴 글을 볼 사ᄅᆞᆷ은 수효가 젹으며 순한문만 볼 사ᄅᆞᆷ은 더욱 젹은 즁 한문ᄌᆞ라도 볼 줄 아ᄂᆞᆫ 사ᄅᆞᆷ은 청인의 셔칙이나 일어 셔칙이라도 엇어 볼 수 잇지만은 보통 평민은 국문 안이면 볼 글이 도모지 업슨즉 무슴 글로 학문을 잇어 보리오.
> 혹은 말ᄒᆞ기를 즁등 이샹 학문 가진 사ᄅᆞᆷ이 수효는 젹으나 실로 그 사ᄅᆞᆷ들이 학문을 밧난 것이 유력ᄒᆞ다 ᄒᆞ니 이는 지금 셰상에 공화쥬의와 아조 틀니ᄂᆞᆫ 사샹이라. 우리는 뎌 보통 평민 즁 가쟝 다수ᄒᆞᆫ 인민을 갈아쳐셔 뎌 사ᄅᆞᆷ들이 다 보통 학문을 가져셔 ᄀᆡ명 졍도에 이른 후에야 고등 학식 가진 인도쟈들이 실로 쓸 곳이 잇슬 것이오 ᄯᅩ한 나라이 실로 ᄀᆡ명ᄒᆞᆫ ᄃᆡ우를 밧으리라 하ᄂᆞ니.[98]

위 글에서 이승만은 한국이 개명진보의 영역에 나가기 위해서는 무엇

---

96) 오영섭, 「1950년대 전반 한글파동의 전개와 성격」, 『사학연구』 72, 2003, 제2장 참조.

97) 『태평양잡지』, 1913년 11월호, 「국문은 됴션의 대복」, 1-7쪽.

98) 『태평양잡지』, 1913년 11월호, 「국문은 됴션의 대복」, 7쪽.

보다도 인민들이 문자해독력을 갖추어야 하며, 이때 인민들은 한문보다는 한글을 통해서 그러한 능력을 갖추는 것이 용이하다는 점을 강조했다. 나아가 그는 인민의 대다수를 차지하는 평민을 교육하여 지식을 습득케 하고, 그런 다음에 그들을 개명진보 영역으로 이끌어나가는 것이 국가발전의 첩경이라고 주장했다. 실제로 한말에 한성감옥에서 이승만은 국가흥왕과 국가독립의 첩경은 좋은 책을 순한글로 번역한 다음 이를 도서관에 비치하여 모든 인민들에게 읽게 하는 것이라고 했는데, 이런 주장은 민지개발-국가발전-국가독립의 기초가 바로 인민의 지식수준에 좌우된다고 하는 개명진보론에 입각한 것이었다.[99] 요컨대 이승만은 인민들에 대한 교육 기회의 제고와 공화정체의 정착 문제가 긴밀히 연관되어 있음을 간파하고 있었던 것이다.[100]

인민교육과 공화정체의 상관관계를 강조한 이승만은 2달 후 『태평양잡지』에서 장문의 논설을 통해 공화사상을 본격적으로 논하였다. 여기서 그는 "모든 백성이 평등한 권리를 가지고 함께 다스리는 것이 공화주의이며, 공화주의가 널리 전파되어 세상에 많이 실시될수록 인류사회에 공헌할 것이다"고 전제하였다. 이어 공화사상의 연혁과 발생과정, 동양 3국과 공화제와의 관계, 미국 공화주의의 태동과 발전과정 및 특징을 두루 설명했다.[101] 이것은 대한제국기에 집필한 『독립정신』에서 공화제를 지극히 좋은 정치제도라고 말하면서도 대한제국의 현실적 제약조건을 고려하여 입헌제를 내세울 수밖에 없었던 이전의 입장[102]에서 벗어나 공

99) 오영섭, 「이승만의 『청일전기』 번역 간행과 자주독립론」, 『한국사학사학보』 22, 2010, 202-208쪽.

100) 이 문제와 관련하여 이승만은 하와이 한인사회의 번영과 한국의 독립을 위해서는 자녀교육을 중시해야 한다는 입장을 나타냈다. 『태평양잡지』, 1924년 10월호, 「춤살나는고?」, 1-3쪽.

101) 『태평양잡지』, 1914년 2월호, 「미국공화샤상」, 1-10쪽.

화제를 본격적으로 내세운 것이었다. 하여튼 그는 자신이 이상적 정치제도로 간주하는 공화제를 구현하기 위한 전제조건으로서 무엇보다도 인민 교육이 선행되어야 함을 힘주어 강조했다.

> 공화를 시힝코져 ᄒᆞᄂᆞᆫ 샤회는 뎨일 몬져 힘쓰ᄂᆞᆫ 것이 ᄇᆡᆨ셩의 보통학식이라. 그럼으로 지금 공화졍치를 힝ᄒᆞᄂᆞᆫ 나라마다 국고금을 다수히 예산ᄒᆞ야 대즁소 각 학교를 만히 설시ᄒᆞᄂᆞᆫ 것이 이 연고라. 대ᄀᆡ 교육이 안이면 ᄀᆡ인의 ᄉᆞ샹을 발달치 못ᄒᆞᄂᆞᆫ 고로 시비와 리ᄒᆡ를 ᄇᆞᆰ히 본셕ᄒᆞ지 못ᄒᆞ야 항샹 학식 잇다ᄂᆞᆫ 쟈의 ᄯᅳᆺ을 ᄯᅡ라가고져 ᄒᆞᄂᆞ니 이는 엇던 샤회를 물론ᄒᆞ고 ᄌᆞ연ᄒᆞᆫ 형셰라. 이는 일 ᄀᆡ인의 관계로 말ᄒᆞᆷ이어니와 국가샤회의 졍도가 ᄯᅩ한 이와 ᄀᆞᆺ치 되면 다만 ᄀᆡ인의게만 위ᄐᆡᄒᆞᆯ ᄲᅮᆫ 안이라 국가 젼톄에 공동히 위ᄐᆡᄒᆞ리니 공화가 ᄌᆞ유를 ᄯᅡ라 변ᄒᆞᆫ다 ᄒᆞᆷ이라. 그런즉 우리는 졍치샹 ᄌᆞ유와 공화를 의론ᄒᆞ고져 ᄒᆞ거던 몬져 학식을 ᄇᆡ양ᄒᆞ기를 큰 목뎍을 삼을 지어다.[103)]

이승만은 공화제의 구현을 위한 인민교육의 필요성을 역설한 데에서 그친 것이 아니라 피교육자 자신들의 의식개혁도 동시에 강조했다. 그는 「숑구영신」에서 만물이 경쟁하며 서로 진보만을 힘쓰는 오늘과 같은 시대에 나라의 진취는 바로 개인의 진취에 달려있다는 논리를 전개했다. 그는 개인이 학문과 공업을 배워 날로 진취하여 나가기를 힘쓰지 않으면 나라가 문명부강의 영역에 나갈 수 없다고 주장하며, 개인들은 더욱 자신의 정도를 발전시키고 어서 바삐 전진하기를 힘써야 한다고 보았다. 이렇게 하는 것이 국민과 국가 전체가 진보하고 개량하는 근본이라고 역설하며, 블라디보스톡 동포가 지은 '전진가'라는 노래를 소개하기도 하

102) 이승만, 『독립정신』, 대동신서관, 1910, 62-64쪽.

103) 『태평양잡지』, 1914년 2월호, 「미국공화샤ᄉᆞᆼ」, 11-12쪽.

였다.[104)]

이승만은 한국처럼 열강으로부터 식민통치를 받고 있는 필리핀·인도·발칸반도 등이 의식개혁과 인심개량을 통해 문명부강과 자주독립을 달성해나가는 것을 매우 주목했다. 그에 의하면, 필리핀은 완고한 스페인의 식민통치 하에서 발전하지 못하다가 미국의 통치 하에서 개명 진보를 배워 독립국이 되기를 희망하는 정도에까지 이르렀다. 인도는 구습과 구제도에 얽매이다가 대학을 세워 서양학문을 숭상하고 인재를 길러냄으로써 스스로 독립운동을 일으켜 영국의 통치에서 벗어날 기반을 수립했다. 회교국가인 터키의 지배를 받던 발칸반도의 기독교 소국들은 점점 개명 진보를 이루고 세력을 확대하여 터키군을 물리치고 독립을 달성했다고 하였다. 이처럼 이승만은 개인의 발전이 국가의 독립과 발전에 지대한 영향을 미친 사례들을 열거하면서 개인의 전진을 강조했던 것이다.[105)]

국가의 발전이 개인의 발전에 의지한다고 하는 이승만의 자유주의에 입각한 미국식 개인주의 찬양논리는 개인들이 사상 능력을 발휘하여 신식 학문을 배워야 한다는 논리로 발전했다. 그는 「사상의 능력」에서 인간사회의 정치·도덕·교육·교화 등 모든 이치가 인간의 사고에서 나온 것이므로 인간의 사고가 아니면 세상의 문명진화가 불가능했을 것이라고 하였다. 동시에 그는 한국의 국가나 개인이 반개화 상태에 머물고 진개화로 나가지 못한 것은 모두 옛날 법과 말에 얽매어 사상의 능력을 발휘하지 못한 때문이며, 오늘날 서양이 자동차·비행선처럼 물질상 발달을 이룩하고 정치와 도덕이 신묘한 경지에 이른 것은 사상의 능력을 극대화했기 때문이라고 하였다. 따라서 그는 개인과 국가가 발전하려면 사상의 능력을 먼저 진전시켜야 하며, 이때 사상의 능력을 진전시키는

104) 『태평양잡지』, 1914년 1월호, 「송구영신」, 4-7쪽
105) 『태평양잡지』, 1914년 1월호, 「송구영신」, 3-5쪽

전제조건은 한인들에게 남녀 불문하고 신학문을 가르치는 것이라고 보았다.[106)]

이승만은 조선 구래의 풍습을 서양식으로 바꾸고 현대의 병폐적인 생활상을 혁파할 것을 주장했다. 그는 「녯젹 혼인과 시톄 혼인」에서 조선의 전통적 혼례방식의 비인간성과 서양식 자유혼례의 이혼양산 폐단을 모두 비판한 다음, 인간사의 대사인 혼례를 평등한 격식과 예의를 갖추어 치러야 한다는 점을 강조했다.[107)] 「식히 직히는 풍속」에서는 양력과 음력을 모두 준행하는 낭비를 버리고 세계 대세에 맞추어 양력을 채용할 것과, 옛 풍속의 단점을 버리고 새 풍속의 장점을 적극 채용하여 문명발달로 나가자고 주장했다.[108)] 「춤과 노릭」에서는 동서양의 춤과 노래 문화를 자세히 비교하면서 미풍양속을 해치는 춤과 노래를 근절하자고 당부했다. 이는 구래 풍습 가운데 허례허습에 속하는 모든 것들을 개량하여 문명진보의 영역으로 나가자는 것이었다.[109)] 「사진혼인」에서는 하와이 일본인 사회에서 시작되어 한인사회로 퍼진 사진혼인이 중매인의 농간이나 신부·신랑의 어리석음으로 인해 파탄에 이르는 경우가 많다며 사진혼인의 폐단을 막기 위해서는 오히려 "좋은 여자를 많이 데려오자"는 남성중심적 시각을 드러내기도 하였다.[110)]

---

106) 『태평양잡지』, 1914년 4월호 「ᄉᆞ상의 능력」, 1-6쪽.

107) 『태평양잡지』, 1911년 1월호, 「녯젹 혼인과 시톄 혼인」, 65-70쪽.

108) 『태평양잡지』, 1914년 1월호, 「식히 직히는 풍쇽」, 7-8쪽.

109) 『태평양잡지』, 1914년 2월호, 「춤과 노래」, 49-59쪽.

110) 『태평양잡지』, 1914년 3월호, 「사진혼인」, 44-52쪽. 외국인과의 혼인에 대해 이승만이 누차 언급한 기본입장은 "한국남자는 외국인과 혼인하는 것을 허락할 수 있으되, 한국여자가 외국남자가 혼인하는 것은 결단코 허락할 수 없다"는 것이었다. 이는 한국여자가 외국인과 결혼하면 하와이 한인사회가 와해될 것이라는 점을 가장 우려했기 때문이었다. 『태평양잡지』, 1924.7, 「외국인과 혼인」, 32-35쪽.

3. 기독교민족주의 강조와 공산주의 비판

이승만은 한성감옥서에서 많은 죄수들이 콜레라로 죽어나가는 것을 지켜보면서 기독교에 입문했다. 이후 그는 『신학월보』에 기고한 논설에서 기독교가 서양 근대문명을 태동시킨 원동력이라면서 한국도 기독교를 통해 국민교화와 정치개혁을 달성하고 자주독립을 이룩하자고 하는 기독교 입국론을 제기했다.[111] 또한 옥중 노작인 『독립정신』에서 만사의 근본에 해당하는 하나님의 도리로 국민을 교화하고 국가를 발전시켜 나가자는 기독교 입국론을 다시금 강조했다. 이때 그는 한국이 서양 열강과 같은 부강하고 개명한 문명부강국이 되기 위해서는 서양의 정치 제도와 법률을 일체로 받아들여 내정을 개혁하고, 만국공법에 따라 공명정대한 중립외교를 전개하여 국제적으로 독립을 보장받는 것이 무엇보다 중요하다고 하였다.

1913년 2월 하와이에 정착한 직후에 이승만은 자신의 정치관과 종교관이 그대로 담긴 『한국교회핍박』(신한국보사, 1913.4)을 출판했다. 이 책은 이른바 105인사건에 대한 세계 각국의 비판 여론, 일제가 한국교회 핍박사건을 일으킨 외교상 이유, 한국교회가 일제의 식민지 내치정책에 저촉되는 이유 등을 자세히 기술한 것이다. 여기서 이승만은 기독교로 국민을 교화하여 장차 구미 각국과 동등한 문명·자유·복락을 누리자는 기조 위에, 하나님에 대한 믿음과 소망으로 국민의 원기를 되살리고, 예수가 가르친 이웃사랑의 정신으로 국민통합을 도모하고, 기독교로 자유·평등 이념에 기초해 상등 문명국가를 건설하자고 하였다.[112]

111) 『신학월보』, 「예수교가 대한 장래의 기초」, 1903년 8월호.

112) 장규식, 「『한국교회핍박』에 나타난 이승만의 기독교입국과 외교독립 구상」, 『이승만의 정치사상과 현실인식』, 연세대 출판부, 2011, 156-161쪽.

이승만은 자신의 기독교 입국론을 『태평양잡지』의 「거듭 나는 사ᄅᆞᆷ」(1914.1)·「셰상에 예수교 전파됨」(1914.2)·「락관뎍 주의」(1914.3)·「일본은 예수교 반대국이라고」(1923.3) 등 여러 논설에서 힘주어 강조했다. 예컨대 그는 「거듭 나는 사ᄅᆞᆷ」이란 논설에서 학문지식과 권모술수를 아무리 발달시킨다고 해도 만사의 근원이 되는 마음을 다스리지 못하면 새로운 개명한 인간이 되지 못한다며, 기독교를 통해 예수를 영접하고 마음속으로 받아들여야만 개명한 인간으로 거듭날 수 있다고 하였다. 나아가 그는 미국과 영국같은 개명진보를 달성한 국가들도 학문과 제도 때문이 아니라 인민들이 기독교를 수용한 때문이라고 하였다.[113]

> 미국·영국이 뎌럿훗 ᄌᆞ유복락을 누리ᄂᆞᆫ 것은 정치·법률·학문 등 모든 긔명에 ᄡᅡᆯ녀 그런 것이 안이오 그 안에 다시 난 사ᄅᆞᆷ이 만하서 나라이 곳 셩신으로 난 ᄉᆡ 나라이 된 것이오. (중략) 이ᄯᅢ에 우리나라 사ᄅᆞᆷ들이 예수의 참 도로 즁싱ᄒᆞᄂᆞᆫ 사ᄅᆞᆷ들이 되어야 ᄎᆞᄎᆞ ᄉᆡ 풍긔가 열어서 우리 ᄇᆡᆨ셩이 ᄉᆡ ᄇᆡᆨ셩이 되어 가지고 우리나라를 ᄉᆡ 나라를 만들어 우리들의 후ᄉᆡᆼ이 다 텬국복ᄀᆞᆺ흔 자유복을 누리게 만들지라. 사ᄅᆞᆷ마다 어셔 밧비 텬국에 들어가ᄂᆞᆫ 리치를 ᄇᆡ화셔 각각 다시 나기를 힘씁세다.[114]

이승만은 기독교가 천국에서 영원한 복을 구하는 종교이므로 기독교인이 천국에 가려면 육신으로 인연하여 천국에 가야 한다고 하였다. 이때 기독교인은 육신의 죄악을 벗어나서 사망의 길을 버리고 깨끗하고 의로운 생명을 살아서 영생의 길을 걸어야 예수의 은공으로 '천국복'을 받으리라 하였다. 나아가 그는 한국 인민이 참된 복을 받으려면 문명이

113) 『태평양잡지』, 1914년 1월호, 「거듭 나는 사ᄅᆞᆷ」, 15-16쪽.

114) 『태평양잡지』, 1914년 1월호, 「거듭 나는 사ᄅᆞᆷ」, 19쪽.

발달한 나라에서와 마찬가지로 기독교로 마음과 몸을 정화시켜야 한다고 하였다.[115)]

널리 알려진 것처럼, 개화기에 이승만은 당대의 개명지식인들처럼 러시아의 남하를 두려워하는 공로증(Russophobia)을 지니고 있었다. 그런데 이승만의 공로증에는 러시아의 팽창정책에 대한 두려움과 반대 외에도 전제정치와 희랍정교가 빚어내는 폐단에 대한 비판의식이 동시에 담겨 있었다. 이러한 공로증은 이승만이 1917년 러시아혁명 이후 전세계에 급속도로 영향력을 확대하기 시작한 공산주의에 대해 비판의식을 형성하는데 일정한 영향을 미쳤다.

1921년 1월 이승만은 상해임정에 취임하여 대통령 집무를 시작할 때에 이동휘 등 사회주의자와 대립했다. 당시 이동휘는 대통령제에 의한 권한집중을 제약하기 위해 국무총리에게 대통령 실권의 일부를 주자는 위원제 채택을 주장했다. 이에 대해 이승만은 "국체는 민주국체를 채용한다"는[116)] 한성정부 법통론을 내세우며 이동휘의 제안을 일축했다.[117)] 그는 이동휘가 주장한 위원제를 소비에트 정부체제('the Soviet system of government'),[118)] 즉 공산당식 집단제도체제라고 부르며 반감을 드러내고 있었다.

그러나 상해임정 초기 이승만은 공산주의 자체에 대해 부정적 입장을 보이지는 않았다. 오히려 그는 "러시아 볼쉐비키가 차츰 득승함"에 따라 서구 민심이 소련정부를 인정하자는 쪽으로 흐르는 것을 예의 주시하

---

115) 『태평양잡지』, 1914년 3월호, 「락관적 쥬의」, 2-6쪽.

116) 『우남이승만문서6 : 임시정부1』, 「대한민주국 임시집정관총재 선언서」, 10쪽.

117) 김원용, 『재미한인50년사』, 혜안, 2004, 351-352쪽.

118) *The Syngman Rhee Correspondence in English, 1904~1948,* Vol. 1, Syngman Rhee → Henry Chung(1921.2.12), pp. 383-384.

며,[119] 러시아로부터 지원을 받아내는 방안을 강구하고 있었다. 1921년 5월 국무총리 신규식은 이승만의 지시 내지 승인하에 소련정부에 보낸 공한에서 특별대사 이희경이 한소간 상호이해를 증진시킬 수 있는 인물임을 강조하며 소련정부의 지원을 요청하기도 하였다.[120] 이는 이승만이 조국의 독립을 위해 소련을 전략적으로 이용하려 했음을 보여주는 것이다.

소련에 대한 이승만의 입장은 상해에 심어둔 비밀통신원 장붕으로부터 1922년 9월 12일자 현황보고 서한을 받은 후에 분명히 변하기 시작한 것으로 보인다. 이때 장붕은 "내지에 있는 청년들은 사회주의의 선전에 도취되어 독립운동자들을 전일과 같이 열성으로 환영치 않고 공산주의 선전자라 하면서 환영하기 때문에 일본 경찰도 독립운동자보다 공산주의자를 더 엄히 취조한다고 하더라"는 내용의 서한을 보냈다.[121] 서한을 받은 후 5개월 정도 지나 이승만은 처음으로 공산주의와 사회주의에 대한 자신의 견해를 밝혔다.

이승만은 「공산당의 당부당(當不當)」(1923.3)이란 논설에서 오늘날 공산당·사회당·무정부당이 극렬하게 활동하며 자유권과 평등권의 사상을 퍼트리고 있으며, 이에 따라 전제국가나 민주국가를 막론하고 모두 큰 영향을 받고 있다고 보았다. 나아가 공산주의가 한민족에게 가장 시급한 광복사업을 도울 수 있으면 한국인은 지체 없이 공산당이 되려니와, 공산주의가 광복사업에 방해가 된다면 지체 없이 이를 반대할 것이라고 하였다. 이는 이승만이 공산주의를 독립운동을 위한 사상적 도구로

119) 『이승만 東文 서한집』 상, 이승만 → 안현경(1920.2.13), 이승만 → 이상재(1920.6.31), 83, 104-105쪽.

120) 고정휴, 「상해임시정부의 재정운용과 이승만」, 『이승만과 대한민국임시정부』, 연세대 출판부, 2009, 192-193쪽.

121) 『이승만 東文 서한집』 하, 장붕 → 이승만(1922.9.12), 287쪽.

인식했음을 보여주는 것이다. 그는 공산당의 주장에는 인류사회에 합당한 것도 있고 합당하지 않은 것도 있다며 합당한 측면 한 가지와 합당하지 않은 측면 다섯 가지를 차례로 열거했다.[122)]

이승만은 공산주의가 인류사회에 합당한 측면으로서 평등주의를 들었다. 그는 공산당의 평등주의가 인류 역사에 나타난 빈부갈등과 신분갈등을 치유하는데 도움이 되는 점을 긍정적으로 보았다. 그는 구래의 봉건적 신분제와 귀족중심의 경제구조를 타파한 프랑스혁명과 미국독립 이후에 자본가계급과 노동자계급의 빈부격차로 인한 계급갈등이 큰 사회문제로 대두되었음을 강조하며, 공산당이 이러한 빈부격차의 문제를 균등하게 하자는 의미에서 평등주의를 주창했으니, 이는 시대에 적합한 뜻이라고 하였다.[123)]

이승만은 공산당의 주의 중 시대에 부적합한 것을 다음과 같이 들었다. 첫째, 재산을 균등하게 분배하자는 것은 무산자는 환영하겠지만 인민의 노동의식을 약화시켜 결국은 전국에 무위도식하는 자들을 양산할 것이다. 둘째, 자본가를 없애자는 것은 부자가 양반 노릇하는 것은 막을 수 있으나 재정가의 경쟁이 없어져서 상업과 공업의 발달되기 어려울 것이다. 셋째, 지식계급을 없애자는 것은 인민의 지식 정도를 높여서 지식인의 수준에 오르게 하는 것은 괜찮지만 지식계급 자체를 없애는 것은 옳지 못하다. 넷째, 종교단체를 혁파하자는 것은 구교의 폐해를 감안하면 타당하지만 그러나 현재는 신교에 의해 평등 자유의 사상이 확장되는 중이니 인류 덕의상 종교를 없애는 것은 안된다. 다섯째, 정부·군대·국가를 없애자는 것은 공산당 내에서도 이론이 분분한 형편이므로 세계 각국이 모두 공산당의 주의에 따라 정부·군대·국가를 없앨지라

122) 『태평양잡지』, 1923년 3월호, 「공산당의 당부당(當不當)」, 16, 18쪽.
123) 『태평양잡지』, 1923년 3월호, 「공산당의 당부당」, 16-17쪽.

도 한국인은 일치단결하여 국가를 먼저 회복하여 세계에 당당한 자주국을 만들어놓고 적국의 군함이 한국 근해에 접근하지 못하도록 만들어야 한다.

사회주의의 장단점을 논급한 후에 1년 4개월 만에 이승만은 다시 이 문제를 거론했다. 그는 「사회공산쥬의에 디하야」(1924.7)라는 논설에서 '사회공산주의'에 대해 기본적으로 "세계 인민을 경제적으로 자유시키는 개진주의"라고 보았다. 이어 "사회공산 등 사회주의가 우리 민족간 문제가 된다는 소문을 들을 때마다 한편으로 기뻐하고 한편으로 염려했다"고 했는데, 이는 이승만이 전세계에 유행하고 있는 새로운 사조인 공산주의와 사회주의가 한민족의 진로와 독립운동에 미칠 영향을 깊이 고민했음을 보여주는 것이며, 동시에 아직 공산주의와 사회주의의 차이에 대한 명확한 지식을 갖지 못했음을 보여주는 것이다. 그는 '공산사회주의'가 장차 성공적으로 정착할 것인가에 대해서는 확고한 단안을 내리지 못하고 일단 지켜보자는 태도를 취했는데, 이것은 이승만이 아직은 '공산사회주의'의 역사적 성패에 대한 분명한 확신을 갖지 못하고 있기 때문이었다.[124)]

이승만은 '공산사회주의'가 개명한 모든 나라에 전파된 상황에서 한민족도 이러한 풍조에 따라 '공산사회주의'에 관심을 갖고 전진하고 있음을 기뻐하면서도 새로운 사조의 수용에는 주체성이 수반되어야 한다고 하였다. 그는 다른 민족의 경우 생존방책을 완비한 상태에서 새로운 사조를 도입하고 연구하는 것이기 때문에 문제가 없지만, 한국의 경우 민족 생존권이 아직 확보되지 않은 상태에서 다른 주의를 주장하는 것은 민족의 생존에 심히 위태롭다는 태도를 보였다. 그는 한국인이 가장 먼저 전력으로 해결해야 할 문제는 민족생존을 확보하는 것이며, 이를 방

124) 『태평양잡지』, 1924년 7월호, 「사회공산쥬의에 디하야」, 12쪽.

해하는 것은 민족적 자살이나 마찬가지라고 보았다. 나아가 '세계적 주의'가 민족주의나 국가주의보다 고상하다 할지라도 '세계주의'를 위해 국가와 민족을 희생하는 것은 타당치 못하다고 보았다. 결론적으로 그는 '공산사회주의자들'이 자신들의 이익과 세력의 확장을 위한 허위 명사로서 '공산사회주의'를 이용하고 있음을 제대로 깨닫고 민족의 생존방책을 가장 우선순위에 두어야 한다고 역설했다.[125]

이승만은 미국식 공화주의와 소련식 '공산사회주의' 중에 공화주의를 택해야 한다는 확고한 신념을 보였다. 그는 '사회공산주의'가 영미의 공화주의보다 인민의 평등성을 더욱 강조하여 경제적 양반을 없애고 정치적 평등을 세우는 것을 시험하고 있으나 이것이 성공할지 실패할지에 대해서는 단언할 수 없다고 보았다. 공화주의가 전체주의와 충돌한 것처럼 '공산사회주의'가 공화주의와 충돌할 것은 분명한 사실인데, 장차 '공산사회주의'가 지구상에 실시된다고 하더라도 한민족은 서로 간에 충돌을 불러일으킬 가능성이 있는 공산주의나 사회주의를 제쳐두고 우선적으로 철저한 공화정신으로 일치단결하여 한민족의 목표인 독립을 달성해야 한다고 하였다. 결론적으로 그는 평민의 지식수준을 제고하는 것이 공화사회의 기초를 든든히 하는 첩경이라는 인식 하에 경향 각처의 모든 이들에게 언문을 통하게 하고 신문을 읽게 해야 한다고 주장했다.[126]

Ⅴ. 맺음말

『태평양잡지』는 이승만이 언론을 통한 민중계몽과 독립운동을 펼치기 위해 하와이에서 순한글로 발간한 월간잡지이다. 그는 피식민 국가가 최

125) 『태평양잡지』, 1924년 7월호, 「사회공산쥬의에 되하야」, 12-13쪽.

126) 『태평양잡지』, 1924년 7월호, 「평민시대」, 14-15쪽.

소한의 대가를 치르는 제한적인 무혈전쟁을 통해 독립을 획득하는 것이 가장 값진 승리라는 신념하에 언론 매체를 통해 선전 및 홍보활동에 주력함으로써 독립을 달성하려 하였다. 그가 한국 최초의 일간지 『매일신문』을 창간하고 하와이에서 『태평양잡지』와 『태평양주보』를 간행한 것도 모두 이런 의도에서였다. 나아가 그는 일본의 침략상과 한국의 독립의지를 전세계에 가장 효과적으로 전달할 수 있는 영문잡지와 영문신문을 펴내려는 생각을 품고 있었다. 아쉽게도 재정부족으로 말미암아 이러한 구상은 실현되지 못했고, 따라서 영문잡지와 영문신문의 간행문제는 독립운동기 내내 이승만과 그의 지지자들에게 숙원사업으로 남게 되었다.

이승만의 『태평양잡지』 발간사업은 그 자신이 잡지발간에 착수하기 전에 예상한 것처럼 수익과는 무관한 사업이었다. 이 때문에 하와이 한인들이 십시일반으로 갹출한 자금으로 출범한 『태평양잡지』는 17년 3개월간 발행되는 동안 극심한 자금부족에 시달리며 휴간과 속간을 거듭하였다. 하와이 현지에 배포되는 수 백부의 구독료만으로는 인건비와 인쇄기 대여료를 제외한 최소한의 발간비용도 충당할 수 없었기 때문이다. 창간 초기에 이승만은 동포들의 의연금에 의존하지 않고 잡지를 판매한 대금만으로 잡지사의 재정자립을 이루려 하였다. 그러나 하와이에서의 구독료 징수가 예정액의 70%를 밑돌고 발간 권수의 3분의 1을 해외에 무료로 배포하는 상황에서 잡지사의 재정자립은 불가능한 일이었다. 언론구국론자인 이승만으로서는 어떻게 해서든지 잡지발행을 계속하려 애썼으나 그러한 시도는 두드러진 성과를 올리지 못했다.

『태평양잡지』는 종합 월간잡지를 지향했기 때문에 다양한 내용들을 담고 있었다. 그런데 그 잡지의 논조는 1921년 동지회 창립을 기점으로 성격이 변화되었다. 1921년 이전에는 국제정세와 외국사정 및 외국지도자의 동정에 관한 기사와 민중계몽에 관한 기사들이 많았다. 그러나 『태평양잡지』가 동지회의 기관지로 편입된 이후에는 국내문제를 다룬 기사들이 주종을 이루게 되었다. 이는 『태평양잡지』가 민중계몽을 위한 종합 학술지에서 자파의 독립운동을 옹호하고 상대 당파를 비판하는 정치 잡지로 성격이 변화되었기 때문이었다. 그러한 기사로는 민족단합론과 인심합일론, 사회주의·공산주의 비판과 기독교민족주의 강조, 이승만과 임시정부 노선 옹호 및 반이승만세력 비판, 동지회 관련기사 등이다. 이 외에도 『태평양잡지』에는 동서양의 정치사상과 정치제도, 미국의 대내외 정책과 지도자 동향, 민중계몽과 풍습개량, 번역·번안한 일기와 소설 등이 실려 있었다.

『태평양잡지』에는 이승만이 주창한 외교독립론의 핵심적 내용이 담겨 있다. 그는 『태평양잡지』에서 아일랜드의 자치운동, 미국의 필리핀 통치, 인도의 평화적 독립운동, 발칸반도 소국들의 독립운동에 깊은 관심을 보이며 많은 지면을 할애했다. 그가 관심을 기울인 국가들은 제국주의국가들로부터 식민통치를 받고 있거나 주변 강국으로부터 잦은 침략에 시달리고 있던 약소국들이었다. 그는 이들 국가와 한국이 동변상련의 입장에 놓여있다고 보았던 것이다. 따라서 그는 아일랜드·필리핀·인도·발칸 소국들이 식민지 통치기간 동안에 중립화운동이나 자치운동을 통해 힘을 길러 독립을 획득했음을 주목하고, 약소국들의 이러한 역사적 경험을 한국문제를 해결하는데 매우 유효하다고 판단하여 이를 그대로 적용하려 하였다. 이로 인해 이승만은 적대세력으로부터 일제에 자치권을 요구했다거나, 영세중립국을 구상했다거나, 영국·미국·터어키 등의 야만적인 식민지 지배정책을 미화했다는 비난을 받기도 하였다.

그러나 『태평양잡지』에 나타난 이승만의 외교독립론은 독립전쟁을 감당하기 어려운 한국의 현실적 여건과 미일간 우호관계가 유지되고 있는 1910년대의 국제정세를 감안한 상태에서 나온 차선책으로서 그 나름대로 의의가 있다고 판단된다. 이를테면 이승만은 현실적으로 즉각적 독립의 가능성이 희박한 상황에서 내정의 자치권을 일제에 요구하고, 내부적으로는 내치의 자주권을 바탕으로 점차 독립을 위한 힘을 비축해나가는 한편, 외부적으로는 미국을 비롯한 강대국의 지원을 받아 일본의 한국탄압을 저지하며 영세중립국의 자격을 획득해 내고, 이어 조만간 일어날 것이라고 확신한 미일전쟁과 같은 대사건이 벌어지는 국제정세의 변동을 최대한 활용하여 조국의 완전독립을 달성한다고 하는 단계적이며 장기적인 독립방안을 구상하고 있었다.

이승만은 1910년대 후반 새로운 사조로 부상한 사회주의와 공산주의에 대해서 비판적 태도를 보였다. 그는 사회주의가 내세우는 평등주의가 자본주의 대두 이후 심해진 빈부격차의 해소에 도움이 된다는 점을 높이 평가했다. 그러나 그는 '사회공산주의자'들이 내세우는 재산의 균등분배, 자본가 타도, 지식계급 타파, 종교단체 혁파, 정부・군대・국가의 해체 주장 등은 받아들이지 않았다. 이 시점에서 그는 소련에서 진행되고 있는 공산주의의 역사적 실험이 성공할 것인지에 대해 판단을 유보하는 한편, 한민족에게 무엇보다 중요한 문제는 민족생존권을 확보하는 것이므로 세계주의를 위해 민족과 국가를 희생시켜서는 안되며 주체의식을 가지고 공산주의와 사회주의를 수용해야 한다고 하였다. 결론적으로 이승만은 공산주의와 공화주의의 대결이 벌어질 경우 한민족은 철저한 공화정신으로 일치단결하여 한민족의 목표인 독립을 달성하는데 노력해야 한다고 하였다.

이승만과 대한인동지회

– 해방 이전 동지회의 설립과 독립운동을 중심으로 –

홍 선 표*

〈목 차〉

Ⅰ. 머리말

대한인동지회(이하 '동지회')는 하와이 및 북미의 대한인국민회와 함께 3대 한인단체 중의 하나이다. 미주한인사회에서 동지회의 위상은 매우 중요한 위치를 차지하고 있으며 이는 이승만과 밀접하게 연관되어 있다.

* 洪善杓, 독립기념관 한국독립운동사연구소 책임연구위원

동지회는 이승만에게 분신과 같은 존재다. 이승만과 생사고락을 거의 같이 했다고 해도 과언이 아닐 만큼 동지회는 이승만과 불가분의 관계를 갖고 있다. 때문에 동지회에 대한 연구는 이승만의 성향과 활동을 이해하는 것과 다름이 없다.

동지회에 대한 연구는 이승만 개인에 대한 수많은 연구 성과에 비해 상대적으로 매우 부족한 실정이지만 최근 들어 활발하게 진행되었다. 주요 연구로는 고정휴의 「대한인동지회 회원 분석」(『한국민족운동사연구』 40, 2004)과 이덕희의 『한인기독교회·한인기독학원·대한인동지회』(한국기독교역사연구소, 2008)가 있다. 그 외에 부분적인 연구로 필자의 「이승만의 통일운동」(『한국독립운동사연구』 11, 1997)과 김도형의 「1930년대 초반 하와이 한인사회의 동향」(『한국근현대사연구』 9, 1998), 그리고 정병준의 『우남이승만 연구』(역사비평사, 2005)가 있다.

이들 연구업적 가운데 동지회에 대한 전반적인 활동의 역사를 정리한 것으로는 이덕희가 쓴 책이다. 그는 이 책에서 동지회 설립 시부터 해방 이후까지 동지회의 활동상을 체계적으로 잘 정리했다. 그렇지만 동지회의 활동상을 하와이 지역으로만 국한한데다 주요 활동인 정치활동에 대한 역할과 비중을 매우 소략하게 처리하고 있어 동지회의 활동상을 오히려 축소시킨 감이 적지 않다. 그리고 동지회 조직의 구성과 발전에 대한 설명이 소략하여 보완이 필요하다. 그럼에도 동지회의 경제활동을 비롯해 사회복지활동·출판활동·방송활동·장학활동 등을 다룬 이덕희의 글은 동지회 연구의 선구적인 업적이 아닐 수 없다.

기왕의 동지회 연구 성과를 살펴볼 때 다음 몇 가지 점에서 한계를 보인다. 첫째, 동지회를 부분적으로 고찰하다 보니 해방 이전까지 동지회의 활동상이 체계적으로 밝혀져 있지 않은 점이다. 이승만에 대한 연구와는 별도로 동지회 자체의 활동상에 대한 역사적인 고찰이 이루어져야 한다. 둘째, 북미지역 동지회의 실상이 소상하게 밝혀져 있지 않고 있다. 동지회북미총회에 대해서는 김원용이 편찬한 『재미한인50년사』에서 언급된 수준 이상으로 진전되지 못하고 있다. 셋째, 동지회와 이승만 간의 상호 관계와 그 변화에 대해 주목하고 있지 않다. 동지회와 이승만 사이는 뗄 수 없는 관계이다. 어느 한 쪽도 소홀히 할 수 없기 때문에 양자의 관계를 비교 분석하며 고찰해야 동지회를 제대로 파악할 수 있다. 이렇게 볼 때 동지회에 대한 연구는 체계적인 역사정리와 함께 이승만과의 관계를 중심으로 더욱 집중적으로 연구되어야 한다고 볼 수 있다.

이런 연구성과를 토대로 본고는 먼저 동지회가 설립된 배경을 분석하여 조직의 의미를 살피려 하였다. 다음으로 동지회를 둘러싼 미주한인사회 제 단체와의 관련성에 주목해 동지회의 변화를 고찰했다. 마지막으로 이승만과 동지회와의 관계와 그 변화에 주목하면서 동지회의 주요활동인 정치활동과 독립운동을 중심으로 살펴보려 했다. 이것을 통해 동지회의 역사적인 성격을 보다 분명히 밝히고 이승만과 동지회와의 관계는 보다 명확히 정리하게 될 것으로 보인다. 시기적으로 본고는 필자의 한계를 고려해 해방 이전까지로 한정했다.

Ⅱ. 동지회의 설립과 조직

1. 설립 배경

상해 대한민국임시정부가 수립돼 대통령으로 선임된 이후에도 미주에서 계속 독립운동을 전개하던 이승만은 통신원으로 활동한 안현경·현순·장붕 등을 통해 상해 임정과 정계의 상황들을 수시로 보고 받고 있었다.[1] 이들 가운데 안현경[2]은 상해 임정의 수립 후인 1919년 7월 11일

1) 이승만에게 상해 임정의 정세를 보고한 통신원들의 활동에 대해서는 오

이승만에 의해 하와이 대표위원으로 선임되어 하와이를 떠나 9월 14일 상해에 도착한 때부터 1920년 6월 25일 상해를 떠나 워싱턴에 올 때까지 현순과 함께 이승만의 주요 통신원으로 활동했다. 안현경이 다시 호놀룰루로 돌아온 때는 1920년 9월 12일인데 이때는 이승만이 상해 임정의 요청에 응해 상해 방문을 위해 호놀룰루에 머무르고 있을 때였다. 이런 때에 상해에 있는 동안 이승만에게 총 28통의 서한을 보내며 초기 임정의 내막을 속속들이 보고해 온 안현경은 상해로 떠나려는 이승만을 도와 상해 임정의 상황과 정세에 대한 세세한 보고는 물론 그 대응책을 마련하는데 크게 기여했을 것으로 보인다. 그렇지만 이승만이 직접 상해에 체류하는 동안(1920.12~1921.5) 겪은 현실은 안현경을 비롯한 상해 통신원들의 보고 이상으로 심각한 상태라는 것을 알게 되었다.

첫째, 임정의 조직정비와 재정확보, 그리고 향후 독립운동의 방략을 둘러싸고 임정의 각료들과 의견일치를 보는 것이 불가능하다는 것을 알았다. 이승만의 상해 체류시 이동휘와 안창호 등 임정의 주요 인물들이 임정과 결별한 것은 이승만과는 도저히 화합할 수 없는 상황임을 잘 보여주었다.

둘째, 임정 대통령 이승만의 퇴진에 앞장선 이동휘를 중심으로 한 한

영섭, 「상해 임정내 이승만 통신원들의 활동」, 『한국민족운동사연구』 52, 2007 참조.

2) 안현경(1881~1957)은 1917~1918년도 하와이 대한인국민회 지방총회장 역임 중 1918년 1월 재정 문제 처리를 둘러싸고 기존 친이승만의 고수파 세력과 반이승만 견제세력으로 양분되어 논쟁을 거듭하다 결국 하와이 대한인국민회를 분열시키고 말았다. 하와이 대한인국민회에서 떨어져 나온 반이승만 세력은 1918년 3월 하와이대한인국민회 임시연합중앙회(초대회장 김진호)를 결성하고 안현경의 불법행위를 규탄하며 기존 국민회 세력의 재편을 시도했으나 성사시키지 못하자 1919년 3월 박용만이 중심이 돼 설립한 대조선독립단에 대부분 흡수되었다.

인공산주의 세력이 임정 내에서 이승만의 강력한 적대세력으로 부상하고 있었다. 임정의 국무총리인 이동휘는 한인사회당을 개편해 1920년 9월 여운형·안병찬·조동호·최창식 등과 한인공산당을 설립해 세력을 확장하였다. 이런 가운데 한형권과 박진순이 볼셰비키정부로부터 200만 루블의 자금지원을 약속받고 그 가운데 40만 루블의 자금을 받아옴으로써 이동휘를 중심으로 한 한인공산주의자들의 활동은 더욱 강화되었다.

셋째, 이승만이 상해 도착 직후부터 절친하게 지내려 했던 박용만이 북경을 중심으로 반임정세력을 확대해 협력할 수 없는 상황이 되고 있었다. 박용만은 신채호·신숙·문창범 등 천도교·의열단·대한국민의회 관계자 등 15명과 1920년 9월 북경에서 군사통일촉성회를 발족시켰고 이듬해 4월 19일 북경에서 군사통일회의를 결성했다. 군사통일회의는 표면상 연해주와 북만주에 흩어져 있는 무장독립운동단체들의 통합을 표방했으나 실질적으로 상해임시정부의 개혁과 이승만의 타도에 주력하였다.

넷째, 미주에서부터 협력과 경쟁으로 늘 경계해 마지않았던 안창호가 임정 내부와 상해 정계에서 예상 외로 막강한 힘을 발휘하고 있었다. 안창호는 1920년 9월 20일 상해내 영국조계 안에 흥사단 원동위원부를 결성해 54명의 단원을 가입시켰고 동년 12월 29일에는 흥사단 원동위원부 제7회 대회를 개최하여 더욱 세력을 확장하였다.[3] 흥사단 원동위원부 소속의 단원들은 임정에서 발간하는 『독립신문』을 자체의 기관지로 삼을 정도로 상해 언론을 장악하고 있었다.

다섯째, 상해 임정에 대한 개혁의 압력이 임정 외부의 세력들에 의해 강력히 추진되고 있었다. 1921년 2월 초 상해에 거류하고 있던 박은식·김창숙·원세훈·왕삼덕·안병찬 등 14명이 「우리 동포에게 고함」

3) 1949년까지 흥사단원동위원부의 단원은 약 190여 명이었다.

이라는 글을 발표한 뒤 정부개혁을 위한 국민대표회의 소집을 공개적으로 요구하였다. 이후 국민대표회의 소집을 둘러싸고 상해를 비롯한 전체 독립운동계가 진통을 겪게 되는데 이러한 현상은 이승만에 결코 유리한 상황이 아니었다.

상해 임정을 둘러싼 제 상황은 이승만으로 하여금 임정에 대한 독립운동계 내부의 갈등과 불신이 상상 이상이었음을 깨닫게 하였다. 이러한 불신과 분열의 배경에는 무엇보다 임정 대통령 이승만에 대한 불신임과 이를 둘러싼 서북·기호 지방의 지방열, 그리고 국무원들 간의 불신과 갈등이 깔려 있었다.[4)]

한편 반임정 세력으로부터 임정을 지키려는 노력은 힘든 상황에 처해 있던 이승만을 고무시켜 주었다. 1921년 3월 5일 조완구·윤기섭·황중현 등 45명은 임시정부를 절대로 유지하며, 현 대통령 이하 각 국무원을 신임할 것이며, 언론 행동 등 일체의 현 시국을 파괴하는 행위를 방지하는데 노력할 것을 담은 '선언서'를 발표하였다. 이런 임정 옹호활동을 필두로 1921년 3월 23일 129명의 회원이 모인 가운데 상해에서 협성회를 발족했다.[5)] 협성회는 국무원들의 연이은 사퇴와 이승만의 도미로 인해 곧 쇠퇴했으나 이승만으로 하여금 자신의 확실한 지지기반을 만들 필요성을 각인시켜 주었다.

이승만은 상해 임정을 개혁하는 것보다 자파 세력을 계속 유지시키는 현상유지방안이 더 유리할 것으로 판단했다. 이렇게 함으로써 위태한 대통령의 직임을 보전하고 흔들리는 구미위원부를 바로잡아 미주에서 그

---

4) 윤대원, 『상해시기 대한민국임시정부 연구』, 서울대출판부, 2006, 109쪽.

5) 국회도서관 편, 『한국민족운동사료 : 중국편』, 1976, 353쪽. 협성회에서 발표한 4대 강령은 다음과 같다. 1. 임시정부를 절대로 옹호할 것. 2. 광복정신과 협진주의를 고취할 것. 3. 국세 납입을 이행할 것. 4. 군사의 목숨을 독려할 것. 김정명 편, 『조선독립운동(Ⅱ)』, 142쪽.

의 위상과 외교활동에 지장을 주지 않을 것이라고 보았다. 그러나 이마저 앞으로 자신의 뜻대로 유지되리라그 장담할 수 없는 상황이었다.

그런데 이승만이 1921년 6월 29일 상해에서 하와이로 돌아온 즉시 동지회 설립에 착수한 것을 보면 상해 체류 경험에 비추어 임정의 현상유지 방안만으로 자신의 뜻을 관철하기 어렵다는 것을 깨달았다고 보아야 할 것이다. 상해 정계의 흐름이 결코 자신에게 유리하지 않는 상황이었고 더구나 도미 직전까지도 임정을 확실히 장악해 지도할 위치에 있지 못한 입장에서 언제까지 임정의 현상유지만을 고대할 수 없었다. 그리고 상해 임정이 앞으로도 어떻게 될지 모를 정황에서 이승만은 도미 직후 자신만을 위해 절대로 지지해 줄 강력한 정치단체가 꼭 필요하다고 판단한 것으로 보인다.

이승만은 상해 방문 이전까지 표면상 스스로 정치적인 단체를 만들려고 노력하지 않았다. 1913년 2월 하와이에 온 뒤 그는 한인자치기관으로 이미 확립된 대한인국민회 하와이지방총회를 기반으로 활동하려 했다. 그가 하와이에서 새로 설립한 한인여학원, 한인기독학원, 한인기독교회 등은 이승만의 활동기반을 제공했으나 한인들에게 구국적인 교육과 신앙심을 증진하기 위한 비정치적인 단체였다. 1919년 8월 워싱턴DC에 한성임시정부 집정관총재의 자격으로 설립한 구미위원부는 정치적인 단체라기보다 임정의 구미 외교를 전담하고 미주의 재정을 확보할 목적으로 설립한 정부적인 기구였다. 그는 구미위원부의 조직을 확대하기 위해 각 지역에 지부를 조직하려고 시도해 보았으나 뜻을 이루지 못하였다. 만약 구미위원부의 지방조직이 그의 뜻대로 활성화되었다면 임정으로부터 불신임을 받았을 경우 구미위원부를 정치적인 단체로 발전시켰을런지 모른다.

대한인국민회 하와이지방총회는 이승만의 상해 체류 동안 하와이 대한인교민단의 이름으로 바꾸었다. 대외 명분은 상해 임정에서 1920년 3

월 16일자로 국무원령 제2호로 공포한 「임시거류민단제(臨時居留民團制)」에 의거[6] 하와이지방총회를 교민단으로 바꾸는 것이었다. 그러나 실질적으로는 대한인국민회 중앙총회의 굴레에서 완전히 벗어나 임정대통령 이승만의 지지를 확고히 하기 위함이었다.

1910년대 중반부터 이승만이 장악하고 있던 하와이지방총회는 대한인국민회 중앙총회의 관할에서 점차 벗어나고 있었다. 결정적인 계기는 1918년 1월 15일에 개최한 하와이지방총회 제10차 대의원회에서 당시 재무인 이승만에게 불분명한 재정문부의 해명을 요구하는 것을 계기로 심각한 내분을 겪으면서였다.[7] 이후 하와이 한인사회는 이승만을 지지하는 하와이지방총회측과 박용만을 지지하는 대조선독립단으로 분열되었다. 당시 미주한인사회를 관할하고 있던 대한인국민회 중앙총회는 이를 수습할 여력을 갖추지 못해 그 지도력이 크게 흔들렸는데 다행히 3·1운동의 발발로 중앙총회를 중심으로 북미지방총회와 하와이지방총회가 서로 협력하는 관계를 유지했다. 그런데 이승만이 한성임시정부 집정관총재로 구미위원부를 설립한 이후 상해임시정부의 대통령으로 활동하면서 대한인국민회 하와이지방총회는 중앙총회보다 이승만과 구미위원부의 후원에 더 열을 올렸다. 예컨대 중앙총회가 이승만과 애국금과 공채금 수합 문제를 둘러싸고 심각한 갈등을 겪을 때 하와이지방총회는 전적으로 이승만의 편에 서서 구미위원부를 지원하였다.

이런 하와이지방총회의 처사는 중앙총회의 권위에 도전하는 것이었다. 중앙총회는 1920년도 하와이지방총회 대의회를 앞두고 『국민보』 주필에서 물러난 승용환의 고발을 근거로 하와이지방총회의 개편을 시도하고 나아가 사무실 폐쇄를 지시했다. 이렇게 되자 하와이지방총회장인 이종

---

6) 『독립신문』, 1920년 4월 8일, 「국무원령」.

7) 이에 대해서는 홍선표, 「1910년대 후반 하와이 한인사회의 동향과 대한인국민회의 활동」, 『한국독립운동사연구』 8, 1994 참조.

관과 한인기독학원장 민찬호가 강력히 반발하였고 여기에 이승만의 경고까지 더해지자 당시 중앙총회장 윤병구는 더 이상 조치를 취하지 못하고 중단했다. 중앙총회의 위상이 크게 추락해 제 역할을 감당할 수 없다고 판단한 윤병구는 1920년 7월 1일자로 공고문을 내고 오는 5일부터 중앙총회의 모든 사무를 정지한다고 발표했다. 이로부터 하와이지방총회는 사실상 중앙총회에서 완전히 떨어져 나갔다 해도 과언이 아닐 것이다.

대한인국민회 중앙총회로부터 분립되어 독자노선을 걷게 된 하와이지방총회가 굳이 교민단이라는 새 이름으로 바꾸려 한 것은 쉬운 결정이 아니었다. 미주한인사회 최대의 자치기관으로 오랫동안 깊이 뿌리내린 국민회의 역사성 때문에 단체명을 바꾸는 것은 그리 쉽지 않았다. 예컨대 대한인국민회 북미지방총회는 내무총장 이동녕의 교민단 설립에 관한 내무부 공함(1920.11.15)을 받은 뒤 두 차례(1921.5.19, 5.29)나 국민회의 이름을 그대로 고수하겠다고 청원했는데 회신이 없자 원 이름을 그대로 사용하기로 했다.[8] 하와이지방총회도 북미총회와 마찬가지로 내무총장 이동녕의 교민단제 시행을 위한 공함을 받았으나 쉽게 따르지 않았다. 예컨대 1921년 1월 하와이지방총회는 기존 단체명을 그대로 사용하며 새 임원을 선임해 발표했다.[9]

새로운 총회장을 선임한 직후 하와이지방총회는 기존의 태도를 바꾸고 교민단으로의 변경을 시도했다. 즉, 1921년 2월 9일 「교민단대표회 소집포고서」를 발표하고 임정의 임시교민단제를 적극 수용해 대한인국민회 하와이지방총회를 '대한인하와이교민단'(이하 '하와이교민단')으로 개명하겠다고 공포했고, 2월 10일에는 「교민단 의사원을 소집하는 조례」

8) 『신한민보』, 1921년 12월 22일, 「대한인국민회북미총회 사업성적」.

9) 이때 발표된 새 임원은 총회장 안현경, 부회장 김성기, 총무 안원규, 서기 겸 재무 최선주, 학무 민찬호, 법무 손덕인이었다.

를 발표했다.[10] 하와이지방총회는 교민단으로의 변경계획을 상해에 있던 이승만에게도 알렸다. 이승만은 하와이지방총회장 이종관에게 보낸 서신에서 교민단으로 바꾸려는 일이 잘 추진되었으면 좋겠으나 혹시 불평분자들이 대통령의 사단(私團)으로 만들려 한다는 비평이 나올 지도 모르니 북미총회의 경우처럼 민단권을 위탁받으면 어떻겠는지를 제의하고 국민회를 더욱 확장해 줄 것을 희망했다.[11] 하와이지방총회의 명칭변경계획에 대해 이승만은 그리 분명한 태도를 보이지 않았다고 볼 수 있다. 예정대로 하와이지방총회는 1921년 3월 1일부터 2일까지 초대 교민단장 선거를 단행했다.[12] 하와이지방총회가 단체명의 변경을 적극 추진한 데는 북미총회와 달리 외형적으로 임정의 명령에 절대 복종한다는 것을 보여줌으로써 상해 임정과 임정대통령 이승만의 지지 입장을 공고히하고 역사적인 대한인국민회와 차별화된 새로운 독자세력을 구축하겠다는 의미를 담고 있었다.

하와이지방총회가 하와이교민단으로 바꾸어 상해 임정과 자신을 지지하는 친위단체가 된 지 얼마 되지 않은 상황에서 이승만이 동지회를 설립한 이유는 어디에 있었는가. 첫째, 이승만은 하와이교민단을 한인들의 생활안정과 복리 증진을 위한 교민들의 자치단체로 간주했지 적극적인 정치활동의 목적에 적합한 단체로 간주하지 않았다고 볼 수 있다. 둘째, 하와이교민단은 형식상 임정의 지시를 받아야 하는 공식기관이었다. 때

10) 연세대 현대한국학연구소 편, 『우남이승만문서 : 동문편』 12, 1998, 554~555쪽. 그러나 영문명칭은 기존의 'Korean National Association'을 그대로 사용했다.

11) 「이승만이 이종관에게 보낸 편지(1921.2.14)」, 『우남이승만문서』 16, 215~216쪽.

12) 『신한민보』, 1921년 4월 14일, 「민목사와 하와이 민장」. 새로 선임된 초대 교민단장은 민찬호이고 부단장은 안원규이다. 이후 하와이교민단은 교민총단의 지위로 미주 각 지역에서 설립한 교민단 지부를 통할했다.

문에 아무리 이승만을 공개적으로 지지한다 하더라도 한 개인을 위한 단체로 만들 수 없는 것으로 보았다. 이런 연유로 이승만은 기존의 하와이교민단을 그대로 두고 상해 임정을 적극 지지한다는 것을 명분 삼아 개인적으로 완전히 장악할 수 있는 새로운 정치단체인 동지회의 설립을 추진한 것으로 보인다.

2. 동지회의 설립과 조직

이승만은 상해 방문을 마치고 1921년 6월 29일 하와이에 도착했다.[13] 이승만이 하와이에 도착하자 그를 환영하기 위해 하와이 네 섬의 지도자 39명이 모인 가운데 '위하회'라는 이름으로 1921년 7월 7일 하와이교민단 총회관에서 모임을 가졌다.[14] 이 날 환영회 석상에서 이승만은 상해 정세를 설명하면서 정부를 파괴하고 분열하려는 자와 맞서기 위해 임시정부를 지키고 옹호할 필요성을 강조하며 동지회 설립을 주장했다.[15] 그의 주장에 대해 참석자들은 한 마음으로 완전한 독립을 도모하

---

13) 이승만의 하와이 호놀룰루 도착 일자에 대해 유영익의 『이승만의 삶과 꿈』(중앙일보사, 1996,156쪽)에는 6월 29일 오전 8시라고 기록하고 있으나 이승만이 신규식에게 보낸 편지(1921.7.16 : 『우남이승만문서』 16, 54쪽)에는 6월 31일 오전에 도착한 것으로 밝히고 있다.

14) 『태평양주보』, 1950년 1월 7일, 「동지회 설립 이유」, 1955년 5월 20일, 「창립 동지회」; 『신한민보』, 1921년 7월 28일, 「하와이에 동지회 입설」. 이승만 환영을 위해 만든 '위하회'는 회장 최재덕, 서기 김태희로 구성되었다.

15) 『우남이승만문서』 16, 「이승만이 신규식에게 보낸 편지(1921.7.16)」, 56쪽. 이밖에 1922년 4월 22일 동지회 대표원회의에서 하와이 각 지방대표에게 보낸 「통지서」에 "우리가 우리 임시대통령의 권고하심을 듣고 동지회를 조직함이 무슨 연고이뇨. 우리가 하나님 앞에 명세하고 이 회를 조직함은 우리의 거대한 독립사업을 위하여 우리 동지가 임시정부를 받들 새 우리 2천만 두령 되시는 대통령을 앞에 세우고 생사를 같이 하

기 위해 상해 임정을 중심으로 복종하며 대동단결을 이룰 것을 다짐하며 동지회를 설립하기로 결의했다. 이어서 7월 14일 민찬호·안현경·이종관의 명의로 15개조의 동지회 「규정」을 발표했다.[16] 이때 발표된 15개조의 동지회 「규정」은 아래와 같다

1. 본회 명칭은 동지회라 함.
2. 본회 목적은 현 정부를 옹호하며 대동단결을 도모함.
3. 불충불의한 국민이 있어 현 정부의 위신을 타락케 하며 위해를 주는 일이 있으면 본회는 일심 방어하되 상당한 방법으로 조처할 일.
4. 모든 한인은 물론 남녀[로]하고 전일에 어떠한 부분에 속하였던지 현 정부에 충성을 다하고 본회 목적을 준수하기로 맹세한 자는 허입케 할 일.
5. 본회 목적을 달하기 위하여 각처에 통신으로 기맥을 서로 통할 일.
6. 본회 회원은 책임자를 각별히 신임할 일.
7. 중대한 관계되는 사건은 극히 비밀을 지킬 일.
8. 현 정부가 만일 위난할 경우에 이를 지경이면 우리는 몸과 물질을 다하여 옹대하기로 결심할 일.
9. 회원 중에 본회 목적을 준수하다가 타 방면의 위해를 받게 되는 경우에는 본회에서는 일심으로 극력 보조할 일.
10. 본회 기관을 유지하기 위하여 직원을 두되, 주무원, 서기, 재무 3인으로 정함.
11. 각 지방 직원은 해 지방 회원이 투표로 선정하고 본 기관 직원은

면서 조국을 기어이 광복코저 함이라"(『우남이승만문서』 12, 「통지서」, 231쪽)이라 하여 이승만의 권고에 따라 동지회의 설립이 착수된 것으로 기록하였다.

16) 『우남이승만문서』 16, 「이승만이 신규식에게 보낸 편지(1921.7.16)」, 56쪽; 『태평양주보』, 1955년 5월 20일, 「창립 동지회」; 『신한민보』, 1921년 7월 28일, 「하와이에 동지회 입설」.

각 지방 회원이 공선함.

12. 본회 재정은 월례금과 특별금 드 종류로 정함.
13. 본회 규칙 가감은 각처 회원에게 있음.
14. 본회 회원은 매삭 월례금으로 25전씩 내어 경비를 지용케 할 일.
15. 통상 경비는 매삭 1백 원으로 정하되 주무원의 생활비로 60원씩을 그 중에서 지발함.[17)]

위의 동지회 「규정」에서 볼 때 동지회 설립 목적을 상해 임정을 옹호하며 대동단결을 도모하겠다는 것은 임정대통령 이승만을 중심으로 결속하기 위한 대외 명분용이 강하다. 동지회가 회장 체제로 하지 않고 주무원·서기·재무 등 3인의 직원을 두겠다는 것은 운영의 주체를 오직 이승만에게 두겠다는 것과 대외 활동용 체제보다 지원용 체제로 만들려 했음을 의미한다.

동지회의 기원에 대해 정병준은 일반적으로 알려진 동지회 조직 설명 외에 여러 가지 이설(異說)이 있음을 설명했다. 즉, 1921년 워싱턴군축회의 실패 이후 뉴욕에서 비밀결사 대광(大光)을 조직했고 이후 하와이로 본부를 이전해 동지회를 조직했다는 설과 1918~1924년까지는 '동지'라는 이름을, 1924~1930년까지 동지회라는 이름을 사용했다는 설이 있다고 했다.[18)]

그런데 대광은 동지회와 전혀 무관한 것으로 생각된다. 대광은 1921년 뉴욕에서 구미위원부의 유지와 독립운동의 장기대책을 수립하기 위해 장덕수·윤홍섭·허정·임용호·안택주·이철원·최순주 등에 의해 비밀리에 조직되었으나 오래가지 못했다. 한편 1929년 김현구가 하와이로 온 직후부터 이용직·김원용·최영기 등 북미에서 건너온 인물들이 중심이

---

17) 『신한민보』, 1921년 7월 28일, 「하오-이에 동지회 입설」.
18) 정병준, 『우남 이승만 연구』, 역사비평사, 2005, 332~334쪽.

되어 하와이에서 새롭게 대광을 조직한 것으로 보인다. 그러한 모습은 1930년 교민단과 동지회간의 분쟁이 발발했을 때 나성동지회의 송세인이 김현구를 중심으로 한 30여명의 회원들이 대광을 사당화(私黨化)하면서 양측간의 분쟁을 격화시켰다고 지적한 것[19]과, 김현구 스스로 하와이 내 대광 조직에 대한 이승만의 불만이 양측간의 분쟁으로 이어졌다고 한 것으로 보아 그러하다.[20] 따라서 동지회와 대광은 완전히 별개의 조직이었다. 후자의 '동지', '동지회'의 이름 사용설은 동지회의 규정을 볼 때 수용하기 어렵다.

설립 초기 동지회에서 활동한 인물은 대한인국민회 하와이지방총회장을 역임한 이종관이 주무원으로 활동했고 그 밖에 안현경, 최살로매, 민찬호의 부인 민메리, 서기문 등이 활동했다.[21] 하와이 초대 민단장인 민찬호는 1922년 2월경까지 동지회 재무를 맡았다.

동지회는 설립 직후부터 회원들에게 동지금을 받아 운영했으나 회원들의 경제적인 어려움과 동지회 내부의 갈등으로 주무원 이종관과 재무 민찬호가 사퇴하는 등 동지회의 경영이 어려움을 겪었다. 이리하여 1922년 4월 16일 오아후섬 각 지방 대표자 손덕인・김성봉・이학주・오대유・박원백・박봉조・원세봉이 호놀룰루에 모여 대표회를 열고 다음 7개항을 결의했다.

1. 본회 구임원들의 사면서를 가수할 일.
2. 주무원 1인을 둘 일.
3. 재무 겸 서기 1인을 둘 일.

19) 『태평양주보』, 1931년 9월 12일, 「일반 동포에게」.
20) 김현구, 『우남약전』, 137～138쪽.
21) 『우남이승만문서』 16, 「이승만이 이종관에게 보낸 편지(1921.2.14)」, 215～216쪽.

4. 3삭에 1차식 수합한 재정을 통령께 부정할 일.
5. 재정공고서를 매 3삭에 1차식 회원들에게 보낼 일.
6. 수합한 재정 중에서 본회 통상경비 '통신전보문구비'를 제한 외에는 일 푼도 누락 없이 다 부송할 일.
7. 하와이 4도를 다섯 구역으로 분하여 회금을 수합하여 각 구역에 유치하였다가 3삭만에 중앙부로 보내면 중앙부에서는 통령께로 부정할 일.[22)]

그 결과 동지회 대표회는 임시 주무원으로 방화중, 임시 서기 겸 재무로 김성봉을 선임하며 동지회를 정돈시켰고, 임원의 임기는 1년으로 정해 시무토록 했다.

동지회는 회원들에게 동지금을 거두어 이승만의 외교활동비와 주무원의 월급으로 주로 사용했다. 동지회의 재정보고는 1, 2차까지는 잘 이루어지지 않았으나 이승만이 1921년 8월 10일부터 1922년 9월 7일까지 워싱턴군축회의를 대비한 외교활동을 추진할 목적으로 하와이를 떠난 뒤 다시 돌아온 때부터 비교적 소상히 정리되었다. 1921년 11월부터 1922년 9월까지의 나타난 제3차 재정보고는 총수입 1,517.20달러, 총지출 1,221.07달러로 되어 있다.[23)] 이승만의 외교비로 매월 1~200달러가 지급되었고 주무원에게는 매월 60달러가 월급으로 지급되었다.

동지회의 제3차 재정보고에는 외형상 흑자로 나타나 보이지만 실상은 동지회의 재정은 무척 어려웠던 것으로 보인다. 이승만이 동지회원들에게 보낸 글을 보면 동포의 재정공황이 격심하여 동지금의 수합을 임시로 정지하겠다고 했다.[24)] 그러면서 그는 동지회의 확장과 정부에 대한

---

22) 『우남이승만문서』 12, 『통지서』, 231~232쪽.

23) 『우남이승만문서』 12, 『동지회 제3차 재정보단』, 215~230쪽. 그런데 제3차 재정보고도 완벽한 보고라고 할 수 없을 정도로 수입과 지출이 엉성하게 기록되어 있다.

의무, 교육기관의 유지에 대해선 특별히 당부하여 경제적인 어려움에도 불구하고 동지회의 사업과 한인 교육활동에 대해선 매우 중요시 여겼다.

동지회는 1924년 11월 17일부터 20일까지 호놀룰루에서 하와이 한인대표회를 개최하면서 조직을 크게 강화시켰다. 한인대표회는 대표회장 장붕의 사회로 동지회 24개 지방대표를 비롯해 하와이 교민단, 한인기독학원, 한인기독학원찬성회, 태평양잡지사, 한인기독교회, 부인보조회, 대한인부인구제회의 7개 단체 대표 34명이 참석한 가운데 동지회의 3대 「정강」과 4대 「진행방침」을 제정하고 새로운 조직으로 이사부와 실업부를 조직했다. 이를 살펴보면 먼저 동지회의 3대 「정강」은 다음과 같다.

1. 우리의 독립선언서에 공포한바 공약 3장을 실시할지니 3·1정신을 발휘하여 끝까지 정의와 인도를 주장하여 비폭력적인 희생적 행동으로 우리 대업을 성취하자.
2. 조직적 행동이 성공의 요소이니 우리는 개인행동을 일절 버리고 단체 범위 안에서 질서를 존중하며 지위를 복종하자.
3. 경제 자유가 민족의 생명이니 자족자급을 함께 도모하자.[25)]

동지회 「정강」을 추진하기 위한 4대 「진행방침」은 다음과 같다.

1. 대업을 성취하기에 2천만의 일치 행동을 요구할지니 우선 1백만 동지의 맹약을 얻어 대단결의 기초를 이루기로 제1차의 진행방침을 정하나니 이것을 완성하기까지는 시위운동이나 혹, 남을 배척하는 주의를 먼저 취하지 말고 다만 민족대단결에 전력할지니 각 동지는 매일 한 시간 이상에 시간을 공헌하여 이 정책을 속히 이루도록 힘

---

24) 『우남이승만문서』 12, 『「동지회원 일동」, 234쪽.
25) 『우남이승만문서』 12, 「하와이 한인대표회선포문」, 246~250쪽.

쓰라.

2. 우리 주의와 상반되는 행동을 취하는 동포에게 억지로 권하거나 시비하지 말고 각각 자기의 성심으로 남을 감복시키기를 힘쓸지니 결코 동족간에 쟁론을 피하라.
3. 계급과 종교와 지방 등 모든 구별을 타파하여 민족대단결에 장애를 없이 할지니 이상 정강과 방침에 절대 동의하는 남녀는 다 일체 동지로 인정하라.
4. 우리의 의복과 가구 등 각종 일용 물품을 우리끼리 공급하여 우리 민족의 생활정책을 개발할지니 일반 동지는 가급적 이것 실시하기를 각각 애국애족하는 중대한 책임으로 인정하라.[26)]

3대 「정강」과 4대 「진행방침」에 나타난 동지회의 성격을 정리해 보면, 먼저 3·1운동에서 나타난 정의·인도와 비폭력의 정신을 그대로 계승함으로써 동지회의 정신적 뿌리가 3·1독립운동에 있다고 보았다. 다음은 조직적인 행동을 위해 개인행동이 아닌 단체행동에 주력하되 상명하복의 복종을 강조함으로써 일사불란한 체제를 만들고자 했다. 이사부가 신설된 것은 동지회가 체계적인 조직활동을 전개하기 위한 것으로 해석된다.

마지막으로 자족자급의 민족경제력 개발을 강조함으로써 동지회의 활동이 정치활동 뿐만 아니라 경제적인 능력을 배양하는 것에도 중시했다. 이를 위해 실업부를 신설했다. 이로 보건대 동지회는 이승만을 중심으로 독립의 대업을 달성하기 위한 정치단체의 속성과 동지 회원들의 경제생활 능력을 배양하기 위한 자치단체의 성격을 공동 모색하였다고 볼 수 있다.[27)]

---

26) 위와 같음.

27) 이 때문에 정병준은 『우남이승만 연구』, 337~338쪽)에서 동지회를 정치단체의 외형을 지닌 교민친목단체 및 경제상호부조의 단체로 보았다.

이상의 「정강」과 「진행방침」을 통해 볼 때 대업을 성취하겠다고 하면서 초창기 동지회의 설립 목적인 임시정부의 봉대와 충성에 대한 내용은 완전히 사라지고 있다. 즉, 대업을 성취하기 위한 분명한 목표가 제시되지 않은 채 단순히 단체 범위 안에서 지휘에 복종하고 일치된 행동을 요구하였다. 이는 이승만이라는 한 인물을 중심으로 동지회의 결속력을 강화하려는 의도였다.

한인대표회는 새로운 핵심 조직으로 동지회 이사부를 조직했다. 이사부의 이사원은 하와이 교민단장 김영기, 한인기독교회 중앙부장 민찬호, 한인기독학원 김노디, 대한부인구제회 중앙부장 김유실, 한인기독학원찬성회 중앙부장 곽래홍, 태평양잡지사 주필 윤치영, 동지회 주무원 김성기 등 7명을 선임했다. 이 가운데 민찬호는 초대 이사부장으로 선임되었다. 이사원들은 이승만이 설립했거나 그를 적극 지원하는 단체 및 조직체의 대표들로 구성되었다. 이런 이사부의 인적 구성은 동지회를 최고의 기관으로 만들어 하와이 한인사회를 동지회 중심으로 재편하려는 이승만의 의도가 반영된 것으로 볼 수 있다. 그 외 동지회 운영을 위한 실무진으로 주무원 김성기, 회계 윤치영, 서기 허성(許城)이 동지회의 임원으로 선임되었다. 이로써 동지회는 총재 이승만을 중심으로 한 이사부 체제로 운영되면서 형식상 최고의 정치단체로 거듭날 수 있었다.

이사부는 지부 및 지회와의 구별과 동지회 본부의 의미를 담기 위해 중앙 이사부 또는 중앙부, 이사부장은 중앙부장으로 각각 불렀다. 동지회의 역대 중앙 이사부장은 이원순(1935~1937), 김이제(1938), 손승운(1939~1944) 등이다.

한인대표회는 '총재' 직을 두어 이승만을 총재로 추대했다. 동지회에 회장을 두지 않고 '총재'를 둔 것은 한성임시정부 집정관총재로 추대된 이승만을 염두에 둔 것이다. 이승만이 상해 임정의 대통령으로 활발히 활동할 때는 '통령'이라는 말을 썼는데 1923년 상해 국민대표회의 개최

이후 이승만과 상해 임정간 서로 소원해지면서 '통령'에서 '총재'라는 말로 바뀌게 되었다. '총재'라고 쓴 것에는 한성임시정부의 법통성을 주장하기 위한 이승만과 동지회의 의중이 깔려 있었다. 이로써 동지회는 총재 이승만을 중심으로 이사부체제로 운영되면서 형식상 하와이 한인사회 최고의 정치단체로 거듭날 수 있었다.

다음으로 한인대표회는 새로 제정된 동지회의 「정강」과 「진행방침」에서 나타난 자족자급의 민족경제력을 갖추기 위해 실업부를 두기로 하고 임시로 민찬호·김영기·윤치영을 재구로 선임했다. 실업부는 1925년 9월 '동지합자회사' 설립을 위한 세부규칙으로 「동지합자회사규칙」[28]을 제정했고, 이를 다시 보완해 1925년 12월 13일 '동지식산회사'를 설립, 동지회의 주력 사업으로 착수하였다.

동지회는 10인 이상의 동지가 재류하는 지방에는 지회를 설립했다. 먼저 하와이를 중심으로 각 지회가 설립되었고 상해를 비롯한 북미까지 그 조직이 확대되었다. 하와이 이외의 지역에서 가장 먼저 동지회 지부가 설립된 곳은 상해였다.

상해 동지회 지부는 1925년 초 11명이 모인 가운데 설립되었다. 상해지부는 조소앙·민충식·박경순이 임시위원으로 선임된 후[29] 동년 4월 6일 임시총회에서 주간으로 기관보를 발행하기로 결의하였고 4월 19일 그 이름을 『상해주간』이라 명명하였다.[30] 이때 발행인은 박경순, 편집인은 황규성이었다. 상해지부는 회계 박경순, 간사 이길구로 해서 1925년 6월 당시 조소앙 등 30명의 회원으로 이루어졌다.[31] 상해 지부가 언제까

28) 『우남이승만문서』 12, 「동지회합자회사규칙」, 251~254쪽.

29) 민충식이 사면함에 따라 황규성으로 보임되었다.

30) 『태평양잡지』 1925년 8월, 「상해 동지회 통신」.

31) 『우남이승만문서』 18, 「조소앙이 이승만에게 보낸 편지」(1925.5.16), 218~220쪽.

지 존속되었는지 알 수 없으나 임정 대통령직에서 면직되어 위상이 크게 추락된 이승만에게 든든한 정치적 후원세력이 되었던 것으로 보인다.

북미에서의 동지회 지회 설립은 뉴욕에서 처음으로 이루어졌다. 뉴욕지부는 태평양잡지사 주필로 활동한 윤치영이 1925년 8월 프린스턴대학교로 유학가면서 뉴욕의 한인들을 결집시켰다. 1927년 12월 26일 첫 모임을 가진 뒤 이듬해 1월 2일 뉴욕 동지회지부를 공식 설립했다.[32] 초대 회장은 李鳳秀가 맡았고 회원수가 52명에 달했다고 했다. 매월 2회씩 '뉴욕동지회보'를 발행하였다.[33]

이승만은 동지식산회사의 재정 타개와 동지회원의 확보 등의 목적을 위해 하와이를 떠나 1929년 9월 11일부터 이듬해 1월 8일까지 북미 대륙을 여행했다. 이를 계기로 미국 각 지역에서 동지회의 지부 및 지회가 설립되기 시작했다. 먼저 1924년 9월 나성에서 조직된 대한인교민단을 해소하고 1929년 10월 동지회 나성지부가 설립되었다. 1930년의 회장은 최영기가 맡았고 이듬해 1월 신임원으로 회장 전진, 부회장 이범영, 서기 전진택, 재무 이창규가 선임되었다. 1929년 말경 리들리에서 이승만을 환영하는 자리에서 동지회 리들리지회가 설립되었다. 초대 회장은 김정진(김호)이 맡았다.[34] 1929년 말경 시카고에서도 동지회 지부가 설립되었는데 1930년의 임원으로 서기 김은석으로 알려진다.[35] 이밖에 몬타나와 디트로이트에서도 지회가 설립되었으나 오래 가지 못한 것으로 보인다.

1930년 7월 호놀룰루에서 개최한 동지미포대표회에 참가한 전체 대표수를 보면 11곳인데 이 가운데 하와이가 9곳이며, 북미는 시카고와 나성

32) 『우남이승만문서』 12, 「동지회 뉴욕지부 승인요청」, 273～274쪽.

33) 『태평양주보』, 1932년 7월 6일, 「뉴욕 동지회보를 정기로 발행」.

34) 『태평양잡지』, 1930년 5월호, 「으리들리에서 이박사 환영」.

35) 『태평양잡지』, 1930년 5월호, 「총재 라성 심방」.

의 2곳으로 되어 있다. 이로 보건대 1930년대 초까지 동지회는 크게 미주 11개 지부, 상해 1개의 지부로 되어 있었고, 여기에 리들리, 몬타나, 디트로이트 등 작은 지회들로 이루어져 있었던 것 같다.

Ⅲ. 동지회의 경제활동과 연합활동

1. 동지식산회사의 설립과 운영

이승만은 1924년 11월 하와이 한인대표회에서 결정한 경제적인 자급자족의 방안을 실현하기 위해 동지촌 건설에 착수했다. 1925년 12월 13일 기왕에 계획된 동지합자회사를 동지식산회사로 바꾸고 사장 신성일, 부사장 김경낙, 서기 차신호, 회계 안영찬, 감사 민찬호를 임원으로 구성했다. 회사 자본금은 7만달러로 책정했고 회사가 발전하면 20만 달러로 확대하기로 했다. 이에 따라 자본금 모집을 시도한지 한 달 후 목표치의 43%인 약 29,220달러가 모금되었고 주주는 북미의 한인들을 포함해 총 98명이었다. 이승만은 이 가운데 13,662달러를 들여 힐로섬의 올라아 지역의 임야 960에이커를 구입하고 이곳을 동지촌으로 부르며 사업을 착수했다.[36)]

동지식산회사는 부동산과 동산을 매매・저당・교환・전당잡거나 도로를 건설하고 시설을 관리하는 건설활등까지 폭넓게 사업을 계획하고 설립되었다.[37)] 이를 위해 이승만은 먼저 동지촌을 건립해 한인경제력을 발전시킬 계획을 갖고 있었고 나아가 은행설립도 구상했다. 이승만은 올라

---

36) 여기에 대해선 이덕희 『한인기독교회・한인기독학원・대한인동지회』, 한국기독교역사연구소, 2008, 309~325쪽 참조.

37) 위의 책. 311~312쪽.

아 지역에 목재사업 뿐만 아니라 자작농장을 운영하며 채소와 과일을 재배했고 소도 키웠다. 다섯 가족을 포함해 약 30여명의 한인들이 동지촌에 거주하며 이승만과 함께 농장을 일구었다.

그런데 동지식산회사의 발전은 이승만의 뜻대로 진행되지 않았다. 예산으로 책정한 자본금 7만달러 중 40,770여 달러가 부족한 상황에서 시작함으로써 심각한 자본부족을 겪어야 했고 사업능력도 뒷받침되지 못했다. 오히아의 나무를 숯으로 만들어 파는 일을 추진하면서 진주만 해군성의 목재납품계약을 이행하지 못해 오히려 계약위반으로 벌금을 물어야 했다. 호놀룰루에 설립한 목재 가구점도 자금 부족으로 1년 만에 문을 닫았다. 1925년 11월부터 1930년 10월까지 나타난 「동지식산회사 재정보고」에 따르면 1929년 12월까지 이익은 6,197.40달러인데 비해 경비 지출은 26,939.13달러로 약 2만달러의 부채를 떠안아야 했다.[38] 이승만이 의욕적으로 추진한 동지식산회사는 1931년 4월경 문을 닫아야 했고, 올라아의 부지는 저당권을 가진 Union Trust Company에 12,500달러에 매도되었다.

동지식산회사의 파산은 이승만에게도 큰 충격이었다. 경제적인 자금자족을 위해 지난 5년간 야심차게 추진했던 동지촌 건설의 꿈이 무너졌기 때문이다. 이승만은 동지식산회사의 경제적 어려움을 타개하고자 북미순방을 통해 자금확보도 시도해 보았지만 미국의 경제가 1929년 말부터 경제공황상태에 빠지면서 성과를 거두지 못했다. 자금력의 부족과 사업운영을 위한 경영능력의 부재가 실패를 초래했다고 볼 수 있다.

동지식산회사의 파산으로 동지회의 경제적 자립의 꿈은 사라졌다. 이후 동지회는 3대 「정강」의 하나인 자족자급의 경제운동 노력을 더 이상

38) 「동지식산회사재정보고」, 『재미한인민족운동자료』, 국가보훈처, 1998, 309쪽.

추진할 수 없었다. 대신 동지회원 개개인에게 경제활동의 사명을 맡길 수밖에 없었다.

2. 동지회의 확장시도와 연합활동

동지회가 조직을 확충하며 대대적 변화를 시도한 때는 1930년 7월 15~21일까지 호놀룰루에서 개최한 동지미포대표의 시기다. 동지식산회사의 실패로 위축되어 있던 이승만은 하와이내 통일운동의 기운과 광주학생운동으로 나타난 독립운동의 열기를 이용해 동지회의 부흥과 동지회로의 역량 집중을 꾀하고 자신의 위상을 강화하고자 동지미포대표회를 개최했다.

동지미포대표회는 13개의 결의안을 채택했다. 이중 핵심사항은 「헌장」의 제정, 구미위원부와 임시정부 사이의 법통관계의 정리, 구미위원부에 대한 적극후원, 「정강」의 확정, 동지회를 독립운동의 유일한 정치단체로의 확정 등이었다. 즉, 설립목적을 '국가광복'에 두고 구미위원부를 후원하며 강력하게 독립운동을 추진하는 그런 동지회로 만들겠다는 것이었다.

새로 제정된 「헌장」의 주요 핵심은 총재의 권한을 대폭 강화한 것이다. 회원은 공중 추대된 총재를 수령으로 해서 직권 복종할 의무가 있었고 총재는 이사부와 대표회를 총관리하고 지배토록 했다.[39] 총재의 임기나 총재의 헌장 위반에 대한 제재조항을 명시하지 않아 종신 독재의 총재제를 만들었다. 다음으로 총재의 대정방침을 보좌하기 위해 9인의 중앙이사부를 신설했고 행정을 집행할 부서로 실업부·외교부·선전부·장재부·청년부 등 5부를 두었다. 이와 함께 동지미포대표회는 기존의 「정강」과 『조례』를 기반으로 해서 동지회를 독립운동의 유일한 정치단체로 확정했다.[40] 총재인 이승만의 권한을 「헌장」에서 합법적으로 보장함으로

39) 「동지회 동지미포대표회회록」, 『미주한인민족운동자료』, 국가보훈처, 1998.

써 동지회는 이승만 중심의 정치단체로 확고히 자리잡게 되었다.

그러나 동지미포대표회의 결과는 원만하지 못했다. 이승만이 힘을 기울인 9인의 중앙이사부 조직은 그의 뜻대로 되지 않아 난항을 겪었고 김현구와 손덕인 등 하와이 교민단 옹호세력이 동지회의 세력 확대와 교민단의 역할 축소에 반발해 민중화를 주장하며 이승만과 정면충돌했다.[41] 특별히 김현구는 1930년 8월 26일자로 이승만의 명령에 의거해 교민단 총임원회에서 결의한 임시지방순행의 임무와 『국민보』 주필의 직임, 그리고 교민총단 재무 및 서기의 직임 모두를 사면한다는 「사면청원서」를 『국민보』에 게재해 논란을 확산시켰다. 이승만이 사면을 명령한 이유에 대해 그는 동지회에 반대하는 글을 썼다는 것과 교민단의 사정을 각 지방에 알리기 위한 순행계획 때문이라 했다. 그래서 일반 민중의 중의를 묻기 위해 『국민보』에 게재한 것이라 하면서 이승만의 처사에 대항했다. 그리고 교민단측은 이승만이 동지식산회사의 실패를 만회하고자 교민단을 동지회에 합하여 교민단의 재산을 처분하려 한다고 의심했다.[42] 이로 인해 동지회와 교민단과의 법정소송으로 비화되어 동지회의 발전은 커녕 이승만을 매우 곤혹스럽게 만들었다.

이승만은 1931년 7월 만보산사건과 9월 일제의 만주침략을 계기로 극동에서 중일간의 전운이 고조되자 구미외교를 추진한다는 명목으로 하와이를 떠나 1931년 11월 21일부터 1935년 1월 24일까지 워싱턴과 유럽 등지에서 외교활동을 전개했다.[43] 동지식산회사의 운영실패와 동지회

---

40) 1924년 11월에 만든 동지회의 4대 「진행방침」은 내용은 그대로 인 채 명칭만 「조례」로 바뀌었다.

41) 세부 내용에 대해선 홍선표, 「이승만의 통일운동」, 『한국독립운동사연구』 11, 1997과 김도형, 「1930년대 초반 하와이 한인사회의 동향」, 『한국근현대사연구』 9, 1998 참조.

42) 『태평양주보』, 1931년 8월 22일, 「통일키 위한 우리의 노력」.

부흥운동의 실패가 이승만으로 하여금 오랫동안 하와이를 떠나 있게 만들었다고 볼 수 있다.

동지미포대표회 이후 동지회의 외형 조직은 확대된 것으로 나타나지만 실상은 하와이 교민단과의 불화와 내부 분열로 급격히 위축되었다. 이런 상황에서 만보사사건과 만주사변이 발생하자 대외활동을 통해 회세를 만회시키려 했다. 동지회는 1931년 12월 14일 개최한 중앙부 이사회를 통해 현 시기의 당면 과제이자 대정방침으로 다음의 3대 의안을 결의했다.

> 1. 비상한 이때에 임시정부 기반을 더욱 공고케 하기 위하여 동지회 중앙부에서 미・포・묵에 산재한 1만명 교류민에게 인구세를 수합하여 임시정부로 납부케 한 사.
> 2. 양서에 산재하여 있는 1만 명 우리들은 2천 3백만을 대표한 대외기관인 구미위원부를 중심하고, 믈력과 정신을 총집중하기로 중앙부 서무부에 위탁하여 운동케 한 사.
> 3. 재만동포의 구휼금을 시급히 수룡하기로 서무부에 위탁한 사.[44)]

요컨대 동지회는 안으로 임시정부를 공고히 하여 대외활동을 개시토록 기반을 다지며, 밖으로 구미위원부를 중심으로 물력과 정신을 총집중시켜 외교활동을 강화하기로 했다. 이를 실천하기 위해 인구세와 재만동포의 구휼금 수합운동을 전개하겠다고 했다. 이같은 동지회의 대외활동 방침은 이전에 있었던 분열과 파당을 극복하려는 민족적 입장에서 나온 것이라 했는데[45)] 향후 독립운동에 앞장서겠다는 의지를 보여주는 것이

---

43) 이승만의 제네바 활동에 대해서는 方善柱, 「1930년대 재미한인의 독립운동」, 『한민족독립운동사』 8, 1990, 437~448쪽 및 柳永益, 『이승만의 삶과 꿈』, 중앙일보사, 1996, 174~188쪽.

44) 『태평양주보』, 1931년 12월 19일, 「사설」 및 「중앙부이사회록」.

었다.

이어서 동지회는 「특수한 지위와 비상한 시기에 처한 미·포·묵 동포에게 고함」이라는 글에서 미국에 대한 외교활동과 전체 한인의 정치적 대단결의 방향을 다음과 같이 제시했다.

> 첫째, 미·포·묵 각지의 우리 동포를 크게 뭉치어 정치적 일대 단결을 지을 것.
>
> 둘째, 미국에 대한 우리 외교를 철저히 할 것.
>
> 셋째, 상해·만주·시베리아 등 해내 해외의 모든 동포와 참으로 한 덩어리가 되어 중국과 협력하여 왜적의 불의를 깨뜨릴 노력을 준비 실행할 것.[46]

이러한 입장에서 동지회는 구미위원부를 중심으로 워싱턴과 유럽에서 추진한 이승만의 외교활동을 적극 후원하였다. 이승만은 윤봉길의거로 인해 안창호를 비롯한 무고한 한인 11명이 일제에 체포되자 구미위원부의 이름으로 1932년 5월 4일 프랑스대사관에 공문을 보내 상해거류 한인보호에 협조에 줄 것을 요청해[47] 프랑스 정부로부터 긍정적인 회신을 받았다.[48] 이러한 모습은 상해 임정 요인에 대한 이승만과 동지회의 관심을 잘 보여주는 것이다.

동지회는 대외활동을 전개하면서 대한민국임시정부를 우리 민족의 대표기관으로 인정하겠지만, 외교적인 후원활동은 구미위원부의 지휘 하에

---

45) 위와 같음.

46) 『태평양주보』, 1932년 3월 30일자.

47) 『태평양주보』, 1932년 6월 1일, 「상해 체포한인 석방을 법국대사에 요구한 구미위원부 공문」.

48) 『태평양주보』, 1932년 6월 1일, 「상해한인 체포사건 선후책에 대한 동지회 태도」.

이루어져야 한다는 기존 입장을 되풀이 했다.[49] 이것은 동지회가 이승만의 구미위원부 활동을 현 상해 임정이 아니라 한성임시정부의 법통성에 두고 있었기 때문이다. 하지만 동지회는 인구세와 구휼금의 수합 등을 통해 임정을 지원함으로써 그동안 소원했던 이승만과 임시정부 간의 관계를 회복시키려는 의지를 보여 주었다. 이것은 이승만의 대외입지 강화는 물론 상해 임정에게도 반가운 처사였다.

동지회는 이승만에 대한 외교후원을 통해 정치적 대단결을 주장하고 대외활동을 강화하면서 내부의 형편도 훨씬 나아지기 시작했다. 1932년 2월 22일 신흥국어학교에서 200명이나 되는 신입 회원들이 입회하기도 했는데, 이것은 동지회 설립 이래 최대의 경사였다. 이것은 교민단과의 분쟁 이후 동지회가 이승만의 외교활동을 후원하면서 점차 회세를 발전시켜 나갔음을 의미한다.

1933년 동지회는 외교활동을 각 단체에서 개별적으로 전개하는 것보다 협력해서 진행하는 것이 필요하다는 명분을 내세워 제단체 연합운동을 전개했다. 그 결과 동년 4월 9일 한인연합협의위원회를 조직하여 15개조의 규칙과 함께 기관보로 『협의회보』를 발간했다.[50] 참가한 단체는 동지회를 비롯하여 정부후원회, 대조선독립단, 동생회, 조미구락부, 와히아와공동회였다.[51] 한인연합협의위원회는 한국 독립을 위해 민중의 역량을 집중하며 독립운동의 전선을 널리 협의하는 것을 목적으로 설립되었다.[52] 조직의 구성원은 각 단체에서 선출한 대표로 이루어졌고, 1933년도 위원장은 임성우가 맡았다.

---

49) 위와 같음.

50) 『新韓民報』, 1933년 8월 10일, 「하와이」; '한인연합협의회 조직'.

51) 『新韓民報』, 1933년 6월 29일, 「하와이」; '외교운동을 각 단체에서 따로'.

52) 『新韓民報』, 1933년 8월 10일, 「하와이」; '한인연합협의회 조직'.

한인연합협의위원회는 한국 독립을 위해 민중의 역량을 집중하며 독립운동의 전선을 널리 협의할 목적으로 조직되었다. 그러나 자료 미비로 구체적인 활동을 파악하기 어렵다. 1933년 3월 김규식이 대일전선통일동맹의 가입과 한중민중대동맹 미주지부의 결성, 그리고 의연금 모집을 목적으로 도미한 이후 동년 7월 하와이를 방문했을 때 한인연합협의위원회가 동지회를 중심으로 대대적인 환영행사를 준비하며 모습을 드러내고 있다. 그렇지만 1934년 10월 대조선독립단이 하와이 대한인국민회에 합류한 이후 한인연합협의위원회는 유명무실해졌다.

한인연합협의위원회의 설립을 통해 동지회는 그동안 위축되었던 회세를 상당 정도로 만회하고 이후 하와이 한인사회의 중심적인 단체로 발돋움할 수 있었다. 대체로 동지회의 회원은 북미지역을 포함해 적게는 200～300명에서 많게는 1,000여명 정도였다. 하와이대학교 한국학센터에는 1930년부터 1938년까지 작성된 것으로 보이는 『대한인동지회 회적』에는 964명의 회원 카드가 수록되어 있는데 중복된 회원 등을 뺄 때 934명을 헤아리고 있다.[53] 이 숫자도 1930～1938년까지 적을 두었던 동지회의 연회원을 의미하므로 동지회 회원 총수라고 말하기 어렵다. 참고로 1944년에 재미한족연합위원회 의사부에서 조사한 하와이 한인사회의 주요 단체 회원수를 보면 대한인국민회 650여명, 동지회 650여명, 민족혁명당하와이총지부 60여명, 대한부인구제회(국민회측) 300여명, 대한애국부인회 150여명, 한국독립당하와이총지부 250여명, 중한민중동맹단 30여명 정도로 파악했다.[54] 이렇게 볼 때 동지회의 회세는 하와이 대

53) 이덕희, 앞의 책, 332쪽. 한편 고정휴는 「대한인동지회 회원 분석」, 『한국민족운동사연구』 40, 2004에서 958명으로 계산하여 약간의 차이가 있다.

54) 독립기념관 소장자료(도1376), 「Korean Organization in the United States and Hawaii」.

한인국민회와 거의 대등한 수준이었다고 볼 수 있다.

1930년대 중반부터 동지회는 회복한 회세를 바탕으로 하와이 한인사회의 합동운동을 추진했다. 1930년대 미주한인사회는 북미의 대한인국민회를 시작으로 통일운동이 일어나고 있었다. 이런 가운데 1935년부터 하와이 한인사회에는 동지회와 새로 복설한 대한인국민회 사이에 합동의 기운이 일어났다. 두 단체가 본격적인 합동운동에 돌입하게 된 때는 1937년 7월 중일전쟁이 발발하면서부터였다. 비상한 시기에 임정의 독립운동을 후원해 광복의 대업을 달성하고자 인심과 물력을 집중하자는 공통된 인식이 두 단체의 합동운동을 촉진시켰다. 이에 따라 1937년 8월부터 12월까지 1차 합동회의와 1938년 8월부터 12월까지 2차 합동회의를 개최했다.[55] 2차 합동회의는 '연합의회'라는 이름으로 10회에 걸쳐 진행되었다. 그 결과 회명을 '대한인회'로 정하였고, 새로운 총회장의 후보도 국민회는 조병요를, 동지회는 김이제를 각각 후보로 내세우는 성과를 얻었다. 그렇지만 총회장을 어떻게 뽑을 것인가를 두고 동지회는 하와이 한인 전체의 공동투표 방식을, 국민회는 회원 의무를 이행한 자에게 한정하자고 맞서 결국 이견을 좁히지 못하고 합동운동은 실패하고 말았다.

1930년대 후반에 진행된 동지회와 하와이 대한민국민회 간의 합동운동에 대해 이승만은 표면상 일체 관여하지 않았다. 이승만은 1935년 1월부터 유럽에서의 외교활동을 마친 후 하와이에 머물고 있었다. 이승만이 두 단체의 합동운동에 관여하지 않은 것은 개인적으로 신혼 초기였다는 점도 있었겠지만,[56] 1930년 두 단체 사이에 있었던 분쟁 발발의 책임을 의식하여 대외활동을 극도로 자제한데 따른 것으로 보인다. 동지회

---

55) 이에 대해, 홍선표, 「1930년대 후반 하와이 한인의 통일운동」, 『한국독립운동사연구』 12, 1998 참조.

56) 이승만은 1934년 10월 8일 뉴욕 렉싱턴가에 위치한 몽클래어호텔에서 프란체스카 도너와 결혼하였다.

가 동지회의 이름을 버리고 새로운 통합단체를 만드는데 종신・독재 총재인 이승만의 동의 없이 진행한다는 것은 있을 수 없는 일이었다. 때문에 그의 대외활동의 자제는 하와이 한인사회에 잠재되어 있던 반이승만 측의 심리를 누그러뜨려 1・2차의 합동운동을 순조롭게 진행시키는 한 요인으로 작용했다. 따라서 이승만의 침묵적인 행동은 이번 합동운동에 결코 무관심했다거나 방임한 것으로 볼 수 없고 하와이 한인사회의 통일과업을 달성하려는 암묵적인 무언의 지지로 이해된다.

1930년대 후반 동지회와 하와이 대한인국민회 간의 합동운동의 경험은 그 성패 여부를 떠나 하와이 한인사회를 새롭게 정돈하고 상호 이해를 촉진시키는 계기를 마련해 주었다. 이를 바탕으로 동지회는 동지회대로, 대한인국민회는 국민회대로 안정된 조직을 구축할 수 있었다. 예컨대 동지회는 두 차례나 시도한 하와이 대한인국민회와의 통일운동에 비록 성과를 거두지 못하였으나 이를 계기로 한인사회에 동지회에 대해 좋은 여론과 동정을 얻게 되었음을 자평하였다.[57] 사기가 고무된 동지회는 1939년 1월 25일에 열린 동지대표회 제9차 속회에서 그동안 활동하지 않던 구미위원부를 매월 1백 달러의 경비로 재건하기로 결의했다.[58]

1922년 2월 워싱턴군축회의 종결 이후부터 명의만 보전해 왔던 구미위원부를 재건하게 된 배경에는 중일전쟁의 확산, 제2차 세계대전을 앞둔 유럽의 전운, 그리고 1938년 9월부터 중한민중동맹단의 대표로 미국에 건너가 활발한 외교운동을 시작한 한길수의 활동 등이 영향을 미쳤다. 이승만의 외교활동 재개에 대해 동지회는 적극적으로 돕겠다는 입장이었다. 동지회 중앙부장 손승운은 '한성임시정부가 조직될 때 외교선전의 사명을 미주에 있는 우리에게 부탁하였고, 중일전쟁 이후 현 상황이

57) 『태평양주보』, 1939년 28일, 「대한인동지회 전체대표회」.

58) 『태평양주보』, 1939년 1월 18일 및 2월 4일, 「동지대표회록」.

외교선전활동을 전개할 때이다'[59]라고 강조하여 이승만의 구미위원부 외교활동 재개가 정당성과 명분을 갖춘 길임을 강조했다.

동지회는 구미위원부의 활동 재개문제를 동지회 회원들과 하와이 전체 한인들의 적극적인 지원 속에 추진하였다. 이렇게 하여 1939년 2월 12일 한인공동대회와 3월 16일 특별공동회의 개최,[60] 3월 19일 하와이 전체 한인들을 대상으로 한 공동대회가 이루어졌다.[61] 이런 일련의 노력을 통해 동지회와 이승만은 명분상 한인 민중의 뜻과 지원을 받들어 구미위원부가 외교활동을 재개한다는 모양을 취할 수 있었다. 때문에 이승만은 1939년 3월 30일 하와이를 떠날 때, 워싱턴의 외국 친구들과 미주 동포들의 요청, 그리고 하와이 동포들의 부탁을 받고 독립을 위한 외교활동을 추진하기 위해 워싱턴으로 떠나게 되었다고 했다.[62] 동지회는 새로 시작하는 구미위원부의 외교활동이 단순히 이승만의 개인활동이 아니라 민족독립을 위한 중차대한 외교적 사명을 감당하기 위한 것으로 간주하고 동지회의 대내외적 위상을 부각시키는 계기로 삼았다.

1940년에 들어서서 유럽에서 발생한 제2차 세계대전이 더욱 확대되고 미국의 참전 분위기가 형성되자 미국 국방을 후원하기 위한 하와이 한인들의 공동노력이 추진되었다. 이에 따라 동지회는 1940년 10월 13일 하와이 5개 한인단체의 대표들과 함께 연합한인위원회를 조직하였다.[63] 연합한인위원회는 미국의 국방활동을 전적으로 후원할 목적으로 조직되었다. 그러나 10월 20일 발표한 「연합한인위원선언서」를 보면 미국 국

59) 『태평양주보』, 1939년 2월 4일, 「사설」, '위원부 문을 개방하자'

60) 『태평양주보』, 1939년 3월 18일, 「광고」.

61) 『태평양주보』, 1939년 3월 18일, 「광고」 및 3월 25일, 「공동대회 좋은 결과」 참조.

62) 『태평양주보』, 1939년 4월 1일, 「이박사 전별회」.

63) 재미한족연합위원회 편, 『해방조선』 나성과 하와이, 1948, 149쪽.

방을 위한 후원 외에도 궁극적인 목표를 한국의 독립과 식민지 민족의 해방에 둠으로써[64] 이 조직이 한국독립운동의 일환으로 만들어졌음을 보여주었다.

연합한인위원회에 참가한 하와이 6개 단체와 24명의 대표들은 다음과 같다.

대한부인구제회(동지회) : 정순이 · 김순연 · 손노디 · 이유실
대한부인구제회(국민회) : 심영신 · 곽명숙 · 김차순 · 김매들린
중한민중동맹단 : 정두옥 · 차신호 · 손창희 · 김영선
대조선독립단 : 정태영 · 박성달 · 현순 · 이명선
동지회 : 손승운 · 이원순 · 안현경 · 도진호
대한인국민회 : 안원규 · 김원용 · 김태원 · 김현구[65]

10월 20일 모임에서 9개의 합의사항과 연합한인위원회의 부서와 임원이 선정되었다. 연합한인위원회는 관리부 · 선전부 · 구호부 · 훈련부 · 조사부 · 재정부등 총 6부로 구성하였고, 인선은 참가한 단체 모두에게 골고루 안배되었다.[66]

64) 위와 같음.

65) 『태평양주보』, 1940년 10월 29일, 「각 단체 대표대회」.

66) 각 부서의 임원들을 보면 다음과 같다.
1. 관리부 : 의장 이원순, 부의장 김현구, 서기 김원용, 재무 안원규.
2. 선전부 : 의장 김원용, 부의장 안현경, 평의원 김영기 · 임두화 · 정두옥.
3. 구호부 : 의장 손노디, 부의장 심영신, 평의원 민찬호 · 임성우.
4. 훈련부 : 의장 조병요, 서기 차신호, 외교원 양유찬, 평의원 권도인 · 박태균.
5. 조사부 : 의장 김현구, 부의장 도진호, 평의원 조광원 · 현순.
6. 재정부 : 의장 손승운, 서기 정봉관, 회계 안원규, 평의원 최선주 · 안

연합한인위원회는 미국의 참전분위기 속에 미국의 국방원조라는 대의명분 속에 이루어졌으나 1930년대 후반 동지회와 국민회 사이에 추진된 합동운동의 산물이었다. 연합한인위원회는 해외한족대회를 계기로 결성된 재미한족연합위원회로 인해 1941년 5월경 해소된 것으로 보인다.[67)]

연합한인위원회 결성 이후 동지회는 대한인국민회와 함께 3·1절 기념행사와 광복군후원활동을 공동으로 추진했다. 임정의 광복군 창설계획은 1940년 1월 22일자로 보낸 임시정부 공함과,[68)] 5월 23일자 김구 공함,[69)] 9월 2일자 김구 공함 등을 통해 미주한인사회에 널리 알려졌다.[70)] 이런 일련의 소식을 접한 미주한인사회는 광복군후원문제에 대해 적극 관심을 가졌다. 동지회는 3·1절 행사를 대한인국민회와의 연합으로 거행할 것을 각 지회에 지시했는데[71)], 그 결과 1941년 3·1절 기념식을 하와이 한인 단체의 연합으로 성대히 치루고 광복군 후원을 위해 총 2,000여 달러의 금액을 모았다. 이는 하와이 한인들 스스로도 놀라운 일로 평가했다.[72)] 이런 분위기 속에 당시 3·1절 경축위원장이던 하와이 대한인국민회의 안원규는 1941년 3월 10일 하와이 각 단체에 보낸 「윤첩」에서 광복군 후원활동을 상설화할 것을 요청했고,[73)] 3월 13일 국민회와 동지

창호.

67) 『新韓民報』, 1941년 5월 22일, 「재미한족연합위원회 하와이의사부」.

68) 『新韓民報』, 1940년 2월 15일, 「임시정부의 광복군 조직」.

69) 『新韓民報』, 1940년 6월 13일, 「임시정부 독립광복군 조직」.

70) 『新韓民報』, 1940년 10월 10일, 「국민회총회 중요결의」 및 『태평양주보』 1940년 10월 12일, 「광복군성립을 비준」.

71) 하와이 제 단체의 3·1절 연합행사 방안은 시카고동지회의 보고에서 확인된다. 이 보고에 따르면 시카고동지회는 동지회 중앙부의 명령에 의거하여 시카고 국민회와 합동으로 3·1절 기념식을 성대히 거행하였음을 밝혔다. 『태평양주보』, 1941년 3월 22일, 「보고」.

72) 『태평양주보』, 1941년 3월 29일, 「대한광복군후원금 청연」.

회는 이에 화답해 대한광복군후원금관리위원회라는 연합체를 조직했다.[74] 동지회와 대한인국민회가 공동협력을 통해 대동단결의 힘을 보여주고 독립운동의 열기를 확산시켜 나간 것은 이후 있을 해외한족대회를 성공적으로 개최하는 기반이 되었다.

Ⅳ. 동지회의 독립운동

1. 동지회와 재미한족연합위원회의 결성

1940년 9월 2일 북미 국민회는 하와이의 국민회와 동지회에 대해 광복대업을 효과적으로 달성하기 위해 서로 합동할 것을 제의했다. 이러한 제의에 따라 11월 5일부터 두 국민회와 동지회의 대표가 하와이에 모여 합동준비위원회를 열고 다음의 「결의안」에 합의했다.

1. 현하 각 단체의 실정이 그 자체를 해소하고 단일당을 결성하기에 준비되지 않은 까닭에, 해외 한인 전체의 공동결의로 연합기관을 조직하고 독립운동의 모든 행사를 그 기관에 일임하기로 함.
2. 각 단체들은 연합기관의 세포기관이 되어서 독립운동에 대한 의무를 분담하되, 다만 그 자체에 관한 일에는 자의 행사하기로 함.
3. 각 단체가 이 결의안을 일치 동의하면 海外韓族大會를 열기로 함.[75]

---

73) 『新韓民報』, 1941년 3월 27일, 「윤첩」

74) 이때 선임된 임원은 위원장 안원규(국민회), 재무 손승운(동지회)·조병요(국민회), 위원 김원용(국민회)·도진호(동지회)이다. 태평양주보』, 1941년 3월 29일, 「대한광복군후원금 청연」 및 『新韓民報』, 1941년 4월 3일, 「한국광복군후원회 조직」.

위 「결의안」에 의거 세 단체는 해외한족대회 개최 준비에 들어갔다. 해외한족대회의 공동 의제는 대한민국임시정부를 중심으로 모든 힘을 결집시켜 광복대업을 촉성하되 정치・군사・외교의 3대운동과 경제적인 후원방법을 강구하는데 있었다.

해외한족대회는 북미 국민회, 하와이 국민회, 동지회 이 세 단체가 중심이 되어 추진되었다. 이들 세 단체가 사실상 미주한인사회를 대표하는 단체였기 때문이다. 이밖에 군소단체의 대표가 포함해 총 9개의 단체 대표들이 모인 가운데 1941년 4월 20일 호놀룰루에서 해외한족대회가 개최되었다. 동지회 대표인 이원순은 '미포동지들께'라는 글에서, 해외한족대회는 피할 수 없는 시대적 요청에 의해 시작되는 것이라 하여 이번 대회에 거는 동지회의 관심이 얼마나 큰지를 보여주었다.[76]

해외한족대회에서 결의된 사항은 세칙과 규정을 포함해 총 7개조로 이루어진 「결의안」으로 정리되었다. 「결의안」의 주요 내용은 '독립전선의 통일', '임시정부의 봉대', '군사운동', '외교운동', '미국 국방공작 원조', '재정방침', '재미한족연합위원회의 설치' 등 일곱 가지였다.

해외한족대회에서 동지회가 집중한 사안은 외교사업이었다. 이것은 중한민중동맹단측도 마찬가지였다. 이미 중한민중동맹단 대표 한길수는 1938년부터 미국 정부와 국회를 대상으로 외교활동을 활발히 전개하고 있었고, 그 뒤를 이어서 동지회의 이승만이 1939년부터 구미위원부 의문을 열고 외교활동을 추진하고 있었다. 그렇지만 이들의 외교활동은 임시정부로부터 전혀 인정받지 못했다. 먼저 임시정부는 중한민중동맹단이 본단의 존재와 한길수의 외교사업을 인준해 달라는 요청에 대해, 외교목표와 선전주지가 득당치 못하기 때문에 그 교정을 지시하고 허락하지

---

75) 김원용, 앞의 책, 400쪽.

76) 『태평양주보』, 1941년 4월 12일, 「미포동지들께」.

않았다.[77] 또 이승만의 외교활동을 위해 동지회에서 요청한 구미위원부 부활건에 대해서는 임시의정원에서 구미위원부를 이미 폐지하였으므로 허락할 수 없다는 입장이었다.[78] 이런 상황에서 해외한족대회에서 외교사업을 임시정부의 인준을 받아 시행하겠다고 하는 것은 두 단체가 그동안 시도한 외교활동의 정당성뿐만 아니라, 소속 단체의 대내외적 위상 문제까지 영향을 끼칠 수 있는 중요한 문제였다.

동지회나 중한민중동맹단은 이번 외교사업 문제에 대해 적극 매달리지 않을 수 없었다. 먼저 동지회 대표 이원순은 「임시정부와 대미외교」라는 글에서 오래 전에 설립한 바 있고 최근 활동을 재개한 구미위원부와 이승만을 중심으로 외교활동을 전개한다면 모든 일이 순서적으로 진행될 것이라 주장하여 동지회의 입장을 강하게 주장하였다.[79] 동지회는 이번 대회를 주관한 세 단체 중의 하나로 우월적인 위치에 있었으므로 이승만 1인으로 한정하여 외교사업을 독점하기를 바랬다. 반면 중한민중동맹단은 "외교단을 조직하여 이미 외교선전사업을 시작한 인사들이나, 새로 증가되는 인원들이라도 이 범위 안에서 일치한 행동을 취케할 것이오" 하여,[80] 이번 대회가 기존의 외교활동을 모두 포괄하는 형태로 추진할 것을 기대했다. 현실적으로 볼 때 중한민중동맹단의 회세가 대회의 주도권을 가진 동지회에 비해 열세였기 때문에 이왕에 추진 중인 한길수의 외교활동을 포함해 서로 협력해서 외교활동을 전개해야 한다는 생각을 가졌다.[81]

---

77) 『韓國獨立運動史資料』, 臨政篇1, 「大韓民國臨時議政院 記事錄」(大韓民國 21년~23년), 국사편찬위원회, 1983, 93쪽.

78) 위와 같음.

79) 『태평양주보』, 1941년 4월 19일, 「우리의 임시정부와 대미외교」.

80) 「중한민중동맹단 선전문」 제70호(1941.4.18), 앞의 글, 697쪽.

81) 그렇기 때문에 이번 대회 참가도 대표자 1인만 참가할 수밖에 없었다.

이런 양측의 입장 차이 때문에 이견 조정이 쉽지 않았는데 북미 대한인국민회 대표 김호의 절충안으로 해결되었다. 즉, 그는 1인으로 외교사무를 전무하되 시국의 전개와 사무의 증가에 따라 인원을 증원시키며, 외교위원부에 관한 모든 것은 임시정부로부터 정식 승인을 받은 후 진행할 것을 제안했다.[82] 그리고 그는 외교사무를 담당할 1인을 이승만으로 추천했는데 그 이유를 첫째, 자격, 신용, 배경 등을 조사해 볼 때 40년의 애국성의를 가진 이승만 만한 인물이 없다는 것과, 둘째, 이승만을 외교의 중심인물로 삼아 추진하지 않으면 수 십년 동안 그를 추대한 동지회를 배제시키는 셈이니, 이는 이번 대회의 목적인 대동단결의 노력을 실패로 돌리게 될 것이라는 점, 셋째, 이승만에 대한 반대자는 소수의 식자층인 반면 그의 임명을 찬성하는 민중은 다수라는 점 때문으로 보았다.[83] 1920년대와 30년대 초까지 이승만의 외교활동을 적극 후원하며 동지회 리들리지회장으로 활동한 바 있는 김호가 이승만에게 해 줄 수 있는 최선의 제안이었다.

외교업무가 이승만 1인으로 결정되자 한길수를 추대하던 중한민중동맹단은 한 때 대회 탈퇴까지 주장하면서 거세게 반발하였다. 이에 따라 한길수를 외교원보다 미국 국방에 대한 봉사원으로 활동하도록 무마시킴으로써 외교활동을 둘러싼 문제를 일단락시켰다. 하지만 대회이후 한길수의 활동영역이 미국 국방의 봉사원보다 외교원으로 활동함에 따라 이후 외교활동을 둘러싼 이승만과 한길수 사이에 대립의 여지를 남겨두었다.

대체로 볼 때 해외한족대회는 성공적으로 치러졌다. 특히 재미한족연합위원회의 설립은 1909년 2월 통합 단체인 국민회 설립 이래 해외한족

82) 『태평양주보』, 1941년 5월 3일, 「한족대회의 3대운동」.

83) 위와 같음.

대회가 거둔 미주한인사회의 최대의 성과였다.[84] 중경의 임정과 조선민족전선연맹은 해외한족대회의 성공을 높이 평가하였고 향후 임정 중심의 통합에 박차를 가했다.[85] 워싱턴DC에서 외교활동을 전개하던 이승만은 이번 대회에서 동지회의 노력으로 자신을 외교대표로 선임해 주고 향후 외교활동을 추진하는 정당성을 부여해 준 데에 대해 무척 고무된 것 같다. 그는 피차 호의를 가지고 의사를 교환하여 민족운동을 위해 합심합력하기로 작정하고 일하게 된 것은 과연 축하할 만한 성과라 하여 해외한족대회의 성공적인 개최를 축하해 주었다.[86]

재미한족연합위원회(이하 '연합회') 결성 이후 동지회는 하와이 국민회와 함께 핵심적인 역할을 맡았다. 의사부와 집행부로 이루어진 연합회에서 동지회는 의사부에 소속되어 위원장(이원순)과 공동 재무(손승운), 공동 서기(도진호) 등의 직임을 맡아 하와이 국민회와 함께 연합회 의사부를 실질적으로 이끌어갔다.[87] 이것은 동지회에 대한 하와이 국민회의 배려라고 볼 수 있으나 하와이 한인사회에 위치한 동지회의 위상을 잘 보여주었다.

미일전쟁이 발발하기 전까지 연합회는 독립금을 수합해 임시정부를 비롯해 주미외교위원부의 이승만과 국방공작봉사원 한길수의 활동을 지원하는데 주력했다. 미일전쟁이 발발하고 1942년 4월 로스앤젤레스에서 처음 열린 제1차 전체위원회 때부터 연합회는 소극적인 지원활동에서

84) "What UKC stand for", *The New Korea*, Feb. 11, 1943.

85) 『新韓民報』, 1941년 6월 26일, 「임시정부 당국은 한족대회를 가장」; 「第33回 議會議事錄」, 『韓國獨立運動史 資料』(臨政篇) 1, 117~118쪽.

86) 『太平洋周報』, 1941년 5월 31일, 「해외한족대회를 치하」.

87) 하와이 국민회는 부위원장(안원규), 공동 재무(조병요), 공동 서기(김원용) 등의 직임으로 참여했다.

벗어나 보다 적극적인 활동을 계획했다. 임정의 외교적 지원과 정보활동 등을 위해 중경특파원 파견계획을 수립했고 미국 국방을 후원하기 위한 일환으로 미국방공채의 매입과 한인경위대의 창설을 추진했다. 그리고 한인 동포들의 재산과 신변을 보호하기 위한 한인신분증을 발급하였고, 미일전쟁 이후 더 높아진 광복의 꿈을 실현하고자 연구과를 신설하며 주미외교위원부의 사무를 확대하고자 했다.[88)]

미일전쟁 이후 연합회가 대외활동을 강화할 계획을 수립했으나 실제 추진은 집행부가 담당했다. 동지회와 하와이 국민회가 중심이 된 연합회 의사부는 미일전쟁 직후 발령된 하와이 내 전시계엄령 때문에 언론활동과 집회활동이 크게 제한되었기 때문이다. 따라서 동지회는 하와이 국민회와 함께 연합회의 대외활동을 강화하기 위한 재정지원에 주력하였다.

결성 초기 연합회는 이승만의 대외활동을 방해받지 않고 진행시키는데 적극 지원했다. 예컨대 국방공작원으로 임명된 한길수가 워싱턴 정가를 중심으로 활발한 외교활동을 전개하여 공식 외교대표인 이승만의 외교활동 영역을 침범하고 이로 인해 상호 충돌하는 일이 일어나자 1942년 1월 집행부측인 한시대와 송헌주의 조사에 따라 한길수의 왜곡된 행위를 문제 삼았다. 이로 인해 한길수는 국방봉사원직에서 사퇴하고 연합회를 떠났다. 연합회 집행부가 이승만의 입장을 적극 두둔해 한길수를 떠나게 한 데는 연합회를 공동으로 이끌고 있는 동지회에 대한 배려였다고 볼 수 있다.

2. 동지회 북미총회의 결성과 독자노선

(1) 대한인동지회북미총회의 결성과 활동

미일전쟁 발발 이후 하와이가 군사계엄령 하에 들어가면서 한인단체

---

88) 『新韓民報』, 1942년 5월 14일, 「재미한족연합위원회 제1차 전체위원회의 결의안」.

들의 대외활동은 극히 제한되어 자유로운 활동을 추진하기 어려웠다. 그런데다 제2차 대전 발발 이후부터 미주한인의 활동 근거지는 하와이가 아닌 미국 본토, 특히 워싱턴DC를 중심으로 이루어졌다. 때문에 연합회를 설립했어도 하와이의 연합회 의사부는 독립금의 모금과 지원활동에만 주력할 뿐 주요 대외활동은 활동이 자유로운 미국 본토의 연합회 집행부가 전담했다. 이런 연유로 하와이에 편중되어 있는 동지회 중앙부만으로는 활발한 대외활동은 물론 동지회의 발전조차 기대하기 어려웠다.

이러한 정세 판단 하에 미국 본토에 산재해 있던 동지회 지부는 동지회의 사명이 정치운동에 있다고 판단하고 하와이 중심이 아니라 정치활동의 중심지이자 활동이 비교적 자유로운 미국 본토를 중심으로 한 대외활동 방안을 모색했다. 그런데 당시 넓은 미국 각 지역에 분산되어 있던 동지회 지부를 그대로 두고는 동지회가 효율적인 대외활동을 전개하기란 불가능했다. 이런 점을 인식하던 북미 각 지방 동지회는 역량을 결집해 통일된 행동을 추진하였다. 1942년 6월 18~20일 북미 동지회지부는 시카고지부(회장 장인명)의 주최로 시카고에서 각 지방 대표들이 모인 가운데 북미동지대표회를 개최하였다.[89] 참석한 동지회 각 지부의 대표는 다음과 같다.

시카고지방회 대표 남정헌・김홍기
나성지방회 대표 김종림
뉴욕지방회 대표 안어진・최용진
몬타나지방회 대표 정택은(대리)

4차에 걸친 회의에서 북미지방 동지회 대표들은 10개항의 의제를 갖고 토의를 실시하였다.[90] 결의된 주요 내용은 먼저 '북미동지회총지부'라

89) 『국민보-태평양주보』,1942년 8월 26일, 「북미지방 동지대표회록」.

고 명명한 연맹체를 조직하기로 하였고 그 밑에 의사부와 행정부를 두기로 했다. 의사부는 각 지방에서 선정한 대표 1인으로 구성하였고 행정부는 북미동지회 총지부장 남궁염, 서기 김세선, 회계 최용진, 편집부원 안어진으로 선임했다. 임원의 임기는 1년으로 했고 총지부의 위치는 임시로 뉴욕에 두기로 했다. 행정부에 편집부원을 둔 것은 『북미월보』라는 기관보 발간을 염두에 둔 때문이었다.[91] 동지회 3대 「정강」 중 '비폭력적인' 운동이 시세의 흐름에 맞지 않다하여 동지회 중앙부에 개정을 요구하기로 했다. 그리고 임정과 주미외교위원부의 이승만, 그리고 연합회에 대해 각각 충성을 다짐하였고 한길수의 행동을 비판하는 결의문을 작성해 해당 기관에 송부하였다.

이처럼 북미지역 동지회가 북미동지회총지부라는 연합체를 제안하게 된 이유와 목적을 살펴보면 다음과 같다.

첫째, 미주 안의 각 지방회 사이에 긴밀한 연락을 취하고자 함.
둘째, 하와이 중앙부의 양해 하에 긴급한 문제는 지방회끼리 분담해 중요문제를 신속히 처결할 수 있으므로 중앙부와의 시간상 및 거리상의 관계로 능률있게 처리하지 못하는 불편을 해소할 수 있을 것임.
셋째, 지리적으로 거리가 먼 미국과 하와이 사이의 통신왕래나 여행상

---

90) 『태평양주보-국민보』, 1942년 8월 26일; 9월 2일, 「북미동지대표회록」. 대표회에서 논의된 10개항의 의제는 다음과 같다. ① 조직에 관한 것. ② 외교위원부에 관한 건. ③ 중앙부에 관한 건. ④ 연합회에 관한 건. ⑤ 인구세에 관한 건. ⑥ 나성동지회관에 관한 건. ⑦ 동지회 강령에 관한 건. ⑧ 불량한 한인대책에 관한 건. ⑨ 미국 국방공채에 관한 건. ⑩ 국방공채의 임무.

91) 이때 발간하기로 한 『북미월보』는 1942년 9월 15일부터 『북미시보』라는 이름으로 뉴욕에서 발간되어 북미동지회총지부의 기관지로 활약했다.

의 불편을 어느 정도 덜 수 있을 것임.

넷째, 동지회의 발전을 위해서 필요함.

다섯째, 동지회가 연합회에 대해 책임을 다함으로써 광복사업에 일조를 할 수 있을 것임.[92)]

위의 내용을 볼 때 동지회의 발전을 위해 하와이만을 고집할 수 없다고 판단한 북미지역 동지회의 고심을 잘 보여주고 있다. 또한 북미지역 동지회 지방회의 연합기관 창설이 혹시나 있을 다른 단체의 사업에 대한 대항이나 분열을 조성하기 위한 것이 아님을 강조하기 위해 최대의 독립운동기관인 연합회에 대한 책임을 다하고자 광복운동에 일조할 것이라고 강조함으로써 이번 일이 순수한 목적에서 추진되는 것임을 밝혔다. 그리고 미국 내 각 동지회 지부가 일개 연맹기관을 건설하되 최고의 권위와 지령은 하와이 동지회 총회에서 통제할 것이고 하와이 총회의 명령과 승낙을 얻어 사업을 진행할 것이라 했다.[93)] 동지회 중앙부의 권위와 체면을 존중함으로써 오해의 소지를 사전에 차단하겠다는 의도였다. 때문에 북미지역 동지회는 시카고에서 개최한 북미동지대표회의 결과를 동지회 중앙부장 손승운에게 소상히 알림으로써 동지회 중앙부의 협조를 구하였고, 동지회 중앙부는 나성동지회관 매입을 위한 재정지원과 동지회 「정강」 제1항 중 '비폭력적인' 문구의 수정, 『북미시보』의 후원 등을 적극 협조해 주어 북미동지회총지부의 결성과 활동을 도와주었다.[94)]

동지회는 북미동지회총지부의 결성을 계기로 하와이는 물론 북미지역

---

92) 『국민보-태평양주보』, 1942년 7월 1일, 「미주 동지보 논설」.

93) 위와 같음.

94) 『국민보-태평양주보』, 1942년 8월 26일, 「동지회중앙부임원회」; 9월 30일, 「미포동지 제씨 첨존」.

까지 동지회의 세력을 크게 확장할 수 있었다. 특히 북미지역에서 위상이 크게 제고된 동지회의 회세는 그동안 연합회 집행부를 사실상 주도해 온 기존 북미 대한인국민회의 독주를 견제하며 이승만의 강력한 후원세력으로 성장했다.

한편 동지회와 국민회와의 연합으로 결성된 연합회는 주미외교위원부의 확장문제로 이승만과 갈등을 빚기 시작했다. 연합회는 제1차 전체위원회(1942.4.3~4.7, 5.4~5.7)의 결의에 의거 주미외교위원부의 외교 사무를 확대시키는 과정에서 이승만과 충돌했다.[95] 실제로는 연합회와 이승만과의 충돌이라기보다 연합회 집행부를 이끌고 있던 김호 대 이승만간의 알력이었다. 김호는 전경무와 함께 연합회의 중경특파원으로 선임되어 1942년 10월부터 워싱턴의 외교사정을 조사하면서 주미외교위원부의 실정을 알게 되었고 이를 해결하는 과정에서 이승만과 갈등을 일으켰다. 이승만은 정부기관(주미외교위원부)과 민간단체(연합회)의 역할론과 기능론을 비교·제시하며 김호 등 연합회 집행부의 요구에 강력히 반발하였다. 그러자 연합회 집행부는 이승만의 소환을 요구하였고 그로인해 이승만과 연합회 집행부간의 관계는 걷잡을 수 없을 정도로 악화되었다.

이승만은 김호를 비롯한 연합회 집행부가 미주한인사회의 단합을 해치고 있다 하고 동지회의 대응을 촉구했다. 하와이 동지회는 이승만의 대응요구에 대해 대체로 냉정하게 대처하였다. 예컨대 동지회 대표로 연합회 의사부 재정검사로 활동 중인 김영기는 이승만에게 보낸 서신에서 합리적인 타협방안을 모색해 줄 것을 요구하며 오히려 이승만의 독선적인 태도를 비판했다.[96]

---

95) 이에 대해서는 홍선표, 『재미한족연합위원회연구(1941~1945)』, 한양대 사학과 박사학위논문, 2002. 154~172쪽.

96) 한국학중앙연구원 소장자료, 970036-2, Letter from Young K. Kim to

하와이 동지회가 이승만의 뜻대로 움직이지 않은데 비해 북미동지회 총지부를 결성한 북미지역 한인들은 1942년 12월 30일 다뉴바에서 민중대회를 열어 민중위원회를 조직하고 김호를 비롯한 집행부에 대한 조직적인 규탄을 시작했다.[97] 아울러 이승만의 비서인 임병직은 이런 캘리포니아주 한인의 활동상을 1943년 1월 4일자 서신으로 동지회원들에게 알렸다.[98] 그리고 주미외교위원부의 재정이 어려워져 정부기관인 주미외교위원부의 체면이 손상하게 되었다는 것과 이러한 원인은 집행부의 송금중단 때문이며, 아울러 집행부 간부들이 워싱턴 등 각지를 순방하면서 그동안 1만여 달러의 공돈을 허비하였다는 소문 등을 퍼트렸다.[99]

이런 조직적인 움직임 속에 로스앤젤레스(나성)와 다뉴바의 한인들은 1943년 1월 16일 동시에 나성민중대회와 중가주(中加州)민중대회를 개최하고 이승만에 대한 절대적인 지지와 김호에 대한 규탄을 본격적으로 결행했다. 이 날 90여 명(나성)과 50여 명(중가주)이 참석한 민중대회는 다음의 공동결의문을 발표했다.

1. 우리 민중은 대한 독립과 연합국의 승리를 위해 성충으로 대한임시

Syngman Rhee(1942.12.12).

97) 민중위원회는 위원장 박호근, 서기 조종문, 재무 김형식, 감사 이살음이고 위원으로는 송태은·신종호·송천희·장기영·정홍선·강화중·김성대·고응도로 구성하였다.(970036-3, The Korean People's Convention of Central Clifornia : A Proclaration)

98) 도1131, Ben. C. Limb's Letter : Dear Compatriot(1943.1.4).

99) 『주미외교외교위원부통신』, 제18호(1943.1.11), 「재정상 급한 문제」. 1만여 달러의 돈을 썼다는 주장은 전혀 사실과 맞지 않는 유언비어였다. 참고로 연합회 결성이후 1942년 12월 말까지 집행부가 지출한 여행경비는 2,177.26달러에 불과하였다.(『新韓民報』, 1943년 2월 11일, 「재미한족연합위원회 총결산」)

정부와 외교부를 후원함.

2. 우리 민중은 불법행동을 감행하는 연합회 집행부를 불신임함으로 문제가 해결될 동안 민중의 독립금을 민중대회에서 수봉하여 임시정부와 외교부에 직접 상납함으로 독립운동의 계속 행함을 주장함.
3. 우리 민중은 현임 외교위원장을 신임하여 절대 옹호함.
4. 우리 민중은 하와이 연합회 의사부의 정당한 태도를 후원하며, 재미연합회 집행부의 불법행동을 성토함. [이유 : 재미연합회 집행부가 잘못한 것 중에 가령 연합회 명의를 빙자하여 동포에 금전으로 모집하여 가지고 임시정부와 외교부를 받드는 데는 성의를 다하지 않고 다수한 공금을 낭비한 까닭].
5. 하와이서 왔던 전경무와 연합회 집행위원장이란 지위를 달고 민중에 독립금을 낭비하면서 불법한 행동을 강행하는 소위 집행위원장 김호를 성토함. [이유 : 김호씨가 외고부 책임자를 위협 공박한 까닭].
6. 정부에 동의도 없고 민중에 공의도 없이 민중에 대표라 칭하고 중경 민중을 찾아간다는 김호 · 전경무 양인의 중경여행을 반대함.[100)]

이러한 결의와 함께 나성민중대회는 향후 시정방안으로 다음을 제시하였다.

1. 김호와 집행부 간부 15명을 그 직에서 해임할 것.
2. 집행부를 재조직하되 동지회 · 국민회 · 북미민중대회 등 3단체에서 각기 3명을 선임하여 이들 9명이 1년 동안 집행부 간부로 활동할 것.
3. 집행부에 모집된 독립금은 2/3는 임시정부에 1/3은 주미외교위원부에 각각 송부할 것.

---

100) 『북미시보』, 1943년 2월, 「중가주 · 나성민중대회 결의안」; 970036-3, Joint Resolutions unanimously adopted by The Korean People's Convention of Central California and The Korean People's Convention of Los Angeles.

4. 집행부의 유일한 설립 목적은 독립금을 모아 임정과 주미외교위원부에 송금하는 것임.
5. 각 지방의 선전활동은 주미외교위원부의 지시를 받되 동지회·국민회·북미민중대회에서 임명된 공동위원회에서 시행할 것.
6. 집행부의 사무예산은 동지회·국민회·북미민중대회가 부담한 특별금으로 충당할 것.[101)]

민중대회는 김호를 비롯한 연합회의 현 집행부 간부를 해임해 새로운 집행부를 구성할 것을 요구하였고, 집행부의 임무는 독립금을 모아 임정과 주미외교위원부에 송금하는 것이며 주미외교위원부의 지시를 받아 활동해야 할 것이라 했다. 그리고 민중대회는 새 집행부 구성이 이루어질 때까지 독립금을 독자적으로 거두어 임정과 주미외교위원부에 직접 지원할 것이라 결의했다. 나성민중대회는 당일 집회 날 임정 및 주미외교위원부를 위한 재정모금에서 3,000달러의 독립금을 모금했는데 연합회 집행부로 통하지 않고 모두 주미외교위원부로 직접 송금하였다.[102)]

중가주민중대회와 나성민중대회는 1942년 12월 30일 로스앤젤레스에 북미민중대회(The Korean People's Convention of North America)이라는 연합조직을 설립했다.[103)] 북미민중대회는 독립금을 별도로 거두어 주미외교위원부에 송금하였고 『민중시보』를 발행해 독자활동을 추진했다.[104)]

---

101) 970036-3, Resclutions Adopted by the Mass Meeting of the Korean People in North America in Los Angeles.

102) 『북미시보』, 1943. 2월호, 「나성에서 민중대회를 개최하고 3천원의 독립금을 당석에서 거쳐」.

103) 『주미외교외교위원부통신』 제18호(1943.1.11), 「통신소식」; 『북미시보』, 1943년 2월호, 「치카고동지회 결의안 민중대회에 제출」.

104) 『주미외교위원부통신』 제45호(1943. 10)를 보면 동지회북미총회가 『민중시보』의 구독과 배포 문제에 관여하고 있음을 알 수 있다. 이로 볼

이러한 독자활동에 대해 연합회는 제2차 전체위원회(1943.4.28~5.8)에서 일시적인 집합체에 불과한 단체가 한 개의 상설단체와 같은 불법행동을 취하고 있다 하여 해산을 요구했으나,[105] 북미민중대회는 듣지 않았다. 대신 북미민중대회는 자체의 조직을 발전시키는 것보다 기존의 북미지방동지회로 합류하거나 새로운 동지회지방회를 편성하는 쪽을 택했다. 예컨대 1943년 5월 20일자 동지회 「보고서」를 보면 중가주민중대회에 참여한 주요 인물들이 5월 15일 다뉴바 한인교회에 모여 동지회 중가주지방회를 설립하였다.[106] 反국민회와 反연합회 집행부의 정서는 이승만 외교활동에 대한 적극적인 지원과 함께 친동지회의 정서로 급격히 전이되었다. 이처럼 두 민중대회의 영향은 북미지역 동지회의 세력을 확장시키는 계기를 만들었다.

북미동지회총지부는 1943년 4월 나성지방회가 있는 로스앤젤레스에 동지회 회관을 매입함으로써 각 지부를 결속할 수 있는 구심점을 만들었다.[107] 연합회 집행부에 참가하고 있던 북미지역 동지회는 민중대회 이후부터 동지회 중앙부가 1943년 12월 23일 연합회 탈퇴를 공식 선언하기까지 명목상 참여는 했지만 사실상 연합회 집행부와 분리해 독자활동을 추진했다.

민중대회 이후 동지회의 입지가 크게 강화된 북미지역 동지회는 기존

때 『민중시보』는 1943년도 말까지 발간되다 『북미시보』로 통합된 것으로 보인다.

105) 『新韓民報』, 1943년 5월 13일, 「재미한족연합위원회 제2차 전체위원회 결의안」.

106) 『國民報-태평양주보』, 1943년 6월 16일, 「보고서」. 이때 회장은 김형식 목사, 부회장 송태은, 총무 정홍봉, 서기 김진목, 재무 김성대 등으로 선임되었다.

107) 새로 구입한 나성동지회 회관은 1943년 4월 11일 성대한 개관식이 거행되었다.

의 북미동지회총지부를 '대한인동지회북미총회'(이하 '동지회북미총회')로 개칭하고 「대한인동지회북미총회장정」(이하 '「장정」')을 만드는 등 조직을 확충했다. 하지만 시기적으로 언제 동지회북미총회로 개칭하고 새로운 「장정」을 만들었는지에 대해선 자료 미비로 확실하지 않다. 그런데 1943년 9월 뉴욕에서 발행하던 『북미시보』를 로스앤젤레스로 옮기고 이범녕을 새로운 주필로 임명하여 동지회북미총회의 기관지로 발전시킨 것을 볼 때[108] 북미동지회총지부가 설립된 지 1년이 지난 1943년 7, 8월경으로 짐작된다. 나성지방회가 북미의 동지회지부 가운데 처음으로 회관을 갖게 된 뒤부터 로스앤젤레스가 북미지역 동지회의 중심지로 부상하게 되었다. 이런 관계로 그동안 뉴욕에 있던 북미동지회총지부가 이곳으로 옮기면서 조직을 확대 개편한 것으로 보인다. 새로 개편된 동지회북미총회의 임원은 총회장 이살음, 부회장 김종림으로 선임되었다.

동지회북미총회의 내용과 성격에 대해선 「장정」을 통해 살펴볼 수 있다.[109] 「장정」에 나타난 본회의 설립 목적은 대한 민족의 발전을 위하여 물질과 정성을 다하는 데 두었다. 동지회의 3대 「정강」은 동지회 중앙부의 것을 그대로 수용했으나 행정사무를 총괄하는 조직은 중앙부의 것과 완전히 다른 새로운 형태를 채용했다. 종신·독재의 총재 중심과 이사부에 대한 조직이 없는 대신 유기명의 민주적인 방식으로 선출하는 총회장 체제로 만들었다. 즉, 행정 사무를 총괄하는 총회에 총회장, 부회장, 서무원을 두었고 실무 부서로 편집부·교육부·산업부·구제부·사교부·종교부 등 6부를 두었다. 북미총회에 관련된 자산관리를 위해 9인으로 구성한 탁사부를 별도의 조직으로 만들었다. 이러한 조직 구성은 하와이 동지회 「헌장」에서 규정한 것과 다른 새로운 조직이었다.

---

108) 『국민보-태평양주보』, 1943년 9월 29일, 「이씨는 북미시보 편집」.

109) 「대한인동지회 북미총회 장정」은 『미주한인민족운동자료』(국가보훈처, 1998), 314~316쪽에 실려 있다.

동지회북미총회의 결성은 북미지역 동지회의 급격한 발전을 가져왔다. 북미지역 동지회는 1945년의 경우 남가주지방회 · 중가주지방회 · 북가주지방회 · 오레곤지방회 · 몬타나지방회 · 시카고지방회 · 뉴욕지방회 등 7개 지방회로 확대되었다. 기존의 4개 지방회에서 7개로 크게 확장된 것이다.

회세가 확장된 동지회북미총회는 1945년 5월 26일 제1회 동지회 미포대표회를 개최했다.[110] 미포대표회는 정치 · 외교 · 군사운동으로 광복사업을 촉진하기 위해 기존의 동지회 명칭을 '대한민주당'으로 개정하기로 했다. 해방을 앞둔 시점에서 동지회가 새로운 독립국가건설을 담당할 수 있는 체제를 갖추기 위해 정당체제로 탈바꿈 하려는 것이었다. 이에 발맞추어 3대 「정강」 외에 '대한민족의 절대독립을 주장함', '민주주의를 수립하여 政體를 건설함', '활민운동으로 인민의 자유와 생명재산을 보장'하는 것을 새로 추가하기로 했다. 그리고 하와이에는 동지회 중앙부를 중심으로 한 하와이총회를 결성하고 두 총회를 관할하기 위한 중앙위원부를 설치하기로 했다. 중앙위원부는 동지회의 모든 사무를 총괄하되 북미 4인과 하와이 8인 등 12인으로 구성하고 1인의 위원장과 하와이와 북미에서 각 1인의 부위원장을 두는 것으로 했다.

동지회북미총회가 제1회 미포대표회에서 제기한 '대한민주당'으로의 명칭 개정과 3대「정강의」 보완, 중앙위원부의 설치 등은 하와이 동지회 중앙부와 동지회 회원들의 동의를 얻지 못해 실현되지 못했다. 그렇지만 동지회 전체에서 차지하는 북미총회의 위세는 미포대표대회를 통해 잘 보여 주었다. 이러한 현상은 그동안 동지회가 하와이 동지회 중앙부를 중심으로 운영되어 왔던 것에서 벗어나 두 민중대회 이후 反국민회의 전선을 형성하면서 세력을 확충한 동지회북미총회 중심으로 운영되어

110) 『북미시보』, 1945년 7월 1일, 「동지회 제1회 미포대표대회 결의안」.

갔음을 잘 보여주었다.

(2) 동지회의 독자노선

나성 및 중가주 민중대회 직후 하와이의 동지회 중앙부는 이승만과 북미지역 동지회 회원들로부터 연합회 집행부와의 결별을 강요받고 있었으나 단합을 위해 집행부와 끝까지 협력해야 한다는 입장을 견지했다. 이승만은 정부 반대자와는 어떤 단합도 불가능하다는 사실을 동지회 중앙부에 알리고 동지회의 입장을 분명히 해 줄 것을 요구해 현 집행부와의 결별을 은근히 강조하였다.[111] 시카고 동지회는 집행부와 분리하는 것 외에는 다른 해결책이 없음을 계속해서 강조하였고, 기타 많은 동지회 회원들도 이와 동일하게 동지회 중앙부에 요구하였다.[112] 이에 대해 하와이 동지회가 참여하고 있는 연합회 의사부는 임정과 주미외교위원부를 섬기는 최선의 길은 오직 단합을 유지하는 것이라 하여 이승만에게 선동적인 행동을 자제해 줄 것을 당부하였고, 각지의 동지회 회원들에게도 이승만을 민족지도자로 지지할 것이며 향후 연합회 회의에서 의견 차이를 조정할 것이라 했다.[113] 그리고 집행부에 대해서는 루머와 선동에 동요하지

---

111) 970036-4, Telegram from Syngman Rhee to Honolulu UKC (1943. 1.22); Telegram from Koran Commission to Honolulu UKC(1943. 1.22).

112) 970036-4, Telegram from Chicago Dongji Hoi to Honolulu UKC (1943.1.18, 1.21); 970036-4, Telegram from Nam Koong to Honolulu UKC(1943.1.19); Telegram from Mr. & Mrs. Young Han Cho to Honolulu UKC(1943.1.16); Telegram from Mr. & Mrs. Hong to Honolulu UKC(1943.1).

113) 970036-4, Telegram from Honolulu UKC to Syngman Rhee (1943. 1.19); 970036-4, Telegram from Honolulu UKC to New York Dongji Hoi(1943.1.19).

말 것을 당부하고 집행부에서 요청한 회의에 곧 대표를 보낼 것이라 하여 집행부와의 협의를 통해 원만히 해결하려 했다.[114)]

연합회 의사부는 1943년 2월 15일자로 하와이 4개 단체가 연명한 「성명서」를 대외에 발표하며 이번 분쟁에 대한 입장을 밝혔다.[115)] 즉, 우리 독립운동의 급선무가 민족적 단합인데 이 목표를 위해 겨우 연합회를 설립한 지금 우리가 이를 지키지 못한다면 사람들 앞에 머리를 들 수 없을 것이니 독립을 위해 무엇보다 단합할 것을 강조하고 연합회 유지의 중요성을 재차 강조하였다. 또 민중대회에서 집행부가 모든 일을 불법적으로 독단했다는 주장을 부인했다. 이번 「성명서」는 하와이만이라도 분쟁에 휘말리지 말자는 의지의 표명이었다. 이승만측의 기대와는 달리 하와이 동지회 내부에서 일고 있는 강렬한 합동 주장의 여론이 이번 연합회 의사부의 「성명서」 발표에 크게 작용하였다.[116)]

연합회는 제2차 전체위원회(1943.4.28.~5.8)를 개최하고 주미외교위원부 문제를 최우선으로 처리하고자 했다.[117)] 전체위원회는 의사부 대표로 참석한 동지회 대표 이원순과 하와이 국민회 대표 김원용에게 이승만문제를 해결해 줄 것을 주문했다. 그런데 이승만을 만나고 로스앤젤레스로

---

114) 970036-4, Telegram from Honolulu UKC to L.A. UKC(1943.1.19).

115) 『국민보-태평양주보』, 1943년 2월 24일, 「성명서」. 이 「성명서」에 연명한 단체는 동지회·국민회·한국독립당하와이총지부, 대한부인구제회 등 4개 단체였다.

116) 『국민보-태평양주보』, 1943년 3월 3일, 「이번 성명서의 입력」.

117) 제2차 전체위원회를 위한 준비회는 연합회 발전책, 외교외교위원부문제, 중경특파원사건, 전시공작, 전쟁후문제 등 5가지를 주요 회의 안건으로 채택했다. 『新韓民報』, 1943년 3월 25일, 「재미한족연합위원회 제2차 전체위원회 준비회」. 그리고 준비작업의 일환으로 먼저 이승만과의 중재가 필요하다는 판단 하에 3월 22일 이원순과 김원용이 워싱턴에 갔는데, 연합회 전체위원회는 이들이 돌아온 후 다시 개최되었다.

로 돌아온 이원순은 주미외교위원부 사무 확대 및 정리를 위한 자신의 사명은 실패했다고 고백하였고,[118] 도리어 이승만으로부터 주미외교위원부의 위원으로 임명되어 옴으로써 연합회 집행부를 분노시켰다. 이승만이 동지회의 핵심인물인 이원순을 주미외교위원부의 위원으로 임명한 것은 동지회의 결속을 다지려는 의도였다.[119] 더구나 이승만은 주미외교위원부의 지방조직을 만들고자 북미 각지의 대표와 교섭하기 시작하였고 하와이의 경우 연합회 의사부에 지방조직의 책임을 맡길 생각을 갖고 교섭 중에 있었다.[120] 이것은 연합회의 입장에서 볼 때 주미외교위원부가 연합회에 맞서는 거대한 조직망을 갖추어 미주한인사회를 장악하려는 시도였다. 이렇게 되자 연합회 집행부는 이승만의 소환을 재차 강력히 요구하였고 이승만이 소환에 응하지 않자 외교실패, 권력남용, 인심소란을 이유로 이승만을 외교의 일선에서 물러나도록 시도했다.

연합회 의사부는 이승만에 대한 집행부측의 강경한 입장에 대해 1943년 10월 4일 의사부 의원 15명 중 14명이 참석한 가운데 이승만을 임정의 외교고문으로 승차(陞差)시킬 것과 외교위원부를 재조직하는 것으로 결정하고 이것을 중경 임정에 요청하기로 했다. 이승만의 소환문제는 그의 독립운동 경력이나 권위를 존중하려는 하와이 동지회의 입장에서 볼 때 수용하기 힘들었다.[121] 이는 북미 국민회가 주장한 이승만의 하차

118) 『新韓民報』 1943년 9월 9일, 「연합회를 대표하여 워싱턴에 갔던 이원순씨의 보고」.

119) 이원순은 당시를 회고하기를, 내가 주미외교위원부 위원에 임명된 것은 이승만이 동지회를 떠나지 못하게 할 유일한 방법으로 나를 붙잡은 것 같다라고 회고하였다. 李元淳, 『世紀를 넘어서』, 신태양사, 1989, 254-256쪽. 이원순은 1943년 7월 19일자로 이승만으로부터 주미외교위원부 위원으로 임명되었다.

120) 『주미외교외교위원부통신』 제36호(1943.8,3), 「외교위원부 새위원서임」, 「지방위원설치」.

사유를 의사부가 수용하지 않겠다는 것이었다. 의사부의 입장에서 볼 때 동지회측의 입지를 배려해야 했기 때문이다. 그리하여 이승만을 소환하는 대신 외교고문으로 승격시켜 원로정치가로 대우함으로써 그를 시비의 중심에서 벗어나게 하면서 주미외교위원부의 지도부를 보다 젊고 유능한 사람으로 바꾸어 새로운 외교활동을 추진할 수 있을 것으로 전망했다.[122)]

이승만문제는 의사부의 결정대로 추진되어 중경 임정의 처분을 기다렸지만 임정은 김구의 한국독립당과 김원봉의 조선민족혁명당 간의 내홍으로 미주한인사회의 상황을 제대로 파악할 여력이 없었다. 때문에 김구는 연합회에 보낸 1943년 11월 15일자 전보에서 현재 임정내부의 어려움과 주미외교위원부 문제의 심각성 등 때문에 선불리 결정할 수 없으니 새 내각이 구성될 때까지 기다려 달라는 것과, 집행부와 의사부의 대표 1인씩 추천해 주미외교위원부를 강화하는 원칙만을 통보하였다.[123)] 그리고 이승만이 제기한 재정 모집권은 연합회 이외에는 허락할 수 없다하여 연합회의 입장을 수용하였다.

임시정부로부터 어떤 결정을 기대했던 연합회는 실망하지 않을 수 없었다. 주미외교위원부 위원으로 임명된 이원순의 후임으로 의사부의 새 위원장이 된 하와이 국민회 대표 안원규는 「이박사와 그의 외교실책」이라는 글에서 '혈기(血氣)'로 세계정세와 민족운동을 보고 있는 김구에 대

---

121) 이 때문에 동지회측 대표인 김영기는 이승만의 소환은 만부당하며 민중이 불원하는 것이라 하였다. 『국민보-태평양주보』 1943년 10월 20일, 「외교부에 대한 제의안」. 그러나 집행부는 의사부의 결정을 이승만을 '소환'하는 것처럼 보도했는데 이는 북미지역 동지회가 분개할 수 있는 요인이었다. 『新韓民報』 1943년 10월 6일, 「재미한족연합위원회 소환전청」.

122) 『국민보-태평양주보』 1943년 10월 20일, 「외교부에 대한 제의안」.

123) 도912, Telegram from Umhangsup to Press New Korea(1943.11.15).

해 강한 유감을 표현하였다.[124] 그는 임정이 연합회가 제기한 주미외교위원부의 문제를 이성적으로 냉철하게 보지 못하고 있다고 보았다.

의사부는 재정중단이라는 방법을 통해 이승만의 활동을 제한하면서 연합회 자체의 독자활동을 모색하기 시작했다. 1943년 11월 9일 의사부는 이승만이 파쟁을 중단하고 대중의 신뢰를 얻을 때까지 주미외교위원부에 대한 재정지원을 유보할 것을 결의했다.[125] 12월 20일에는 재정 지원을 완전히 중단하기로 결의했다.[126] 아울러 의사부는 지난 6월부터 전경무가 제시했고 이후 집행부가 또 제의했던 워싱턴사무소 개소안(開所案)에 대해 11월 15일 집행부와 합의를 거친 후 독자적인 외교활동을 추진하기로 하였다.[127]

한편 주미외교위원부는 이승만을 외교고문으로 승차하고 외교위원부를 재조직하려는 연합회의 결정에 대해 민간단체의 사담(私談)일 뿐이라고 무시하였다.[128] 이승만은 자신을 외교 일선에서 하차시키려는 연합회와 더 이상 함께 갈 수 없다고 판단했다. 따라서 이번 일을 계기로 자신을 지지하는 동지회를 연합회에서 완전히 분리시키기로 했다.[129] 더구

---

124) 『國民報-태평양주보』, 1943년 12월 29일.

125) “UKC Withholds Rhee Support,” *The Korean National Herald-Pacific Weekly*, Dec. 15, 1943. 그러나 실제 재정중단은 동지회 탈퇴 이후인 1944년 1월부터 시행하였다.

126) 도1422, Letter from Won Kiu Ahn to Syngman Rhee(1943.110). 의사부는 1943년 12월까지 거둔 355달러의 잔금을 그 다음해 1월 마지막으로 외교위원부에 송금하였다.

127) “UKC To Open Its Open Office in Washington”, *The Korean National Herald-Pacific Weekly*, Dec. 1, 1943.

128) 『주미외교외교위원부통신』 제50호(1943.11.18), 「본보 주필의 설명」.

129) 예컨대 『주미외교외교위원부통신』 제48호(1943.11.4)에는 하와이내 동지회 인도자들이 중앙부장 손승운 외 모두 방향을 못잡고 있지만 곧 북미처럼 될 것이라 한 사실과, 동지회 탈퇴를 위해 12월 12일 호놀룰

나 연합회의 요구에 대한 임정의 모호한 처신은 이승만을 비롯한 동지회북미총회로 하여금 동지회 중앙부에 대해 연합회의 탈퇴를 더욱 압박시켰다.

하와이 동지회의 연합회 탈퇴는 그리 쉽게 이루어지지 않았다. 동지회 중앙부장 송승운이 1943년 9월 27일 연합회 의사부의 재무직에 대한 사임서를 제출했으나 10월 3일 동지회 모임에서 유임을 권고해 이루어지지 못하였고 10월 17일 다시 사임청원서를 제출하는 등 동지회 내부에서 그의 사퇴를 받아들이지 않았다. 이는 하와이 동지회 내 합동파의 적극적인 탈퇴반대운동이 있었기 때문이다.[130] 그리고 그동안 하와이가 연합회를 중심으로 잘 단합되어 있어 어느 누구도 이를 깨뜨리기를 원하지 않았던 것도 한 요인이었다. 예컨대 이승만과 연합회간의 관계가 극도로 악화되는 1943년 9월부터 동지회가 탈퇴하는 12월까지 하와이 지역은 한인사회의 합동과 단합에 대해 많은 의견이 제기되고 있었다.[131] 이것은 동지회 탈퇴를 염두에 둔 것으로 이승만의 탈퇴공작이 있을 지라도 하와이만이라도 단합을 이룰 것을 바라는 하와이 한인들의 간절한 염원이 담겨 있었다.[132]

루서 동지대표대회를 개최하기로 하였다 하여 연합회와의 결별을 준비하고 있었다. 『주미외교외교위원부통신』 제49호(1943.11.12), 「동지회와 연합회」.

130) 『國民報-태평양주보』, 1944년 1월 22일, 「재미한족과 정치적 훈련」.

131) 합동에 관한 기사는 1943년 9월 이후부터 12월 말까지 『國民報-태평양주보』에 본격적으로 게재되고 있는데 이를 보면, 「투필」(9/15), 「합동」(9/22), 「전환시기」(9/22), 「합동의 종종 제의」(9/22), 「사회합동의 신제의」(9/15), 「합동이 첫 길이라」(9/29), 「단합은 일의 첫 걸음」(9/29), 「한인의 인심」(9/29), 「합동할 이유」(10/20), 「분열의 큰 영향」(12/1), 「우리일의 조처책」(12/8), 「우리의 주의건」(12/8), 「합동유지를 권고」(12/8), 「통일에 더 희생합시다」(12/15) 등이다.

그러나 이런 희망에도 불구하고 결국 동지회는 1943년 12월 5일부터 시작한 동지대표회에서 이승만의 뜻에 따라 12월 23일 연합회 탈퇴를 결정하고 그동안 공동 발행해 왔던 『태평양주보』를 『국민보』와 분리·발행하기로 결의했다.[133] 이러한 결정에 대해 동지회 대표로서 의사부에 참여해 온 김영기·안현경·도진호·민함나·정영옥 등 5명은 반이승만의 태도로 돌아섰고,[134] 도진호는 12월 12일 동지회 탈퇴를 선언해 이후 하와이 국민회에 가입했다.[135] 이는 당시 하와이 동지회 내부의 정서가 어떠 했었는지를 잘 보여주었다.

동지회 중앙부는 연합회 탈퇴 이후 이승만 지지파와 국민회 지지파로 분열해 그 세력이 크게 약화되었다. 때문에 한동안 동지회는 중앙부에서 일한 인물이 없어 곤경에 빠지기도 했다. 유경상의 회고에 따르면 『태평양주보』를 편집·발간할 인물이 없어 이승만의 요청에 의해 1944년 여름부터 자신이 신문편집을 담당했다고 할 정도였다.[136] 이런 모습은 1945년 동지회북미총회가 회세를 크게 확장해 제1회 미포대표회를 개최했던 것과 비교할 때 사뭇 다른 양상이었다.

---

132) 『國民報-태평양주보』 1943년 12월 15일, 「통일에 더 희생합시다」.

133) "Dong Ji Hoi Withdraws from UKC and Recalls Pacific Weekly Publication," *The Korean National Herald-Pacific Weekly*, Dec. 29, 1943. 1942년 1월 19일부터 『國民報』와 합동 발행한 『태평양주보』는 동지회 탈퇴로 바로 분리되지 않고 1944년 2월 2일까지 계속 공동 발행되었다.

134) Kingsley K. Lyu, Korean Nationalist Activities in Hawaii and Continental United States, 1900~1945, PartⅡ: 1919~1945, *Amerasia Journal* 4:2, 1977, pp.85-87.

135) 『國民報-태평양주보』, 1943년 12월 15일, 「탈퇴선언」.

136) (Kingsley K. Lyu), op. cit., pp.87-88

3. 동지회 독립운동의 성격

동지회는 자체에서 제정한 동지회 「규정」과 동지회 「헌장」에 따라 설립 목적에서 약간의 차이를 보이고 있다. 1921년 7월 처음 제정한 동지회 「규정」의 설립 목적은 상해 임정을 옹호하며 대동단결을 도모하는 것에 두었으나 1930년 7월에 제정한 동지회 「헌장」에는 국가광복을 목적으로 정한다 하여 포괄적인 독립운동으로 바뀌었다. 이러한 변화는 이승만이 임정의 대통령직을 유지할 때와 그렇지 못할 때의 상황 변화가 그 영향을 미친 것으로 보인다. 동지회북미총회의 경우는 "본회의 목적은 대한 민족의 발전을 위하여 물질과 정성을 다함"이라 하여 '물질과 정성'을 다해 후원하는 조직체로 만들었고, 국가광복을 설립 목적에 둔 동지회 「헌장」과 아주 달랐다.

1924년 11월 동지회 3대 「정강」이 제정된 이후 동지회는 광복운동을 3대 「정강」을 바탕으로 실행하는 것으로 규정했다. 이것은 동지회 중앙부나 동지회북미총회나 동일한 실행방식이었다. 그런데 미일전쟁의 발발 이후 미주한인사회에 무장독립운동의 필요와 중요성이 제기되자 1942년 6월 18일부터 20일까지 뉴욕에서 개최한 북미지방동지대표회는 3대 「정강」 중 제1항의 '비폭력적인' 운동을 개정해 줄 것을 동지회 중앙부에 요청했다.[137] 이러한 요청에 따라 동지회는 8월 14일 임원회를 열고 3대 「정강」에 있는 '비폭력적인'이라는 말을 삭제하기로 하고 이승만의 양해를 얻기로 했다.[138] 동지회가 정세 변화에 따라 무장독립운동을 독립운동의 중요한 한 방략으로 채택한 것이다.

이러한 변화의 기저에는 이승만이 미일전쟁 발발 전부터 대일무장투쟁에 적극적이었다는 점을 들 수 있다. 예컨대 이승만은 1941년 9월부

---

137) 『국민보-태평양주보』, 1942년 8월 26일, 「북미지방동지대표회록」.

138) 『국민보-태평양주보』, 1942년 8월 26일, 「동지회 중앙부 임원회」.

터 중국을 통한 대일정보수집계획을 추진한 COI(미정보조정국)의 게일(Esson McDowell Gale)과 접촉해 대일무장투쟁의 방안을 협의하였고, 1942년 3월에는 COI 최초의 특수작전부대인 101지대에 장석윤을 추천해 항일무장투쟁에 참가하도록 만들었다. 이같은 변화는 이승만의 독립운동 방략이 외교운동 외에도 무장투쟁의 방략도 동시에 채택했다는 것을 의미한다. 따라서 동지회의 독립운동 방략도 이승만의 방략 확대와 국제정세의 환경변화에 발맞춰 적응해 나갔다고 볼 수 있다.

동지회는 동지회 「헌장」에 규정된 것과 달리 자체의 독립운동을 추진하지 않았다. 이것은 미주한인사회의 국민회도 비슷한 실정이었다. 더구나 동지회는 독립운동의 일선에서 활동하는 이승만과 그가 설립한 구미위원부(또는 주미외교위원부)가 별도로 존재하고 있어 직접적으로 독립운동을 추진할 계획조차 수립하지 않았다. 동지회북미총회가 오직 '물질과 정성'으로 후원하는 것을 설립목적으로 삼을 만큼 동지회는 철저하게 이승만과 구미위원부(또는 주미외교위원부)를 후원하는 조직체로 남았다. 동지회의 독립운동이란 재정을 모집해 이승만의 외교활동을 후원하는 것이 주된 사업이었고 여기에 한 걸음 더 나아가 김구를 중심으로 한 임시정부를 적극 지원하는데 있었다. 그 외 이승만이 개인적인 위기에 빠졌을 때 동지회는 일치된 행동으로 이승만의 곤경을 헤쳐 나가는데 앞장섰다. 동지회가 연합회를 탈퇴한 이후에도 이러한 독립운동의 방식에는 변화가 없었다. 이렇게 볼 때 동지회의 독립운동은 이승만과 구미위원부(또는 주미외교위원부), 그리고 임시정부에 대해 물질과 정성으로 후원하고 대외적으로 적극 옹호・지지하는 것이 주된 사업이었다고 볼 수 있다.

V. 맺음말

동지회의 설립과 활동을 통해 볼 때 이승만은 늘 그 중심에 있었다. 이승만이 설립한 단체이었기에 그렇다고 말할 수 있을지라도 동지회는 미주한인사회의 제 단체와 비교해 볼 때 아주 다른 특성을 지니고 있다. 이승만을 종신·독재의 총재체제로 두고 해방 때까지 유지한 단체는 동지회를 제외하고 미주한인사회에 없었다. 자유롭고 평등한 선거원칙에 의해 일꾼을 뽑는 민주주의의 국가인 미국에서 동지회의 존재는 한인사회 뿐만 아니라 미국사회에서도 특이한 단체 중의 하나였다.

이승만과 함께 동지회에서 일한 적이 있는 김원용은 자신이 쓴 『재미한인50년사』에서 동지회의 사명을 설명하기를 "총재의 대정방침을 보좌하며 명령을 절대 복종함에 있음"이라 했다. 이는 동지회 「규정」에 없는 말이다. 그런데 그가 「규정」에도 없는 말을 썼다고 해서 그의 언급이 반드시 틀렸다고 볼 수 없다. 김원용이 언급한 내용은 1921년에 제정한 동지회 「규정」이 아니라 1930년에 제정한 동지회 「헌장」에 잘 반영되어 있었기 때문이다.

동지회는 이승만이라는 한 인물을 중심으로 독특하게 운영되었다. 때문에 동지회의 역사는 바로 이승만의 재미독립운동의 역사와 연결되어 있다. 이 가운데 이승만이 직접 개입하지 않고 추진된 동지회의 대외활동은 주로 하와이를 비롯한 미주한인사회 제 단체와의 연합활동과 합동운동 등으로 나타났다. 한인연합협의위원회의 조직, 하와이 국민회와의 합동운동, 연합한인위원회의 결성, 해외한족대회의 개최와 재미한족연합위원회의 결성 등은 모두 이승만이 부재중이거나 이승만이 관여하지 않은 상태에서 거둔 결실이었다.

아이러니하게도 이승만이 직접 개입한 경우 동지회는 늘 이승만의 독단적인 활동을 뒷수습하는데 매달려야 했다. 동지식산회사의 운영실패와 1930년 동지미포대회를 통해 나타난 동지회부흥운동의 좌절과 하와이교민단과의 분쟁, 연합회 집행부와 외교사무의 확대를 둘러싼 격심한 분쟁 등은 모두 이승만과 직접 관련되어 일어난 것들이다. 이를 수습하는 것은 모두 동지회의 몫이었는데 결국 동지회가 연합회에 탈퇴함으로써 이승만과 동지회는 미주한인사회의 제 단체들과 적대적인 관계가 되었다.

동지회는 북미총회가 결성되면서 변화를 시도했다. 이러한 변화는 해방 이후 전개될 새로운 독립국가건설을 준비하기 위한 정당체제로의 변신을 준비하려는 것이었다. 그러나 이것은 시도로만 그쳤을 뿐 동지회는 해방 이후에도 조직을 그대로 유지하면서 이승만의 국내 정치활동을 적극 지원하였다. 이것이 동지회의 사명이자 숙명이었다.

대조선독립단의 조직과 활동

김 도 형*

〈목 차〉

Ⅰ. 머리말

하와이 한인사회는 다른 지역보다 분파투쟁이 격심했던 곳이다. 대개 정치적 분쟁의 발생은 대립적 세력 간에 팽팽한 힘의 균형을 이루고 있을 때, 그 평형상태를 무너뜨리려는 시도에서 일어난다고 할 수 있다.

---

* 金度亨, 독립기념관 한국독립운동사연구소 선임연구위원

하와이 한인사회의 분쟁도 대립적 세력 간의 균형상태를 깨고 이민사회의 주도권을 차지하려는 과정에서 주로 일어났다고 할 수 있다.

하와이 한인사회에는 늘 대립하는 세력이 존재하면서 한 쪽이 균형을 잃을 때마다 다른 한쪽에서 분쟁을 야기하였다. 분파투쟁을 일으킨 단체는 대한인국민회(교민단)와 더불어 이승만의 대한인동지회와 박용만의 대조선독립단 하와이지부(이하 '독립단'으로 줄임)가 있었다. 지금까지 이승만과 그의 조직들에 대해서는 일정 정도 연구되었지만 그에게 적대적인 독립단에 대해서는 구체적으로 연구되지 못하였다. 그 이유는 박용만이 일찍 사망함으로써 하와이가 이승만의 아성이 되었다는 점도 있지만, 독립단의 활동상을 구체적으로 알려줄 만한 자료가 부족하다는 점도 한 몫을 하고 있다고 보인다.

독립단은 이승만의 권위적 행동양식과 외교독립노선에 거부감을 가진 박용만을 중심으로 하는 하와이 한인들에 의해 결성되었다. 1919년 3월 결성된 이후 독립단은 줄곧 이승만세력과 경쟁하면서 한인사회를 이끌던 양대 세력 가운데 하나였다. 그럼에도 불구하고 앞에서 잠시 언급한 바와 같이 독립단의 조직과 활동에 대한 연구가 없었다. 따라서 본 연구에서는 독립단이 결성된 1919년 3월부터 국민회와 합동을 한 1934년 10월까지 약 15년간 독립단의 조직과 활동을 통해 한인사회의 대립양상을 살펴보고자 한다. 왜냐하면 하와이에서 발생하였던 분열과 대립은 이승만을 축으로 하는 세력과 그에 반대하는 세력이 힘의 균형을 깨뜨리려는 현상으로 표출되었기 때문이다.

또한 본고에서는 하와이 한인사회의 빈번한 분쟁과정에서도 독립운동을 위한 통합노력도 지속적으로 진행되고 있었음을 확인하고자 하며, 분파투쟁의 원인을 어디에서 찾아야 할 것인가에 대한 근본적인 물음에 답하고자 한다.

Ⅱ. 대조선독립단의 결성과정

1. 하와이 국민회 임시 연합중앙회의 조직

1910년대 이승만과 박용만의 두 차례에 걸친 분파투쟁의 결과, 하와이 국민회의 주도권을 상실한 박용만은 새로운 조직을 결성하여 이승만에 대항하고자 하였다. 이승만은 하와이에서 확고한 위치를 차지하였지만, 1910년대 후반 박용만은 그 세력이 매우 위축되어 있었다. 주도권을 빼앗긴 박용만은 제2차 분쟁이 일어나면서 하와이 국민회에 대항하기 위해 '하와이 국민회 임시 연합중앙회'라는 것을 조직하였다. 제2차 분쟁은 1918년 1월 국민회 제10차 대의회에서 재정문부 조사 때 공금을 남용한 것이 나타나면서 유혈극이 일어나자 법정소송으로 비화되기 시작하였다.[1] 박용만을 지지하는 세력은 국민회 운영상의 불법과 비리를 문제로 실권을 장악하려고 하였는데 이 과정에서 임시적으로 조직된 것이 '하와이 국민회 연합중앙회'였다.

박용만을 지지하는 세력은 국민회 재정 문제를 해결하기 위해 1918년 3월 10일 오아후섬의 각 지방대표를 와이알루아에 모아 연합회를 조직하였다.[2] 이 모임에서 안현경 국민회 총회장을 불신임할 것, 의무금을 총회에 보내지 말 것, 『공고서』를 발행할 것 등 8개항을 결의하였다. 이처럼 연합회는 처음 오아후섬의 반국민회 대표들이 국민회 운영상의 문제를 해결하기 위해 조직된 임시기구였다. 처음 와일알루아지방의 반국민회 세력들의 조직이었으나 그후 힐로지방에 '국민보안공동회'라는 이름으로 조직되었으며, 릴리하지방에서는 '오아후 동서부연합회'라는 이름

1) 홍선표, 「1910년대 후반 하와이 한인사회의 동향과 대한인국민회의 활동」, 『한국독립운동사연구』 8, 1994, 161-165쪽.

2) 『신한민보』, 1918년 3월 7일, 「하와이 연합회 공고서」.

으로 조직되었다.[3] 이와 같이 국민회 총회장 안현경의 재정흠축 및 공금 남용에 대한 정확한 조사를 촉구하기 위한 조직들이 연합회 형식으로 조직되어 '하와이 국민회 임시 연합중앙회'로 발전하였던 것이다.

1918년 국민회의 주도권을 둘러싸고 서로 유혈극을 벌리는 등 법정싸움이 진행되고 있던 무렵 이승만과 국민회측에서는 박용만이 호놀룰루에 오는 일본군함 출운호를 파괴하려고 하였다는 유언이 떠돌았다. 이에 박용만은『연합회 공고서』제30호에 다음과 같은 내용의 시국선언을 발표하였다.

> 만일 싸움을 다시 계속하는 경우에는 비록 정치상 싸움을 할지라도 개인상 싸움은 하지 말지며 또는 비록 개인상 싸움까지 할지로되 결단코 국가 민생에 방해되는 일을 하지 않을 것이라. 나는 비록 천만가지 욕설을 다 들어도 오히려 다 용서하고 참을 수 있으되, 출운호를 침몰시키라 하였다는 말이나 일본과 싸우기를 준비한다 하는 말 같은 것은 비록 근거 없는 말이나, 이는 곧 국가 전도에 관계되는 일인고로 누구던지 함부로 말하여 우리의 원수를 도와주는 것이 불가할 줄로 아노라.[4]

즉, 그는 이승만측에서 제기한 출운호 폭파사건의 진상을 밝히면서 국민회가 더 이상 하와이 한인사회를 대표하는 단체가 될 수 없음을 밝혔다. 반국민회적 성향을 가진 연합회측에서는 그해 6월 초 13개 지방 대의원들과 함께 연명으로 총회장 안현경에게 대의회의 소집을 요구하였다. 이같은 요구에 대해 국민회측에서도 대의회를 열어 연합회측의 요구를 거절하는 정식 공문을 보내 대응하였다. 연합회측에서는 6월 19일 연

3)『신한민보』, 1918년 4월 4일,「큰 풍파의 요사이 언제나 침식될고?」.

4)『신한민보』, 1918년 6월 27일,「박용만씨의 선언서」.

합회에서 행정기관을 완전히 세울 것, 의무금을 수합하여 전시 저축표를 사두는 것, 일체 공무에 시정방침을 결정한 것 등 22개조의 결의안을 채택하였다.[5]

이와 같이 한인사회의 분쟁이 계속되는 과정에서 반국민회파가 중심이 되어 1918년 7월 1일 '하와이 국민회 임시 중앙연합회'를 정식으로 결성하였다. 그런데 당시 갈리히지방의 연합회가 중심이 되었기 때문에 이를 대개 '갈리히연합회'라고 불렀던 것이다.[6] 연합회의 사무실은 호놀룰루 시내에 두고 기관지로 기존의 『연합회 공고서』 제호를 『연합회보』로 변경하여 7월 16일 제1호를 발행하였다.[7]

그러면 왜 박용만이 연합회를 결성하였을까. 앞에서 언급한 바와 같이 국민회의 재정흠축사건을 계기로 국민회의 주도권을 상실한 박용만을 중심으로 한 반국민회 세력들이 자신들의 세력을 결집시키기 위해 결성한 것이다. 따라서 연합회의 회원은 박용만을 지지하는 안영칠・차병수・김현구・유동면・이경호・김한근・김진호・임창진・정국선・김난수・이철연・이강열・이내수・정병섭・신홍균・정두옥・이정근・노병식・송진언・이종홍・이춘서・마준영・이순화・주원여・김규섭・박여규 등 이었다. 현재 연합회에 대한 별다른 자료가 발견되지 않아 구체적인 사정을 알 수 없지만, 『재미한인오십년사』에 다음과 같은 「연합회 발기문」이 실려 있어 대체적인 조직목적과 활동을 알 수 있다.

> 사회 풍파에 쇠잔한 원기를 소생하여 사회를 부흥하려면, 먼저 동포간에 시비를 피하고 화목을 증진함에 노력할 것인데, 적어도 국민회의 질서가 정돈되는 때까지는 임시적 조직을 결성하고, 필요한 사업을 진

5) 『신한민보』, 1918년 7월 14일, 「연합회 대의회 결의안」.

6) 김원용, 『재미한인오십년사』, Reedley, 1959, 156쪽.

7) 『신한민보』, 1918년 8월 1일, 「연합회보의 발행」.

> 행하며 서로 충돌하지 않기를 힘쓸 것이다. 국민회 임원과 각 지방 대의원 간의 시비는 반 년 이상의 시일을 끌고 있는데, 총회장 안현경이나 재무 이승만과는 이해를 통할 수 없으며, 그들의 무경우하고 부정직한 처사로 인하여 동료 간에 시비가 계속되고 화기를 손상하므로, 이것을 피하기 위하여 연합회를 조직하는 것이다.

즉, 연합회는 국민회와 이승만계열의 전횡으로 한인사회가 분열되었기 때문에 "국민회의 질서가 정돈되는 때까지 임시적으로" 조직한다고 명시하였다. 그리고 그 주목적은 이승만과 직접 대립함으로써 한인사회를 분쟁으로 몰아가지 않겠다는 의도가 있었다고 보아야 할 것이다. 그럼에도 불구하고 연합회의 조직은 하와이 한인사회를 뚜렷이 두 당파로 나눠지게 하는 시발점이 되었던 것이다. 왜냐하면 하와이 한인사회는 한인합성협회가 결성된 이후 국민회로 통일되어 있었는데, 국민회 외에 또 하나의 단체를 결성하는 것은 분명히 분파투쟁을 더욱 가중시킬 수 있는 가능성을 더욱 높여준다고 할 수 있기 때문이다. 이 때문에 국민회 중앙총회장 안창호는 1918년 11월 1일「연합회 당국에게 권고하는 글」을 통해, 먼저 연합회를 해산하고 하와이 국민회 총회의 불법성을 탄핵하는 것이 순서일 것이라고 하였다.[8] 안창호는 미주의 국민회가 한인들을 대표하는 통일기관이기 때문에 국민회 이외의 다른 조직을 만드는 것은 있을 수 없는 일이라고 하면서 연합회의 해산을 촉구하였다.

위와 같이 연합회는 하와이 국민회의 운영상의 문제점을 들어 그것에 대항조직으로 결성되면서 국민회와 1919년 초까지 대립을 하였다. 박용만은 연합회 결성 이후 1918년 11월 28일에 『태평양시사(*The Pacific Times*)』를 발행함으로써 이승만과 국민회에 대항할 준비를 본격적으로 갖추어 가고 있었다.[9] 연합회는 처음 『연합회보』를 기관지로 발행하였

---

8) 『신한민보』, 1918년 11월 7일, 「중앙총회장께서 하와이에 보내는 공문」.

으나 샌프란시스코 『신한민보』의 고활자를 인수받아 『태평양시사』로 제호를 변경하였다. 왜냐하면 이승만이 『태평양잡지』라는 제호로 자신의 주장을 펴기 때문이었다. 연합회는 기관지 『태평양시사』를 통해 박용만의 무장투쟁적 독립운동노선을 선전하면서 자파세력의 확대를 꾀하였을 것으로 판단되며, 그 가운데는 국민회와 이승만에 반대하는 활동도 함께 전개되었을 것으로 짐작되지만 현재 그 구체적인 활동 내용은 알 수 없다.

2. 대조선독립단의 조직

박용만은 연합회를 조직하여 이승만의 국민회에 대응하고 있었지만, 그 세력은 아직 이승만을 상대로 분쟁을 야기할 수 있는 단계에까지 이르지 못한 상태였다. 그런 상황에서 1919년 2월 하와이 국민회는 총부회장과 새 임원을 선출하였는데, 총회장에 이종관, 부회장에 손창희가 선출되었으며, 총회 대표원에는 안현경·윤계상·류상기 3명이 임명되었다. 기타 임원으로는 총무에 김광재, 서기 겸 재무에 김영우, 학무원에 이승만, 법무원에 서상홍, 구제원에 정윤필, 군무원에 손덕인, 농상부원에 신성일 등이 임명되는 등 이승만과 일색이었다.[10)]

이무렵 박용만은 국외 독립운동세력과 긴밀히 연락을 하고 있었으며 하와이내에서도 세력 만회를 위해 상당한 준비를 하고 있었던 것같다. 국내에서 3·1운동의 소식이 들려오지 않았던 1919년 3월 3일 박용만은 오아후·하와이·카우아이섬의 지지자들을 호놀룰루 한인 자유교회에 모아 '대조선독립단 하와이 지부'를 결성하였다.[11)] 박용만이 굳이 3

9) 『신한민보』, 1918년 12월 19일, 「태평양시사는 새 면목으로 출세」.

10) 『신한민보』, 1919년 2월 13일, 「하와이 총회 명년도 총부회장과 새 임원」.

11) 『신한민보』, 1919년 5월 1일, 「대조선독립단의 예식 거행」.

월 3일에 독립단을 창립한 것은 국내에서 3·1운동이 발발한 것과 일정한 관계가 있는 것 같다.[12] 왜냐하면 3월 10일자 하와이의 영자신문 『호놀룰루 스타 뷰레틴』지에 "호놀룰루의 한국신문 『태평양시사』의 주필 박용만은 지난 주(last week) 한 장의 편지를 받았는데, 그것은 독립운동에 관한 이 전보를 확인하는 것이었다"라는 기사가 있기 때문이다.[13] 이 『스타 뷰레틴』 기사에 의하면 누군가 박용만에게 국내에서 3·1운동이 일어날 것이라는 것을 미리 알려준 것이라고 볼 수 있다. 3·1운동 발발 직전 국내를 탈출하여 상해에 도착한 현순은 미주시간으로 1919년 3월 9일 상오 11시경 대한인국민회 중앙총회장 안창호 앞으로 전보를 보냈다.[14] 그리고, 이와 동시에 똑같은 내용의 전보를 하와이 국민회에도 보내, 하와이에서는 3월 9일 아침에 3·1운동의 소식을 알게 되었다.

그러나 위의 신문기사에서 보면, 박용만에게 보낸 편지가 누가, 어디서 보냈는가에 대한 발신인이 없다. 만일 위의 편지가 상해에서 현순이 보냈다면 3월 10일이 월요일이니까, '지난 주'라고 할 때 빠르면 월요일인 3일, 늦으면 토요일인 8일이 될 것이다. 즉 현순이 상해에 도착한 날짜가 3월 1일이고, 상해 도착한 후인 3월 4일 공식적으로 3·1운동이 일어났다는 소식을 공표하였다. 그런데 위의 신문기사에 따르면 '지난 주

---

12) 하와이지역 3·1운동에 대해서는 김도형, 「3·1운동과 하와이 한인사회의 동향」, 『한국근현대사연구』 21, 2002 및 Do-hyung Kim & Yong-ho Choe, "The March First Movement of 1919 and Koreans in Hawaii," *From the Land of Hibiscus*, University of Hawaii Press, 2007 참조.

13) *Honolulu Star Bulletin* 1919년 3월 10일, "Cable says Korean people now assert their independence"; 방선주, 「3·1운동과 재미한인」, 『한민족독립운동사』 3, 국사편찬위원회, 1988, 498쪽.

14) 『신한민보』, 1919년 3월 13일 호외, 「대한독립선언」.

한 장의 편지'라고 하였는데, 편지는 보통 국내 혹은 상해에서 적어도 20일 정도가 소요된다. 따라서 국내에서 3·1운동이 일어나기 전에 현순 혹은 다른 사람이 박용만에게 편지를 보냈다는 것이 된다.

또 다른 자료에는 현순이 박용만에게 편지를 보냈다고 말하고 있는데, 독립단원이었던 정두옥은 그의 글 「재미한족독립운동실기」에서 "1919년 3월 1일 한국의 독립운동의 전기하여 현순 목사가 박용만씨에게 편지하기를 한국안에서 미구에 독립운동이 일어날 것을 통지하면서 나는 장차로 파리경의 강화회에 갈려 하니 당신도 파리에 오시오 하는 독립운동의 첫소식이라"[15]라고 하여 『스타 뷰레틴』지의 기사내용을 확인해 주고 있다.

위의 내용을 다시 정리하면 하와이에는 어떤 경로인지는 모르지만, 박용만에게 국내에서 대대적인 3·1운동이 일어날 것을 알려 왔다고 할 수 있다. 이것은 적어도 3·1운동의 소식이 하와이에 전해지기 전인 3월 3일 박용만에 의해 독립단이 조직되었다는 사실과 밀접한 관계를 가지고 있다고 할 수 있다. 요컨대 박용만은 국내에서 3·1운동이 일어난다는 사실을 미리 알고 이를 준비하기 위해 독립단을 조직한 것으로 판단된다.

독립단은 3·1운동의 발발을 예견하고 조직되었기 때문에, 독립단측에서는 국내에서 3·1운동이 일어났다는 소식을 듣고 매우 반겨 맞을 수밖에 없었다. 박용만은 우선 「독립선건서」를 영역하여 『애드버타이저』 1919년 3월 28일자 1면에 실었으며,[16] 3월 30일 하오 1시 반 호놀룰루

---

15) 鄭斗玉, 「在美韓族獨立運動實記」 『한국학연구』 3, 별집, 인하대 한국학연구소, 1991 재수록, 67쪽.

16) 方善柱, 「朴容萬 評傳」, 『在美韓人의 獨立運動』, 한림대 아시문화연구소, 111쪽. *The Pacific Commercial Advertiser*, 1919년 3월 28일자에 「Manifesto」라는 제목으로 영역되어 있다.

시내에서 '대조선독립단 하와이 지부' 발회식을 정식으로 거행하였다. 발회식에는 하와이 각 지역에서 박용만을 지지하는 각 지방 대표 등 약 350여명이 참석하여 성대히 거행되었다.

3·1운동의 소식이 전해진 후 박용만과 독립단에서는 그동안 반목했던 국민회와 보조를 맞추면서 독립운동을 후원하려는 모습을 보여 주었다. 국민회 주최로 4월 12일 호놀룰루시 카이무키에 있는 한인기독학교에서 개최된 '독립축하식'에 박용만도 참석하여 연설을 하였다.[17] 그후 박용만은 중국과 연해주지역에서 자신의 무장독립노선을 실행하기 위해 5월 19일 호놀룰루를 떠나 블라디보스톡으로 갔다.

한편, 3·1운동 소식을 들은 하와이의 한인들은 독립운동을 지원하면서, 미국 정부와 시민들에 대해 한국독립의 정당성과 3·1운동에 대한 국제적 동정을 얻고자 하였다. 마침 6월 11일 하와이에서는 「카메하메하(Kamehameha) 大王 百年祭」가 개최되었는데, 하와이의 한인은 이를 통해 독립운동을 선전하고자 하였다.[18] 한인중앙학원의 학생들은 퍼레이드를 준비하였고, 국민회에서는 유희를 준비하였으며, 독립단의 기관지 태평양시사사에서는 국기행렬을 하였다.[19] 특히 태평양시사사 관계자들이 행사 때에 '조선독립만세'라고 쓴 깃발을 가지고 퍼레이드에 참가한 것이 주목을 받았다.[20] 태평양시사사의 깃발행사는 하와이 현지 일본인

---

17) *The Pacific Commercial Advertiser*, 1919년 4월 13일, "Koreans Observe Independence Day on Every Island."

18) 하와이 왕조의 카메하메하(Kamehameha) 1세가 1819년 5월에 죽고, 그의 장남이 왕위를 계승하였는데, 1919년은 카메하메하 2세(1819~1824)가 즉위한지 1백년이 되는 해이다.

19) 『신한민보』, 1919년 6월 24일, 「가미하미아 백년 기념일」.

20) *Honolulu Star Bulletin*, 1919년 6월 16일, "A tactless blunder"(이 기사에 대한 전문번역은 『신한민보』, 1919년 7월 1일, 「왜놈들이 한인의 독립행렬을 반대타가 쓴 망신」).

들의 반대로 도리어 한인들에게 도리어 동정을 표하는 계기가 되었다.

그러면, 박용만이 독립단을 결성한 목적을 「대조선독립단 하와이지부 약장」[21]을 통해 살펴보자.

> 하와이에 거류하는 우리 조선사람들은 동포간 복리를 증진케 하고 학술상 지식을 발달케 하며, 또한 조선국가의 독립운동을 향상 원조하기 위하여 이에 오아후·하와이·카우아이 각 지방에서 대표자를 파송하여 4252년(1919년-필자) 3월 3일에 호놀룰루에 회동하여 한 단체를 조직하고 거룩하신 하나님 이름과 공정한 합중국 법률앞에 이 약장을 제정함.[22]

이라고 하여, 조직의 결성목적은 하와이 한인들의 복리증진과 독립운동을 원조하기 위해 결성되었다고 하였다. 그리고 「약장」은 전체 제6장 제58개조로 구성되었는데, 그 가운데 제1장 「강령」만을 살펴보자.

> 제1조 본 조직체는 조선내지와 원동의 각 단체로 조직된 대조선독립단의 한 부분으로 이름을 대조선독립단 하와이 지부라 함.
>
> 제2조 본 단의 위치는 미령 하와이 수부 호놀룰루에 정하고 각 지부는 하와이 군도 각 섬에 지방에 설치함.
>
> 제3조 본 단의 관할구역은 하와이 군도로 원위를 삼으되 만일 다른 땅 다른 곳 동포가 개인이나 혹 단체로 본 단에 단원이나 혹 지부되기를 청원하는 때에는 그것을 다 일체로 허락함.

---

21) 「대조선독립단 하와이지부 약장」의 원문은 국가보훈처에서 간행한 『해외의 한국독립운동사료(XXII) : 美洲篇(4)』(1998, 609-919쪽)에 수록되어 있다. 문서에는 1919년 5월 1일 태평양시사사에서 간행되었다고 한다.

22) 국가보훈처, 위의 책, 609쪽 ; 김원용, 앞의 책, 187-189쪽.

제4조 본 단의 종지는 각처에 산재한 일반 동포의 생활상 복리를 증진케 하고 학술상 지식을 발케 하며 또 한인사회에 심리를 민주주의로 지도하고 대소 인민의 사상을 자유정신으로 함양코저 함.

제5조 본 단의 목적은 조선민족의 독립운동을 항상 원조하기로 위주하여 일반기관을 그 방면으로 사용하며 또 원동본부와 기타 각 단체로 더불어 대동단결이 주의를 지켜 조선국가가 완전히 독립을 얻기까지는 그런 주의에 대하여 정신과 물질을 일체로 희생하기로 하며 원동본부에 대하여는 일체의 의무를 지휘대로 시행함.

제6조 본 단의 주요되는 사무는 대강 이상 종지와 목적을 관철하기 위하여 위선 재정을 모집하고 교통을 민속히 하고 또 출판사업을 전력하며 외교활동을 시험함으로 제일 급무로 인정함.

제7조 본 단의 조직체는 대의부와 협리부와 행정부와 또 위원부로 성립하되 협리부는 곧 대의부의 대리로 호놀룰루에 항상 있어 대소사를 협의하게 함이요. 위원부는 실로 독립함이 아니라 다소간 행정부에 부속하여 행정부를 방조함이라 함.

제8조 본 단의 가급적 수단을 다하여 왜놈과 교제를 끊고 왜놈의 물화를 배척하여 한인사회의 상업상 이익이 한인에게로 돌아오게 하며 또 동포의 환란을 구원하여 불행한 생명이 없게 하도록 전력코저 함.

제9조 본 단은 기원 4252년 3월 1일을 조선독립 반포한 경절로 지킴.

「약장」의 제1장은 모두 9조로 구성되어 있는데, 하와이 독립단은 원동과 국내의 각 단체들과 더불어, 하와이뿐만 아니라 원동지역에 이미 조직되었거나, 조직될 예정이었던 '대조선독립단'의 한 지부라는 것이다. 단체의 주목적은 원동의 각 단체와 독립운동자금을 모집하여 '군사운동'을 후원하는데 있었다. 물론 출판과 외교사업도 병행한다고 하였지만, 그 주도적인 운동방법은 군사운동을 하는데 있었다. 다시 말해 독립단의 조직목적은 하와이에서 군사운동을 주도하던 박용만의 독립운동노선을 제고시켜야만 한다는 것을 기정사실로 조직된 단체였다.

「약장」을 통해 독립단의 조직을 보면 대의부·협리부·행정부·위원부를 4부를 두고 있었다. 4개의 주요조직 가운데 대의부와 협리부는 입법기관으로서의 역할을 수행하였다. 대의부는 각 지방단원들이 직접 투표하여 뽑은 지방대표들로 구성되었으며, 각 지방대표가 추천한 2명을 대상으로 다시 한 명을 선출하여 협리부를 구성하였다. 대의부 의회는 매년 한 차례 이상 회의를 개최하고, 호놀룰루에 상주하는 협리부원들은 매달 회의를 개최토록 「약장」에 명시하였다. 이로 보아 독립단의 입법기관은 상원적 성격의 대의부와 하원적 성격의 협리부 양원제를 채택하고 있었다고 할 수 있다.

다음으로 독립단의 행정기관으로 행정부와 위원부를 살펴보자. 행정부는 단장 1명, 부단장 1명, 총무 1명, 서기 1명, 재무 1명, 외교원 1명, 법무 1명, 구제원 1명을 두게 하였다. 의원부는 위원총회, 탁지·교통·출판·사교·구제·실업·특무위원으로 구성되었으며, 각각 3명 혹은 5명의 위원을 두었다. 행정부와 위원부는 같은 행정기관이지만 행정부는 내각적 성격의 실행기관이며, 위원부는 행정부의 국무회의적 성격을 가지고 있었다. 이처럼 독립단이 조직체계를 이중적으로 구성한 이유는 견제와 균형을 통해 지도자 1인의 독단적 전횡을 방지하고자 하는 의도가 있었다고 하겠다.

독립단은 중앙조직과 더불어 지방조직도 갖추고 있었다. 하와이 각 섬에 거류하는 한인들을 중심으로 "조선독립에 뜻이 간절한 자 10인 이상"이 모여 청원하면 지방조직을 설립할 수 있었다. 지방단의 조직체계도 중앙단과 같았으며, 다만 지방조직의 경우 위원부를 특별히 설치할 필요는 없었다. 지방단의 조직체계에서 특기할 점은 중앙조직과 달리 단장이 중심이 되는 것이 아니라 해당 지방의 목사가 단원들을 통솔하게 되어 있다는 점이다. 이는 한인들이 대부분 하와이 각 섬에 산재한 농장에 거주하기 때문에 그곳의 목사가 중추적인 역할을 할 수밖에 없었기 때문이라고 할 수 있다.

독립단의 단원들은 독립운동에 뜻이 있는 18세 이상이면 누구나 가입할 수 있었고, 단원이 되려면 반드시 다음과 같은 선언을 하여야만 했다.

> 조선국가의 득립을 위하여 생명과 재산을 다 희생하기로 결심하고 또 대조선독립단에 몸을 받쳐 그 종지와 그 목적을 죽는 때까지 보호하며 이후부터는 나의 몸을 다른 목적이나 다른 단체를 위하여 쓰지 안키로 작정이고, 이것을 거룩하신 하나님과 사랑하는 동포앞에 엄숙히 맹서하며 또 그것을 증거하기 위하여 나의 이름을 나의 손으로 친히 이 종이에 쓰노라.

그리고 독립단에서는 단원들에게 '독립준비금'이라는 명목으로 매월 1원을 받았는데, 그 가운데 15%는 지방단에, 85%는 중앙에서 사용하였다.

「약장」을 보면, 독립단은 조직 초기부터 거의 완벽한 조직체계를 명문화하고 있었다. 하지만 「약장」에 규정된 것과 같이 조직이 운영된 것 같지는 않다. 왜냐하면 박용만이 1919년 5월 19일 호놀룰루를 떠나 블라디보스톡으로 감에 따라 하와이에서 그 세력이 점차 감퇴될 수밖에 없었기 때문에 「약장」과 같이 조직이 활발히 운영될 수 없었다. 또한 3·1운동에 전력을 쏟고 있던 하와이 한인사회에서 독립단만의 독자적인 활동이 쉽지 않았을 것으로 판단되기 때문이다.

처음 독립단을 결성할 때 신홍균(申洪均)을 총단장에 강영효(姜永孝)를 부단장으로 뽑았으며, 총무에 김윤배(金允倍), 협리부에 양기준(梁基

俊), 태평양시사사 사장에 조용하(趙鏞夏)를 선출하였다. 일제의 정보자료에 의하면, 조직초기 독립단의 단원은 하와이 전도에 1,600명 정도였다고 한다.[23] 독립단은 결성 후 얼마 안되어 독립단의 단장 신홍균이 단비사용(團費私用)의 혐의로 퇴직하고, 부단장 강영효가 그 후임이 되었다.

한편, 3·1운동이 일어난 후 국민회 중앙총회에서는 독립운동의 연락과 일치된 행동방침을 마련하기 위해 강영소와 황사용을 하와이에 특파하였다. 이들은 1919년 6월 4일 하와이에 도착하여 그동안 분열되어 있던 한인사회의 통일을 도모하였다. 하와이에 온 강영소와 황사용은 국민회측과 그에 반대파인 독립단과의 합동을 통해 독립운동을 확대시킬 것을 강조하였다. 국민회 특파원의 설득에 의해 양쪽 간에 합동에 합의가 이루어져 7월 18일 역사적인 합동식이 거행되었다.

하와이 국민회와 독립단이 합동을 이룬 배경은 국민회측에도 독립단측에도 그 만한 이유가 있었기 때문이었다. 한인사회와 독립운동을 주도권을 쥐고 있던 국민회측에서는 3·1운동을 후원해야 한다는 거대한 명분하에 독립단과 분열되어 있다는 것이 자못 부담스러웠을 것이다. 또한 독립단측에서도 국민회와 합동에 동의하지 않을 수 없는 자체의 사정도 적지 않았던 것같다. 일제의 정보자료에 의하면, 독립단은 박용만이 하와이에 없기 때문에 세력이 위축되어 가자 합동에 동의한 것으로 판단하고 있다.[24]

양 단체의 합동이 이루짐에 따라 독립단에서는 각 지방단에 공문을 발송하여 단을 해소하고 단의 기관지인 『태평양시사』를 폐간할 수밖에 없었다.[25] 하지만 국민회측과 독립단의 합동은 오래 지속되지 못하였다.

---

23) 「布哇在留鮮人團體의 情況」『不逞團關係雜件-朝鮮人의 部-在歐米(6)』.

24) 「布哇에 있어 鮮人의 現狀」, 『不逞團關係雜件-朝鮮人의 部-在歐米(4)』.

가장 큰 이유는 3·1운동의 열기가 식어가고 독립운동을 적극적으로 지원해야겠다는 공동의 목표가 사라지면서 독립단과 국민회와의 충돌이 발생하였기 때문이었다. 합동한 지 두 달만인 1919년 9월 드디어 다시 분립하게 되었다. 모처럼 마련된 합동이 깨짐에 따라 독립단은 다시 지방조직을 부활하고 『태평양시사』를 재간시켰다. 조용하는 이종홍·조병요·강영효 등과 상의하여 재조직에 착수하여 전 하와이에 26개 지부와 단원 1,000여명을 획득할 수 있었으며,[26] 그해 12월 조용하가 총단장과 태평양시사사 사장에 취임하였다.

Ⅲ. 1920년대 초반 한인사회의 분쟁

1. 국민회관 탈취사건

1919년 7월 역사적인 국민회와 독립단의 합동식을 거행하고 하와이 한인사회의 통일이 이루어졌지만 그같은 물리적 결합은 곧바로 결렬되고 말았다. 독립단에서는 결렬의 책임을 국민회에, 국민회에서는 독립단에 그 책임을 전가하고 있었다. 당시 독립단 단원이었던 정두옥은 그의 글에서 "진실로 대의에 견지에서 오직 통일의 한 생각으로 독립단의 해소와 통일을 결심하고 각 지방단에 공문을 발송하여 합동운동을 전개하였던 결과 투표의 가결을 얻어 가지고 국민회 하와이 지방총회에 제시하고 합동을 교섭하였으나 하와이 국민회 총회장 이종관씨는 이것을 수

25) 「ハワイにおける抗日獨立運動に關する件」, 金正明 편, 『朝鮮獨立運動』Ⅰ, 734쪽, 1919년 10월 2일 高警 第2763號.

26) 「조용하 청취서(제2회)」(국사편찬위원회, 『韓民族獨立運動史資料集』 42, 2000, 116쪽).

약지 아니하고 거부하고 말았던 것이다"라고 하여 국민회측에 책임을 돌리고 있었다.[27)]

이런 가운데 독립단에서는 정한경이 작성하여 이승만의 승인하에 윌슨 대통령에게 제출된 이른바 '위임통치안' 문제를 들고 나왔다. 위임통치안은 정한경이 대한인국민회 측과 협의를 거쳐 "장차 완전한 독립을 보장하는 조건하에 한국을 국제연맹의 위임통치하에 둠으로써 일본의 지배로부터 해방시켜 달라"는 내용의 문서를 작성하여, 이를 윌슨 대통령을 통해 파리강화회의에 제출하자고 제의하였다. 이같은 제안에 이승만이 동의하여 정한경과 나란히 서명, 1919년 3월 3일 백악관에 제출한 것이다.[28)] 이에 대해 독립단에서는 기관지인 『태평양시사』를 통해, 이승만에게 위임통치안을 소환하라는 요구를 하였다. 그러나 이에 따르지 않자, 『태평양시사』 주필 조용하는 "탄고문을 발포하여 일반국민에게 발포하였던 것이다."[29)] 조용하는 「탄고문」에서 이승만이 제창한 위임통치의 주장은 절대로 용납할 수 없다고 하면서, 이는 전 조선민중의 의사가 아니라는 점을 분명히 밝혔다. 또한 이승만이 상해임시정부의 대통령으로서 인격, 식견 모두 그 적임이 아니라는 것을 통렬하게 지적하고, 이승만 성토 팜프레트 1,500권을 인쇄하여 상해임시정부 요인 및 전미, 블라디보스톡, 북만주, 기타 각국 단체 요인에게 발송하였다.[30)]

---

27) 鄭斗玉, 위의 글, 68쪽.

28) 유영익, 『이승만의 삶과 꿈-대통령이 되기까지』, 중앙일보사, 1996, 138쪽.

29) 鄭斗玉, 위의 글, 68쪽.

30) 이 당시 독립단에서 제작한 탄고문은 「布哇에서의 한국인의 爭鬪와 李承晩의 不人氣에 관해 1921년 10월 12일자로 朝鮮總督府 警務局長이 外務大臣에 通報한 要旨」(國會圖書館 편, 『韓國民族運動史料 : 中國篇』, 1976, 347-348쪽)에 실려 있는 내용이 아닌가 생각된다. 하지만 이 글의 말미에 "紀元 4254년 4월 19일 姜卿文 이하"라는 내용으

국민회와 독립단 양파의 합동이 깨짐에 따라 1919년 말 양 세력 간에 대립은 현저해져 가기만 하였다. 국민회 측에서는 워싱턴에 있는 이승만을 지원하는 활동에 주력하였으며, 독립단에서는 이에 불만을 가지고 하와이 국민회를 장악하려고 노리고 있었다. 그러던 가운데 1920년 1월 8일 하와이 국민회의 총회가 개최되어, 총회장에 이종관이 연임되었고, 부회장에는 김광재가 당선되었다.[31] 문제는 이 대의회에서 입법부와 행정부가 대한인국민회 중앙총회에 불복을 공결 입안하였던 것이다. 즉, 새로 성립된 하와이 지방총회의 대의회에서는 중앙총회에 예납금을 보내지 않기로 하고, 대표원도 뽑지 않기로 하고 중앙총회와 연락을 끊기로 결의하였던 것이다.[32] 하와이 국민회에서 거두어들인 독립운동 자금의 대부분은 임시정부나 중앙총회로 보내지 않고, 워싱턴의 이승만 앞으로 보내고 있었기 때문에 굳이 중앙총회에 관계될 필요가 없었던 것이다.

하와이 국민회의 결정에 불만을 가진 승용환을 비롯한 이내수·안영칠·김진호 등 1백여명의 독립단원들이 1920년 1월 22일 밤 국민회 총회관에 모였다. 여기서 이내수·황사용·방화중·조용하·정칠래 등 30여명은 '한인공동회'를 조직하고 공동회장에 승용환, 서기에 김진호를 선출하였다.[33] 그리고 하와이지방총회의 중앙총회 불복조건에 반대하였다.[34] 국민보 주필 승용환과 김진호 등 공동회측에서는 1920년 1월 26

로 보아 1921년에 같은 내용을 다시 제작하여 국내외에 발송된 것으로 판단된다.

31) 『신한민보』, 1920년 1월 29일, 「하와이 총회선거 결과」.

32) 『신한민보』, 1920년 3월 19일, 「민찬호 목사에게」.

33) 「김영우 → 이승만(1920. 5)」, 『우남문서(동문편)』 제16권, 1998, 394-399쪽.

34) 『신한민보』, 1920년 2월 24일, 「하와이 국민회 혁명의 후문」.

일 샌프란시스코 중앙총회에 하와이 지방총회 현행정부를 해산해 달라고 요구하였다. 공동회측의 이같은 요구를 받은 중앙총회에서는 1월 31일 하와이 국민회에 대해 조직체와 헌장을 위반하였다고 하면서 현행 행정부를 재조직하라고 하였다. 그리고 황사용・정칠래・안원규・정원명・이내수・윤계상・승용환・김진호・안영칠 9명을 '특명위원'으로 임명하여 하와이 국민회 행정부를 다시 조직할 전권을 위임하였던 것이다. 특명위원 9명 가운데 윤계상을 제외하고는 모두 독립단과 일정관계를 맺고 있는 사람들이었다.

공동회파에서는 2월 1일 새로운 국민회 임원 취임식을 거행하고, 그 다음날 이른 아침부터 국민회관에 돌입하여 강제 점령하였다. 이 사건이 1920년에 일어난 '국민회관 탈취사건'이다. 자신들을 국민회 '개혁파'라고 주장하는 공동회측에서 2월 2일 상오 7시 국민회관을 접수하였던 것이다. 당시 하와이의 영자신문 『스타 부레틴』의 기사에 따르면, 국민보의 주필인 승용환이 회관에 강제로 들어가 총회장 이종관을 잡아 묶고, 그에게 회의 문서와 돈이 들어 있는 금고의 열쇠를 줄 것을 강요하였다고 한다.[35] 이 급보에 접한 국민회측 사람들이 달려와 양편 간에 폭행사건이 발생하여 태평양시사사 사장 조용하가 철봉으로 안면을 구타당해 경찰병원에 실려갔다.[36] 이밖에 공동회쪽의 주명건 등이 폭행을 당하였으며, 폭행을 가한 국민회측 사람들 10여명은 경찰에 체포되었다.[37] 이에 피해를 당한 조용하와 주명건은 폭력을 행사한 국민회측 사람들을 고발하였다. 국민회를 지지하는 김영우는 공동회파의 목적은 "華盛頓 外交部

35) *Honolulu Star Bulletin*, 1920년 2월 2일, "Police quell rival factions of Koreans."

36) 『신한민보』, 1920년 2월 26일, 「태평양시사 사장의 중상」.

37) 이들은 경찰에 체포되어 1천 불의 보석금을 내고 곧 석방되었다(『신한민보』, 1920년 2월 26일, 「난류배들이 법안에 들어」).

를 철폐하고 基督敎會와 學校를 勿施하자 함에 在"[38]하다고 생각하고 있었다. 다시 말해 이승만에 대항하는 세력들의 도발이라는 것이다.

그렇지만 당시 하와이 한인사회를 살펴보면, 공동회파가 국민회관을 강제 점령한 배경에는 국민회와 독립단 사이의 합동이 곧바로 결렬되자 독립단측에서 이승만의 부재를 이용하여 국민회를 장악하려는데 목적이 있었던 것이다.[39] 공동회쪽에서는 자신들을 '개혁파'라고 하여 「공동회」를 개최하여 이승만의 비행을 고발하여, 국민회측에 타격을 주고자 하였다.

이러한 폭행사건이 발생하였음에도 불구하고 국민회 회관을 점령한 공동회측에서는 손창희를 국민회 총회장에, 정완서를 부회장에, 이창훈을 서기에, 정원명을 재무에, 승용환을 이사로 선출하였다. 이에 대해 국민회측에서는 자신들이 정당한 국민회의 임원임을 주장하고 2월 25일 변호사를 통해 공동회파가 불법적으로 임원을 선출하였음을 주장하였다. 국민회 총회장인 이종관, 부회장 김광재, 재무 및 서기 최순주, 그리고 이사들인 안원규・김정집・민한옥・양홍엽 등은 공동회파의 손창희・정완서・이창훈・정원명・승용환 등을 상대로 '국민회 반환소송'을 벌이게 되었다. 요컨대 현국민회 임원들은 자신들이 정당하게 국민회 자치규정에 의해 선출되었음을 주장하면서, 손창희를 비롯한 피고들이 2월 2일 불법적으로 회관을 습격하여 사무실을 점령하였으며, 임원으로 행세했다는 것이다.

국민회측과 공동회측에서는 자신들의 정당성을 둘러싸고 법정투쟁이 벌어졌는데, 중앙총회에서도 그 분쟁에 일정 정도 책임이 있었다. 따라서 중앙총회에서는 그 해결을 위해 총회장 윤병구가 하와이 분규에 대

38) 「김영우 → 이승만(1920. 5)」, 『우남문서 : 동문편』 16, 1998, 397쪽.

39) 『신한민보』, 1920년 2월 5일 호외, 「國民會中總別報-하와이 국민회 개혁에 관한 통신」.

한 처리 방침을 2월 19일 하와이에 있는 민찬호에게 편지를 보내었다. 여기서 총회장 윤병구는 자신이 하와이 지방총회를 해산한 배경과 이유를 설명하면서, "하와이 지방당국의 불법과 능욕 주는 것만 생각하면 힘껏 나아갈 수밖에 없으나, 다시 생각학에는 국가사업을 먼저할 수밖에 없고 국가사업을 제일로 힘쓰는 경우는 사사 경위를 위하여 다툴 수 없는 고로"라고 하면서, 그 대책으로 두 가지 방책을 내놓았다. 즉 첫번째는 연합 행정부를 조직할 것, 둘째는 헌장을 따를 것을 주장하였다.[40]

위와 같은 양쪽 간에 폭력사건과 법정투쟁으로 인해 하와이 한인사회는 물론 미주지역 한인들에게 미치는 영향이 적지 않았다. 당시 이 사건을 목격한 하와이 한인들은 "심지어 국민회 총회관 앞에서 주먹다짐까지 있었어! (중략) 경찰이 왔고, 우리는 들었는데 하와이의 영자 신문인 『애드버타이저』에 보도되었고, 미국인들이 우리끼리 싸웠다는 것을 알았을 때 나는 매우 부끄러웠다"고 하였다.[41]

사건이 발생 후인 3월 12일 하와이 제1 순회재판소에서 프랭클린 판사의 판결이 내려졌는데, 그 결과 현 임원진들이 1월 8일 정기대의회에서 정당하게 선출되었다고 판결하였다. 법적 평결에서 국민회측이 승리한 것이다. 그렇지만 공동회측에서는 이에 불복하고 재심을 청구하였다. 그때 중앙총회에서는 4월 8일에 「재미국민대회」[42] 임시평의회를 소집하여 하와이 사건을 토의한 후 양 쪽 간에 일체의 소송을 철회하도록 요구하였다.[43] 그후 4월 26일 그동안 봉쇄되었던 국민회 총회관 문을 다시

40) 『신한민보』, 1920년 3월 19일, 「민찬호 목사에게」.

41) Margaret K. Pai, *The Dreams of Two Yi-min*, University of Hawaii Press, Honolulu, 1989, 37쪽.

42) 1919년 12월 미주지역의 여러 문제를 해결하기 위해 「재미국민대회」를 조직하였다.

43) 盧載淵, 『在美韓人史略』 上, 羅城, 1951, 158쪽.

열고 국민회측에서 사무에 착수하였다. 그리고 양쪽 간의 일체의 소송을 철회할 것을 결의하고 소송이 철회하였으며, 이는 곧 실천되었다.[44]

이 사건은 중앙총회의 조정으로 양자 간에 화의가 이루어졌지만 1920년 4월 말까지 양쪽 집단이 분쟁을 야기하였으며 법정소송이 벌어져 많은 시간과 돈을 낭비하였으며, 하와이 한인사회와 국민회의 위상을 현격히 축소시켰다.

2. 태평양시사 습격사건

국민회 습격사건이 있은 후인 1921년 8월 국민회와 독립단과의 제2차 분쟁이 발생하였다. 그것이 이른바 '태평양시사사 습격사건'이다. 사건의 발단은 독립단의 기관지 『태평양시사』에 이승만에 대한 기사가 게재되면서 시작되었다. 상해임시정부에 갔던 이승만은 상해를 떠나 마닐라를 거쳐 1921년 6월 29일 호놀룰루로 돌아왔다. 이에 대해 독립단의 기관지 『태평양시사』 7월 23일자(제109호)에 '逃亡者 探聞'이라는 제목하에, 이승만을 모욕하는 기사가 게재되었다. 이 기사의 경위는 상해 대한적십자사의 서병호가 하와이 적십자사 문도라 앞으로 "頃日 李承晩氏의 行先이 不明하게 되드로써 其 動靜을 探知하여 至急 回報하기 바란다"라는 편지를 보내 왔다. 이를 『태평양시사』에서 "사실은 세상에 알려지지 않았으나 云云"이라는 기사를 내보냈다. 태평양시사의 이같은 자구가 이승만을 모욕하였다고 판단한 국민회측에서 태평양시사사에 항의를 하면서 사건이 발생되었다.[45] 그 당시 『태평양시사』에 게재된 내용은 『재미한인오십년사』에 다음과 같이 실려 있다.

---

44) 『신한민보』, 1920년 5월 11일, 「하와이 지방총회관의 개관」.

45) 「布哇에서의 李承晩과 朴容萬派와의 爭鬪에 관해 1921년 8월 6일자로 在호놀룰루 總領事가 外務大臣에 報告한 要旨」, 國會圖書館 편, 『韓國民族運動史料 : 中國篇』, 1976, 344-345쪽.

> 이승만씨가 다사하고 다난한 이대에, 임시정부에 왔다가 내부의 분열을 일으켰으며, 시국을 정돈하지 못하여서 민중에게 실망을 주고, 간다는 말도 없이 없어진 까닭에 민중의 의혹이 더욱 심합니다. 이런 사람을 어찌 영도자라고 믿을 수 있습니까. 이제는 민중의 뜻을 따라서 상당한 인도자를 구하는 수밖에 다른 도리가 없습니다.[46)]

이같은 기사내용에 대해 국민회측에서는 회의를 열어 기사의 취소를 요구하기로 결정하였다. 1921년 8월 2일 이승만을 지지하는 부인구제회측 김해나, 김차득, 이점순, 조매륜, 백인숙 등이 태평양시사사에 찾아가 사장 함삼여에게 기사의 취소를 요구하였다.[47)] 이에 함삼여는 기사를 조속히 취소할 것이라고 하고 돌려 보내려고 하였다. 그러나 분을 참지 못한 부인들이 계속해서 무례를 범하자, 함삼여 등 사원들이 이들을 문밖으로 몰아내어 쫓아버렸다. 쫓겨난 부인들은 그들의 남편들에게 이 사실을 고하였고, 그날 하오 5시에 정윤필・김봉서・민한옥・장원여・양재준・황용익・정시준・손덕신 외에 장정 30여 명이 다시 태평양시사에 난입하여 태평양시사사 사원들에게 폭행을 가하여 함삼여에게 심한 중상을 입었으며,[48)] 이상호・허용・정국선・김한경 등 사원들에게도 폭행을 가하고 창문을 파괴하고 집물을 훼손하였다. 이 소식에 접한 경찰들이 달려와 폭행을 가한 10명을 현장에서 구인하고, 부상자를 경찰병원에 수용하였다.

그런데 현장에서 도망한 국민회측 사람들이 다시 다른 사람들을 규합하여 철봉 등 무기를 가지고 오후 8시경 다시 태평양시사사로 찾아와

---

46) 김원용, 위의 책, 192쪽.

47) 「ハワイにおける獨立運動者の內訌に關し報告の件」 金正明 편, 『朝鮮獨立運動』 1, 原書房, 1967, 773쪽.

48) *New York Times*, 1921년 8월 4일, "Honolulu Koreans Riot".

사원들을 끌어내고, 인쇄기를 파괴하고, 철추를 휘둘러 리이노타입 활판 기계를 손상시켰다. 또 다시 난동 소식을 접한 경찰들이 와서 난입한 국민회측 사람들 23명을 체포하였다. 이날 경찰에 구인된 사람들은 모두 33명에 달하였으며, 다음날 다시 3명이 추가로 체포되어 모두 36명이나 되었다. 이 폭행사건으로 상해를 입은 사람이 8월 2일 5명, 다음날 5명 모두 10명에 달하였다.[49] 제1차 습격사건으로 구인된 10명은 보석금을 내고 석방되었고, 나머지 26명은 경찰에서 재조사를 받고 수감되어 있었다.[50]

이 사건은 8월 3일자 하와이의 영자신문 『애드버타이저』와 『스타 블레틴』에 다음과 같이 그 내용이 자세히 보도되었다.[51] 우선 『애드버타이저』에는,

> 그 당파싸움이 하와이 시초된 지가 이미 오래되었으니 곧 1915년에 이박사가 대륙으로부터 이곳에 온 때부터라. 1919년 3월 1일에 한국이 독립을 선언할 때에 이박사가 비록 미국에 있었으나 임시대통령으로 선정된지라. 한국독립당과 그의 기관지 『태평양시사』는 그 대통령 후원을 거절하였고 이박사는 민단을 조직하고 『국민보』의 후원을 받았더라. 지난 겨울에 이박사는 상해 있는 정부 본부에 얼마동안 있다가 한두어달 전에 하와이로 돌아왔는데 떠날 때에 아무리 적어도 상해 있는 한인적십자회는 이박사가 어디로 갔다는 편지가 이곳 한인적십자회에 도달함이더라. 이박사를 돕는 파의 감정이 심한데 그 두 정치파 사이의 소란이 이보다 더 있을까 염려더라. 지난 밤에 그 소란중 쟁투와 소요범들이 피체된 이는 5인 화요일 아침에 경찰 재판을 당하리라 하더라.

---

49) *Honolulu Advertiser*, 1921년 8월 4일, “Riot Roster Grows; Three More Jailed.”

50) 『신한민보』, 1921년 8월 18일, 「태평양시사신문 습격 상보」.

51) 『신한민보』, 1921년 8월 11일, 「태평양시사신문 습격 후문」.

위 기사에서 태평양시사사 습격사건의 근본적인 원인은 이승만파와 반이승만파의 정치적 쟁투가 그 원인이라는 것이다. 다음은 『스타 뷰레틴』에서는 「난당 폭행은 원치 아니한다(No mob violence wanted)」라는 제목으로 쟁투사건의 내용을 정리하고 있다.

> 어제밤에 난당의 양차 습격으로 태평양시사신문사 사무소와 출판기계를 파상한 것은 용서할 수 없는 무법 패악한 행동이니 이는 아무리 적어도 한인 한부분의 스스로 관할하는 힘이 부족한 것을 표시함이라. (중략) 그 신문에서 한국부인자선회원을 공격한 것이 그 습격의 긴급 원인이라 하지만은 그 속살 원인은 한인 간에 정치상 충돌이 있은지가 오래였더라. 만일 그것이 사실이면 어제밤 난당행동은 더욱 용서할 수 없는 것이라. 저들이 이곳 재류지방의 정치상 관계로 소요를 일으키지 아니하였을 것은 사실일 듯한데, 한국 국민의 정치상 의견부동으로 이곳에서 무법한 난당의 일을 일으키는 것은 한인사회에 반사라. 이곳에 거류하는 한인 중 책임을 가진 이는 관리와 합력하여 특별히 활동하여 법률에 복종하게 만들기를 바라노라. 호놀룰루는 난당들이나 난당의 폭행을 원치 아니 하노라.

라고 하여 태평양시사사 습격사건의 본질적인 원인은 『애드버타이저』와 마찬가지로 정치적 파벌투쟁에 있음을 지적하였다. 이 사건으로 인하여 하와이 한인사회 전체는 막대한 피해를 입혔고, 국민회와 독립단의 분쟁이 폭력으로 나타남으로써 양쪽 진영간의 대립양상은 더욱 격화될 수밖에 없었다.

태평양시사사 습격사건의 발단은 『태평양시사』의 기사에서 비롯되었지만, 본질적으로는 박용만의 부재로 독립단의 세력이 약간 위축되었다고 판단한 국민회측에서 도발한 사건이었다. 다시 말해 독립단과의 힘의 균형에서 약간 힘의 우위에 있다고 생각한 국민회측에서 일으킨 사건이었다.

Ⅳ. 대조선독립단의 활동

1. 1920년대 전반기의 활동

1919년 3월 결성된 독립단은 영수인 박용만이 그해 5월 원동지역으로 떠남에 따라 세력의 위축을 느끼고 국민회와 합동하였으나 본질적 차이로 인해 곧 분열되고 말았다. 이에 독립단에서는 조용하를 중심으로 재조직에 착수하여, 『태평양시사』를 재발간하고 선전활동을 하였다. 조용하는 이승만의 위임통치안에 반대하는 활동을 전개하는 등 기본적으로 이승만의 독립운동노선에는 반대하였지만 그렇다고 박용만의 노선에도 절대적으로 찬동하는 편은 아니었다. 반이승만적 노선과 중도적인 입장을 가진 조용하로서는 더 이상 독립단을 이끌 수 없었다. 왜냐하면 당시 대부분의 독립단 단원들은 박용만의 독립운동노선을 절대적으로 지지하며 정기적으로 군자금을 거두어 그에게 보내고 있었기 때문이다. 독립단에서는 박용만의 군사통일회의 사업에 많은 자금을 필요로 하였고 단원들의 헌신적인 원조가 있어야만 했다. 이에 독립단에서는 하와이에서 의연금을 거두는 한편, 국내에도 도움을 요청하지 않을 수 없었다.[52] 1920년 9월에 조직된 군사통일촉성회는 1921년 4월 17일 군사통일주비회 군사단체 통합운동을 위한 모임을 열었고, 회의 명칭을 '군사통일회의'로 명명한 후 대표를 선정하였다. 하와이에서는 국민군 대표로 김천호(金天浩)·박승선(朴承善)·김세준(金世晙)이 선출되었고, 대조선독립단 대표로는 권승근

52) 「在布哇 獨立團의 狀況에 關한 件(1921.11.1)」, 『不逞團關係雜件－在歐美(5)』.

(權承根)・김현구(金鉉九)・박건병(朴健秉)이 선출되는 등 하와이의 박용만계열 인사들이 대거 참여하고 있었다.[53]

1920년대 초반 하와이 독립단의 주활동은 주로 박용만의 지시를 수행하고, 그의 군사활동을 후원하는데 있었다고 해도 과언이 아니었다. 당시 중국에 있던 박용만은 1921년 11월 개최될 워싱턴회의를 대비하여, 하와이 독립단에 한인들의 통일을 위한 방책을 강구하라고 지시를 내렸다. 그리고 독립단에서는 1921년 10월 23일 한민족의 구체적 방침 통일할 목적으로 하와이에서 시험적으로 조선인 콘그레스'를 소집하기 위한 준비회를 개최하였다.[54] 이 대회에는 1천 여명의 독립단원들이 참석하여 '조선인 콘그레스'에 출석할 대의원 5경을 선출하였다.

한편, 1921년 3월에 '대한인국민회 하와이 지방총회'가 임시정부 교민단령에 따라 '대한인교민단'으로 변경되었다. 이승만에 의해 주도되고 있던 하와이 '국민회'가 '교민단'으로 개칭된 이유는 국민회 중앙총회의 간섭에서 벗어나려는 의도와 1920년 초 독립단측의 '국민총회관 점령사건'과 1921년에 일어난 '태평양시사사 습격사건' 등 하와이에서 이승만의 위상에 도전하는 세력들을 근본적으로 배제시키기 위해서였다.

태평양시사사 습격사건이 일어나기 전 독립단은 1921년 4월 하와이 지사의 정식 인가를 받아 법인단체로 하고 본부를 호놀룰루에 두고 각 섬에 지부를 설치하였다. 이 시기 하와이 한인사회의 논쟁점으로 부상한 것이 국민대회 개최문제였다. 박용만은 북경에서 신숙(申肅) 등과 군사통일주비회(軍事統一籌備會)를 조직하고 1921년 4월 17일 상해임시정부와 의정원에 대한 불신임안을 가결하고 결의문을 채택하여 국민대표회의 소집을 결정하였던 것이다. 이에 대해 동지회는 국민대표회의 개최 반대 여론

---

53) 『大同』 제3호, 1921년 7월 9일.

54) 「在布哇 獨立團의 狀況에 關한 件(1921.11.1)」, 『不逞團關係雜件-在歐美(5)』.

을 일으키면서 독립단과 대립각을 세우고 있었다.[55] 독립단은 북경에 있던 박용만의 의향에 동조하여 1921년 10월 23일 호놀룰루에서 대조선국민대표회기성회를 조직하고 국민대회의 개최를 요구하였던 것이다.[56] 하와이 국민대표회기성회의 회장에는 황사용, 부회장에는 신홍균, 총무에는 조병요, 재무에는 강영효, 서기에는 김진호, 임원에는 임춘호 등 11명의 독립단 주요인사들이 참여하였다. 그리고 독립단에서는 이상호를 국민대표회의 대표로 상해에 파견하였다.[57]

1923년 독립단과 교민단의 분쟁이 어느 정도 가라앉으면서 차병수가 독립단장이 되었다.[58] 이 시기 구미위원부에서 해임되어 상해에서 활동하던 현순이 1923년 2월 24일 하와이에 와서 독립단과 결합되어 활동을 시작하였다.[59] 이에 따라 독립단 내부에서도 전통적으로 박용만을 지지하는 세력과 현순을 지지하는 파로 나뉘어지게 되었다. 독립단의 일부는 현순을 거의 단장격으로 대접하는 등 현순은 독립단내에서 상당한 세력을 부식하게 되었다.[60] 이에 중국에 있던 박용만은 현순이 더 이상 독립단에서 세력을 확장시키지 못하도록 지시하였고, 여전히 박용만의 영향력이 절대적이었던 독립단에서 현순은 운신의 폭을 넓히지 못하고 있었다.[61] 이같은 사정으로 독립단 내부에서 임원 교체가 이루어지면서 박용만을 절대적으로 지지하는 김윤배가 새로운 단장이 되었으며, 서기 함삼여가 사임

---

55) 李明花, 「대한민국임시정부와 국민대표회의」, 『대한민국임시정부 수립 80주년 기념논문집』 하, 국가보훈처, 1999, 468쪽.

56) 『독립신문』, 1922년 7월 15일, 「布哇同胞의 宣言」.

57) 『신한민보』, 1923년 5월 31일, 「독립단 대표 이상호씨의 회환」.

58) 「이창규 → 신형호(1923.3.29)」, 『우남문서 : 동문편』 18, 1998, 587쪽.

59) 「玄楯自史」(『My Autobiography』, Yonsei University Press, 2003, 322쪽).

60) 「이창규 → 신형호(1923.3.24)」, 『우남문서 : 동문편』 18, 586쪽.

61) 「이창규 → 신형호(1923.3.29)」, 『우남문서 : 동문편』 18, 587-588쪽.

하고 강영효로 교체되었다.[62] 그리고 박용만은 1923년 말 자신의 군사운동에 필요한 긴급자금 1,500달러를 하와이에서 모집하여 줄 것을 독립단원 김거근(金擧根)에게 요구하였다. 이에 김거근·이상호·강영효 등 독립단원들은 서로 갹출하여 우선 600여 달러를 보냈다.[63] 이와 같이 당시 독립단의 가장 주요한 임무는 중국에 있는 박용만을 재정적으로 지원하는 일이었다고 할 수 있다.

한동안 잠잠했던 하와이 한인사회는 1923년 초부터 다시 독립단과 교민단과의 마찰이 발생하였다. 그것은 다름 아닌 하와이 학생들의 고국방문을 둘러싸고 독립단에서 교민단과 동지회측을 맹비난하면서 일어났다. 이승만측에서 학생들의 고국방문을 추진하는 표면상 이유는 하와이에 세울 성경학원의 기금 5만 6,000원 중 부족한 3만원을 모집하려는 것이었다. 이를 위해 하와이 고국방문단은 1923년 6월 20일 호놀룰루를 떠나 요코하마를 경유하여 7월 2일 부산에 도착하여 모금활동을 하는 한편 각지의 초빙을 받아 강연회와 야구경기를 하고 9월 18일 돌아왔다.[64]

이와 같이 교민단이 중심이 되어 고국방문단을 추진시킨데 대해 독립단에서는 교민단과 동지회측을 매우 의심스러운 눈길로 바라보았다. 왜냐하면 고국방문단이 국내에 가기 위해서는 호놀룰루 주재 일본총영사관의 협조가 없으면 불가능하였기 대문이다. 그런데 교민단측이 일본영

---

62) 『신한민보』, 1923년 7월 26일, 「독립단의 간부 임원 변경」; 「布哇에 있어서 朝鮮人의 現狀態에 關한 報告의 件(1922. 8. 11)」, 『不逞團關係雜件-在歐美(6)』.

63) 「當호놀룰루 鮮人 獨立團 團員 行動에 關한 件(1923.11.30)」, 『不逞團關係雜件-在歐美(6)』.

64) 하와이 고국방문단에 대해서는 김도훈, 「하와이 학생 고국방문단의 결성배경과 성격」, 『미주한인과 독립운동』, 한국근현대사연구회 미주한인이민100주년기념학술세미나, 2003년 12월 12일 발표문 참조.

사관을 통해 도항허가 및 이에 필요한 절차를 수행하였던 것이다. 독립단측은 교민단과 일본총영사관 사이에 일정 협력관계가 이루어지는 것으로 판단하고 매우 분개하게 된 것이다. 하와이 고국방문단에 대해 독립단에서는 다음과 같은 내용의 격문을 각지에 보내 이승만과 교민단측을 맹비방하였다.[65)]

1. 이승만 박사가 경영하는 학교는 일본의 원조를 받아 학생으로 하여금 일본내지 및 조선을 방문시키려고 한 일.
2. 교민단은 교회당 창설 때 일영사를 불러 기부금을 얻어 無名氏라고 하여 국민보에 등재시킨 일.
3. 민찬호 목사는 국민보 확장을 목적으로 일영사를 방문하여 그것을 의뢰한 일.
4. 3·1운동 이래 재외 각 신문지상에 왜인의 광고를 등재한 일은 없어도, 국민보는 일인 河原某의 金物商 광고를 등재한 일.

독립단측에서는 학생고국방문단을 계기로 호놀룰루 일본총영사관이 중심이 되어 한인사회를 회유와 분열정책으로 이끌고 간다고 판단하였고, 이를 계기로 교민단의 유화적 태도를 비난하는 활동을 전개하였던 것이다. 독립단측의 이러한 비난에도 고국방문단이 돌아온 이후, 하와이 교민단에서는 중앙기독교청년회 운동부원 중 야구단을 하와이에 초청하기로 하였고, 하와이 야구원정단은 1924년 5월 30일 서울을 출발하여 6월 17일 호놀룰루에 입항하였다.

하와이에서 교민단과 독립단의 분쟁이 어느 정도 식어가던 1924년 2월 26일에 개최된 독립단 연례 통상대표회에서 새로 임원을 선거하였는데, 여기에 총단장 후보자로 김윤배·강영효·이원순·유동면·김하진

---

65) 「布哇鮮人 獨立團의 內訌(1924.2.12)」, 『不逞團關係雜件-在歐美(7)』.

5명이 출마하였다. 결선투표를 거쳐 총단장에 김윤배, 부단장에 강영효, 총무에 이상호, 서기에 김규섭, 재무에 차병수, 법무원에 천진화, 군무원에 최봉래, 외교원에 이원순, 구제원에 김하진, 노동부원에 김원삼 등이 결정되었다.[66]

앞에서 언급한 바와 같이 하와이 국민회는 1922년 3월 교민단으로 변경되었지만 독립단을 비롯한 하와이 한인들 사이에는 '국민회'를 '교민단'으로 변경한 것에 상당한 불만을 가지고 있었다. 이들을 중심으로 하와이 각지에서는 1925년부터 국민회를 복설하려는 운동이 일어나기 시작하였다. 우선 마우이섬에서 1925년 3·1절 기념식을 계기로 국민회를 부활하여 회장에 함호용, 부회장에 오응택, 총무에 강재우, 서기에 이선명 등을 선출하였다.[67] 하와이섬 힐로지방에서도 4월 10일 국민회를 복설하고 회장에 차윤중, 부회장에 최홍수, 총무에 표상옥, 서기에 이정근을 선출하였다.[68] 이처럼 오아후섬을 제외한 지역에서 반교민단 분위기가 일어나기 시작하였던 것이다.

한편, 하와이에 온 현순은 앞에서도 보았다시피 독립단측과 가까이 지내게 되는데 1925년 4월 1일에는 그가 중심이 되어 상해 임정을 지원하기 위한 「임시정부후원회」를 조직하였다. 임시정부후원회의 회장에는 정원명, 부회장에는 강영효, 재무에는 함삼여, 이사부원에는 현순·임준호·정봉관·강영각 등 독립단측 인물들이 주축이 되었다.[69] 정부후원회는 약 70여명의 하와이 동포들이 참여하였으며, 1925년 6월부터 기관지

66) 『신한민보』, 1924년 2월 28일, 『독립단 총부임원 선정』.

67) 『신한민보』, 1925년 3월 26일, 「마위에 국민회 부활」.

68) 『신한민보』, 1925년 4월 23일, 「힐로 임시국민회」; 6월 4일, 「국민회 복설 발기」.

69) 『신한민보』, 1925년 5월 12일, 「정부 후원회」; 6월 11일, 「단산시보 간행」.

로 『단산시보』를 간행하였다. 『단산시보』에 실린 「임시정부후원회 취지서」에 보면 이들이 임시정부를 후원하는 목적이 설명되어 있다.[70]

2. 1920년대 후반기의 활동

1925년에 들어 하와이 한인사회에는 몇몇 지역에서 국민회가 복설되는 등 교민단측에 반대하는 세력이 생겨났다. 이 무렵 태평양지역의 민족문제를 다루는 태평양회의가 호놀룰루에서 개최되었다. 제1차 태평양회의는 1925년 6월 30일부터 7월 15일까지 호놀룰루에서 열렸는데, 여기에는 미국과 하와이·필리핀·일본·조선·중국·캐나다·오스트레일리아·뉴질랜드 등지에서 파견된 140여 명이 참석하였다. 국내에서도 申興雨(조선기독교청년회)·宋鎭禹(동아일보)·金良洙(조선일보)·兪億兼(연희전문)·金種哲(보성전문) 5명이 파견되었다.[71] 그리고 미주에 있던 서재필도 이들과 합류하였다.

태평양회의를 계기로 독립단의 지도자인 박용만이 1925년 7월 8일 호놀룰루항에 입항하였다. 하와이를 떠난 지 6년만에 다시 돌아온 자신들의 영수를 맞기 위해 독립단에서는 대대적인 환영행사를 하였다.[72] 7월 11일 독립단 주최로 서재필과 박용만에 대한 환영만찬회가 열었고, 12일에는 팔라마연극장에서 환영연설회를 개최하였는데 5백 여명의 청중이 참석하는 등 대성황을 이루었다.[73] 박용만이 하와이에 온 이유는 명목상

70) 『단산시보』, 1925년 10월 14일, 「임시정부후원회 취지」(『不逞團關係雜件-新聞雜誌 4』 所收).

71) 『신한민보』, 1925년 6월 18일, 「범태평양대회에 우리 대표 7일」.

72) 『단산시보』, 1925년 7월 8일, 「박용만씨 내도」. 박용만은 6월 28일 호놀룰루에 도착했으나 여권 및 비자 문제로 7월 8일 정식으로 입항하였다.

73) 『단산시보』, 1925년 7월 15일, 「徐朴 환영회의 일동」.

태평양회의에 참석하기 위해서였지만, 실제 목적은 중국과 만주에서 군사통일회의 등을 통해 군사운동을 하는데 필요한 재정적 원조를 강화하기 위해서였다고 보인다. 당시 박용만은 그의 운동자금 대부분이 하와이 독립단에서 지원되고 있었기 때문에 독립단을 더욱 강화할 필요가 있다고 판단하였던 것이다. 하와이를 다시 찾은 박용만은 자신의 활동에 대한 재정 지원을 촉구함과 더불어 독립단을 결속시키기 위한 다음과 같은 정책을 내놓게 되었다.[74)]

(1) 중령에 대본공사를 설립하되 자본금을 제1차에 2만 달러로 정하고, 국민군단의 여재금을 그 사업에 사용할 것이며, 그로부터 일반 단원이 형세대로 얼마씩 출자하여 합자회사를 만들 것.
(2) 대본공사는 중령에 미간지를 대득하고, 개척 사업을 하여서 원동 군사운동의 근거지를 만들며 그 운동의 자금을 담당할 것.
(3) 독립운동에 관한 일은 원동에 일임하고, 하와이에서는 신문 출판과 아동 교육에 노력하며 상조계를 조직하여 단원간의 환난을 상구하는 데 힘쓸 것.

위와 같이 박용만은 하와이 독립단의 역할을 두 가지로 정리하였다. 하나는 원동에서 자신의 군사활동을 원조하는 운동이고, 둘째는 하와이 현지에서 교육과 출판에 열중하게 하는 운동이라고 할 수 있다. 이러한 방침과 더불어 박용만은 그가 없는 동안 독립단 단원들이 이산하는 등 일부의 이탈 현상이 있었기 때문에 흩어진 단원들을 모으고 회관을 설치하는 등 독립단을 재건하고자 하였다.[75)] 특히, 경제적 지원활동을 강화하기 위해 독립단원 300여명은 1925년 9월 20일 갈리히지방에 모여 기

74) 김원용, 위의 책, 189-190쪽.

75) 『신한민보』, 1925년 9월 10일, 「독립단이 부흥하여」.

본금 7천원의 사업을 하기로 하였다.[76] 그리고 여기에서 얻어지는 이익금을 박용만의 군사운동에 후원하기로 한 것이다.

한편, 태평양회의를 계기로 1925년 7월 16일 서재필의 초대형식으로 이승만·김영기·현순·황사용·안원규·박용만·민찬호 등 하와이의 대표자들이 모두 모여 지나간 일을 타협하고 단결을 하기 위한 회의가 진행되었다. 그 동안 반목해 왔던 동지회를 대표하는 이승만과 독립단을 대표하는 박용만이 한 자리에 있었는데, 이 자리에서 두 사람은 다음과 같이 날선 공방을 주고 받았다.[77]

> 박용만: 우리는 다 실패한 사람이요. 실패한 사람은 물러가는 것이 이치에 상당하니 실패한 우리는 물러가고 청년들에게 맡겨서 이를 진행합시다.
>
> 민찬호: 나는 말은 좋아 아니하고 일만 좋아하는 사람이 올시다.
>
> 이승만: 모이기는 무엇을 모인단 말이요. 마음을 고치지 않고 모이면 무슨 일이 되요. 그런즉 여러분이 회개를 하시오.

위와 같이 박용만은 이승만이 하와이 한인사회에서 물러날 것을 주장하였던 것이고, 이승만은 자신에 대한 반감을 없애지 않으면 안된다고 답한 것이다. 이 모임은 원래 하와이 지도자들의 타협과 단결을 도모하기 위한 자리였으나 결과적으로 양 단체의 감정의 골이 깊다는 것을 다시한번 확인해 주는 것에 지나지 않았다.

박용만이 하와이에 돌아오면서 독립단은 단원 모집과 새로운 사업 등으로 새 희망을 얻은 단원들은 활기에 넘치고 있었다. 이즈음 임정 제2

---

76) 『신한민보』, 1925년 10월 15일, 「독립단 활동이 점점 진흥」.

77) 『단산시보』, 1925년 7월 22일, 「서박사 오찬회의에서」; 『신한민보』, 1925년 8월 6일, 「서박사 오찬회의에서」.

대 대통령 백암 박은식이 별세를 하자 박용만은 독립단원들과 임시정부 후원회 회원 1백 여명을 모아 추도회를 개최하였다.[78] 또한 활기를 되찾은 독립단은 1926년 3월에 들어 그동안 폐간되었던 『태평양시사』를 재간하였다. 그리고 2월 20일 총단 대표회에서 새로 임원을 선출하였는데 단장에는 김윤배가 그대로 연임되었으며, 부단장에는 황인환이 피선되었다. 이 대표회의에서는 새로 「약장」을 수정하고 새로운 「장정」을 채택하였으며, 기본금 1만 달러를 8월말까지 거두기로 하고, 임시정부를 후원하기로 하였다.[79]

이때 수정된 「장정」의 내용은 알 수 없지만, 현재 남아있는 「대조선독립단 당강」이 그것이 아닌가 판단된다. 「당강」의 내용상 「약장」의 강령부분이 대폭 수정된 것으로 보인다. 『당강」은 전문 7조로 되어 있는데 독립단의 노선상 변화를 확실히 보여주고 있다.[80] 「당강」은 제1조에서 "소위 내정자치나 위임통치같이 완전치 않은 주권은 결코 원치않고 오직 완전한 독립 회복하기를 주장하며, 또 이 주장을 군사행동으로 실행하기를 도모한다"라고 하여 절대독립론과 군사행동론을 주장하고 있다. 제2조에서는 만주·시베리아·몽고 등에 독립운동기지를 개척할 것을 주장하였으며, 제3조에는 민족주의를 이념으로 공산주의를 배격한다고 하였으며, 제4조에는 토지혁명론을, 제5조에는 가로쓰기의 국문혁명을 주장하였다.

1926년 후반부터 하와이 한인사회는 분쟁이 없이 평온한 시기라고 할 수 있다. 이시기 이승만이 동지촌 건설에 매진하고 있는 동안 독립단의 활동은 그다지 활발한 편이 아니었던 것 같다. 이승만은 1925년 말부터

78) 『신한민보』, 1925년 12월 10일, 「백감 박선생의 추도회」.

79) 『신한민보』, 1926년 3월 25일, 「태평양시사가 다시 출세」.

80) 「대조선독립단 당강」의 원문은 국가보훈처에서 간행한 『해외의 한국독립운동사료(XXII) : 美洲編(4)』(1998, 620쪽)에 수록되어 있다.

1931년까지 5년반 동안 동지식산회사에 전력을 기울이고 있었던 것이다.[81] 그런던 1927년 4월 11일부터 범태평양교육대회가 호놀룰루에서 개최되었고, 제2차 범태평양회의는 7월 15일부터 30일까지 호놀룰루에서 열렸다. 당시 조선지회에서는 유억겸・김활란・백관수 등이 하와이에 파견되었다.

한편, 만주지역에서는 민족유일당운동이 전개되고, 국내에서도 신간회가 결성되는 등 독립운동 전반에 걸쳐 민족통일전선이 형성되고 있었다. 이와 같은 국내외적 분위기는 하와이에도 나타나기 시작하였던 것이다. 하와이에서 독립운동 진영의 합동을 위한 모임은 1928년 2월 26일 호놀룰루의 한 식당에서 열렸다. 조용하의 초청형식으로 열린 모임에서 교민단측 인사들과 독립단측 인사 등 29명이 참석하였는데, 이 자리에서 「대한민족통일회」를 조직하기 위한 촉성회 준비회를 만들었다. 회장에는 조용하, 서기에는 최창덕, 취지서 제정위원에는 박상하・안현경・이상호 3명으로 정하였다.[82] 이어 3월 18일에는 촉성회 준비회 제2차 회의가 누아누청년회관에서 개최되었고,[83] 정식으로 준비회가 꾸려지면서 회장에 조용하, 서기에 최창덕, 위원에 김영기・김윤배・김유실・김수택・이상호・이복기・이원순・이태성 등 27명이 선출되었다.[84] 촉성회준비회에는 교민단과 독립단의 주요인사들이 모두 포함되어 있어 명실공히 통일적 기관이라고 할 수 있었다.

촉성회준비회의 조직은 서무부・선전부・의사부로 구성되었는데, 서무부에는 교민단장 최창덕, 독립단장 이복기가 포함되어 있었다. 또한

---

81) 이덕희, 「이승만과 하와이섬의 동지촌」, 『북미주한인의 역사(하)』, 국사편찬위원회, 2007, 12쪽.

82) 『신한민보』, 1928년 3월 15일, 「한민통일을 위하여」.

83) 『신한민보』, 1928년 3월 22일, 「통일촉성회 제2차 개회」.

84) 『신한민보』, 1928년 4월 19일, 「통일촉성회의 소식」.

선전부에는 전교민단장 김영기와 전독립단장 김윤배가 있었으며, 의사부에는 독립단 총무 이상호와 전국민회장 안현경이 있었다.[85] 마치 하와이 한인합성협회가 다시 부활하는 듯한 모습을 보여준 것이다. '대한민족통일촉성회' 제1차대회가 1928년 5월 20일 개최되어 하와이 한인사회에서 분열을 청산하고 통일과 단결을 역설하였으며, 하와이 한인사회에 민족독립을 위해 분투하자는 결의가 생겼다.[86] 이제 하와이 한인사회는 '대한민족통일촉성회'가 통일전선적 중심기관이 되었던 것이다. 촉성회가 주도가 되어 국치기념일 행사가 진행되었으며, 구미위원회에 있던 김현구의 환영식도 거행하였다.[87]

이 시기 독립단에서는 계속해서 북경의 박용만과의 관계를 유지하며 재정적 지원을 하고 있었는데, 단장 이복기는 실업부 사업을 하기 위해 1928년 4월 27일 북경으로 떠나, 7월 19일 귀환하였다.[88] 그는 북경에서 대본공사의 사업을 직접 시찰하고 박용만으로부터 독립단의 사업 전반에 대하여 지시를 받았던 것같다.[89] 그렇지만 하와이 한인사회의 통일적 분위기가 무르익어 가는 중인 1928년 10월 16일 독립단의 영수 박용만이 피살을 당하였다. 하와이 한인사회의 통일이 이루어져 가던 시기 독립단 영수의 사망소식은 매우 충격적이었다. 이에 독립단에서는 지도자 박용만의 피살에 대한 진상을 조사하기 위해 이상호를 현지에 급파하였다.[90]

박용만의 피살사건은 교민단과 독립단으로 힘의 균형을 이루었던 한

85) 『신한민보』, 1928년 5월 3일, 「합성시대를 다시 만나」.
86) 『신한민보』, 1928년 6월 7일, 「대한민족통일촉성회」.
87) 『신한민보』, 1928년 9월 23일, 「국치기념일」.
88) 『신한민보』, 1928년 5월 17일, 「하와이 독립단장 북경 여행」.
89) 『신한민보』, 1928년 8월 2일, 「독립단장 이복기씨 회환하여」.
90) 李元淳, 『世紀를 넘어서 : 海史李元淳自傳』, 新太陽社, 1989, 177쪽.

인사회를 한 쪽으로 기울게 하는 결정적 계기가 되었다. 하와이 한인사회에서 오랫동안 대립해 오던 양 단체의 힘의 균형이 붕괴되면서 오랜만에 마련된 통일적 기관인 '대한민족통일촉성회'의 활동도 위축되었다. 다시 말해 동지회쪽으로 무게가 실리면서 촉성회의 활동도 현격하게 기울어졌다.[91)]

Ⅴ. 교민단과 대조선독립단의 통합

박용만의 피살 이후 하와이 독립단의 세력은 확실히 위축될 수밖에 없었다. 지도자를 잃은 독립단은 "날이 갈수록 단체가 붕괴위기에 직면했고 임원들도 맥이 풀려 그 기능이 마비상태에 빠지고 말았다."[92)] 그럼에도 불구하고 하와이 한인사회에는 새로운 통일운동이 일기 시작하였다. 그 동안의 분열상에서 탈피하여 통일을 지향하는 운동으로 전환하지 않으면 안된다는 의식이 서서히 자라나고 있었다. 이와 더불어 하와이에는 기존의 교민단이니, 동지회니, 독립단이니 하는 구별이 희미해져 가면서 한인 사회단체 사이에 통일을 이루려는 현상이 뚜렷하게 나타나고 있었다. 이런 가운데 독립단계열의 사람들이 주축이 되어 1930년 1월 13일 「한인협회」를 조직하였다. 처음 한인협회의 위원장은 조용하, 서기는 김진호, 재무는 김윤배 등 40여명의 독립단 사람들로 시작하여 한 달만에 80명으로 늘었다.[93)] 그런 가운데 1930년 6월 15일 독립단의 임원이 새로 선출되었는데, 단장에 이상호, 부단장에 김경옥, 총무에 이원순, 재

91) 「조용하 청취서(제2회)」(국사편찬위원회, 위의 책, 2000, 117쪽).

92) 李元淳, 위의 책, 178쪽.

93) 『신한민보』, 1930년 3월 6일, 「한인협회를 조직하여」, 4월 3일, 「한인협회가 진흥되어」.

무에 천진화 등이 임명되었다.[94)]

그러나 독립단의 영수가 없는 상태에서 한인협회에 참가한 사람들 가운데 11명이 대거 동지회로 들어가는 이탈현상이 발생하였다. 이같은 현상에 대해 이승만은 동지회 기관지 『동지별보(同志別報)』 1930년 10월 15일자에 다음과 같이 말하고 있다.

> 년래로 독립단원으로 우리와 수차 상극같이 싸우던 동포들이 이번 합동운동 결과로 40여명 사람이 고개를 숙이고 들어와서 모든 사람 앞에서 손을 들고 광복대업을 같이 진행하자고 선서하고 차차로 모든 단원들로 하여금 같은 언조를 취하도록 힘쓰려는 결심이니, 약간 공심을 가진 자야 누구나 감복한 눈물을 머금지 않으리요만은 홀로 김씨와 민단 당국들은 극히 냉담하여 싫어하는 태도가 발표되며 신문상 언론이 점점 불찬성하는 논조를 일으키고 김씨는 합동을 찬성하는 민단 단원들도 함께 대면하기를 싫어하며 말하기를 그 사람들이 다른 계책을 속에 묻어놓고 민단과 국민보를 빼앗으려 들어오는 것이라 하니 그 뜻이 어디 있는 것을 가히 알 것이라.[95)]

이승만이 언급한 바와 같이 독립단원 40여명(실제로는 30여명)이 동지회로 들어가면서 한인협회의 활동은 위축될 수밖에 없었다. 심지어 독립단의 핵심인물이며 한인협회 서기를 맡고 있던 김진호가 1930년 2월부터 재간된 동지회의 기관지 『태평양잡지』의 주필로 갔으며,[96)] 독립단

---

94) 『신한민보』, 1930년 7월 3일, 「독립단 임원 체임」.

95) 이승만, 「동지회내정」 『同志別報(1930.10.15)』(『우남문서 : 동문편』 12, 1998, 305쪽).

96) 김진호가 정확히 언제 『태평양잡지』의 주필이 되었는지는 확인할 수 없었다. 다만, 『신한민보』, 1930년 3월 20일자의 「태평양잡지 다시 계속 간행」이라는 기사내용으로 보아 『태평양잡지』가 재간되면서 김진호가

총무 이원순도 동지회로 들어갔던 것이다.[97] 독립단원 30여명이 동지회로 들어갔음에도 불구하고,[98] 한인협회는 조용하・강영효・이정두・태병선・편성원・정원명 등이 중립적인 입장에서 회를 끌고 갔다.[99]

위에서도 언급했다시피 하와이 한인사회의 무게중심이 동지회쪽으로 넘어가기는 하였지만 전반적으로 파벌의식이 약해지는 것만은 사실이었다. 일례로 하와이 와히아와 지방에 있는 동지회 회원과 독립단 단원들은 1930년도부터 3・1절 기념행사를 합동으로 치루었으며, 이를 계기로 독립운동 후원도 같이하기로 하고, 한글학교도 합하기로 하였다.[100] 또한 한인사회의 통일을 목적으로 하는 조직체도 생겨났다. 카우아이섬의 한인들은 1930년 3월 9일 '가와이 대한인단합회'를 조직하여 1개월에 1원 25전씩 저축하여 독립운동을 후원하고자 하였다. 단합회의 회원은 40여명으로 회장에 이홍기, 부회장에 김상호, 서기에 한미경, 재무에 정호영 등이었다.[101]

이처럼 미주 한인사회의 통일현상은 비단 하와이에만 국한된 것은 아니고 1930년 초반 해외 한인운동의 일반적 경향이었으며, 특히 미주 곳곳에서 한인공동회가 설립되어 합동운동이 활동히 전개되고 있었다.[102]

주필이 되었을 것으로 추측된다.

97) 李元淳, 위의 책, 179쪽 및 183쪽.

98) 이상호, 「풍파에 밀려오는 소리를 듣고」, 『同志別報(1930.10.15)』(『우남문서 : 동문편』 12, 1998, 314쪽.

99) 『신한민보』, 1930년 7월 3일, 「한인협회 절대 계속하여」.

100) 『신한민보』, 1930년 4월 3일, 「와히아와에 통일현상」.

101) 『신한민보』, 1930년 7월 24일, 「가와이 단합회 진흥」.

102) 洪善杓, 「1930년대 在美韓人의 統一運動」, 『한국독립운동사연구』 10, 1996 및 Sun-pyo Hong, "The Unification Movement of the Hawaii Korean Community in the 1930s," *From the Land of Hibiscus*, University of Hawaii Press, 2007 참조.

어쨌든 하와이 한인사회에도 이런 영향과 더불어 기존의 분열과 파벌주의를 청산하고 통일을 지향하는 운동이 서서히 일어나고 있었다. 요컨대 1930년 초반 하와이 한인사회는 독립운동사적으로 보면 침체기로 보일 수도 있지만, 그것은 대내외적 조건의 변화에 대응하여 사회조직 내부의 전반적인 조정이 필요한 시기였다라고 할 수 있다.

대공황이 하와이를 강타하는 가운데 1930년부터 이러한 평화가 사라지고 이른바 '전쟁'이라고 할 만한 분쟁이 일어나게 되었다. 동지촌 건설에 열중하던 이승만의 동지식산회사 경영이 나빠지면서 하와이 한인사회에서는 불만의 목소리가 일어나기 시작하였다. 또한 이승만의 독선적인 행동으로 인하여 한인사회에는 그에 대한 염증이 일어나고 있었다. 1930년부터 시작된 교민단과 한인기독교회 내의 풍파는 결국 하와이 한인사회의 대전쟁을 예견하는 것이었다.

1931년 1월 12일과 26일 및 27일에 걸쳐 일어난 교민총단관 점령사건은 교민단과 동지회간의 싸움이었지만 전체적으로 보았을 때, 박용만의 사망 이후 이승만 세력에 대항할 세력이 완전히 배제되면서 그가 독점적으로 한인사회를 이끌면서 일어난 사건이라고 할 수 있다.[103] 이같은 전쟁에도 불구하고 이 기간 하와이 한인사회의 동지회와 독립단이라는 파쟁의식은 상당히 사라진 것 같다. 독립단원의 일부가 동지회로 가고, 이승만측의 인사들이 교민단으로 가는 등 하와이 한인사회의 풍파가 잠잠해지고, 이 분쟁의 근본 원인이었던 구세력과 신세력 간의 대립이 진정되어 가면서 한인사회의 통일문제가 제기되었다. 즉 이 분쟁의 발생과 폭력사태, 나아가 법정투쟁은 분명 부정적인 것이었지만, 이를 계기로 그 간의 분파를 해소하자는 주장이 대두되었다.

---

103) 1931년에 일어난 교민단총단관 점령 사건에 대해서는 김도형, 「1930년대 초반 하와이 한인사회의 동향-교민총단관 점령사건을 통해서」, 『한국근현대사연구』 9, 1998 참조.

교민단사건으로 법정싸움이 계속되는 중인 1931년 4월 4일 독립단 총부단장 취임식이 거행되어 총단장에 이상호가 취임하였다. 그런데 이 자리에 동지회 총재 이승만이 참석하여 연설을 하였던 것이다.[104] 법정재판이 벌어지는 가운데 이승만의 이같은 행보는 자신의 불리함을 만회하고 독립단 세력을 끌어안으려는 모습이 아닌가 생각된다. 그렇지만 이승만은 재판에서 패하면서 1931년 11월 21일 로스앤젤스호(City of Los Angeles)로 하와이를 떠나게 되었다.

교민단이 승리한 후 하와이 한인사회에는 독립단측이 교민단과 협조하여 통일전선으로 나가는 명분이 생겼다. 이제 더 이상 교민단, 동지회, 독립단으로 나뉘어 분파투쟁을 일삼는 다는 것은 명분적으로나 실리적으로나 유리할 것이 없었다. 이에 독립단원들도 교민단에 들어가 자유롭게 활동을 하게 된 것이다. 하와이 한인사회에 통일 기운이 일기 시작하고 교민단 재판사건이 종결된 이후인 1932년 초 교민단에서는 일제의 만주침략 행위를 규탄하기 위해 '선전부(Korean National Information Bureau)'를 조직하였는데, 선전부장에 정두옥, 각부 비서에 김현구·이용직·김원용, 교섭위원에 한길수, 재무에 차신호를 임명하였다.[105] 1931년 11월 2일 교민단 선전부에서는 제네바 국제연맹 의장인 아리스티드 브리얀드(Aristide Briand)에게 일본의 만주침략을 규탄하는 호소장을 선전부 국장 정두옥, 구미부위원, 한길수, 한국부위원 승용환, 원동부위원 김현구의 이름으로 보냈다.[106] 이어 1932년 1월에도 선전부에서는 미국 대통령에게 같은 내용의 호소문을 발송하였으며,[107] 같은해 11월 14

104) 「독립단 총단장 취임식」, 『태평양주보』, 1931년 4월호, 8쪽.

105) 鄭斗玉, 앞의 글, 81쪽.

106) *The Honolulu Star Bulletin*, 1931년 11월 3일, "Koreans here voice Protest to the League." 원문은 타자본 6쪽의 장문편지이다.

107) *The Honolulu Star Bulletin*, 1932년 1월 20일, "Koreans send

일 국제연맹 사무총장 에릭 드루몬드(Eric Drummund)에게 정두옥과 김현구의 이름으로 장문의 호소문을 보냈다.[108)]

교민총단관 사건이 일단락 된 이후 하와이 한인사회에는 독립운동에 매진해야 한다는 여론이 일어나면서, 1932년 2월 14일에는 임성우 등의 발기로 하와이 애국단이 결성되었다. 이 단체는 원동의 특무공작을 후원하기 위한 목적으로 조직되었다.[109)] 동지회측에서도 비록 재판에서는 패배하였지만, 만보산사건을 계기로 조직의 통일과 단결을 도모하기 위해 11월 18일 와이키키공원에서 '공동회'를 개최하였다. 이 집회에는 305명이라는 많은 인원이 참가하여 일제의 침략행위를 규탄하는 한편 일제의 만주정책을 비난하였다.[110)] 위와 같이 하와이 한인사회에는 독립운동의 재개와 통일운동이 진행되고 있는 중에도 아직까지 교민단과 동지회 간에는 감정적 골이 깊어 1932년도 3·1절 기념행사를 교민단은 교민단대로, 동지회는 동지회대로 치루고 있었다.[111)]

1932년 말에 접어들어 '국민회'로 복구하자는 여론이 일어났고 1933년 1월 3일 하와이 교민단 대의회 결의안에 의하여 교민단을 해체한 후에 「하와이 대한인국민회」를 복구하기로 하였다. 새로 복구된 국민회의 총회장 후보자로는 이정건과 정두옥이, 부회장 후보자로는 강영효와 승용환이 선출되어 지방단의 선거에 붙였다.[112)] 그후 1월 31일 새로운 회장에 이정건, 부회장에 강영효가 선출되었다.[113)] 재건된 국민회에는 독립단

Hoover word."

108) 원문은 타자본 12쪽의 장문편지이다.

109) 김원용, 위의 책, 216쪽.

110) 『신한민보』, 1931년 11월 19일, 「동지회 주최의 공동회」.

111) 『신한민보』, 1932년 3월 17일, 「두 단체 三一 기념식」.

112) 『신한민보』, 1933년 2월 2일, 「국민회 총선거」.

113) 『신한민보』, 1933년 2월 16일, 「하와이 국민회 총부회장 선거」.

의 핵심인물인 강영효가 부회장이 되는 등 한인사회의 중심에 들어가게 되었다. 이와 같이 교민단의 중심세력이 된 독립단측은 박용만이 없는 독립단의 존속에 별다른 의미를 두지 않게 된 것이다.

한편, 하와이 한인사회의 파벌타파운동은 국민회 복설 이후에도 계속되었는데, 특히 외교문제를 통일할 필요가 있었다. 이를 위해 1933년 4월 9일 '한인연합협의회'를 조직하게 되었다.[114] 협의회는 기관지로 『협의회보』를 발간하였으며, 동지회·정부후원회·독립단·동생회·조미구락부·와히아와공동회 등이 참가하였다.[115] 협의회의 목적은 "조선 독립을 기성코자 하는 민중의 역량을 연락 집중케 하며 운동의 전선을 협의케 하기" 위해 결성된 것이다.

1934년 들어 독립단원들이 국민회의 운영에 적극 참여할 필요성이 증대되기 시작하였다. 이에 기존의 이정건·강영효 등의 국민회 임원이 총사면하게 되었다. 그리고 독립단의 핵심인물들이 국민회의 임원선거에 출마하였다. 국민회 총회장 후보에는 김윤배와 정두옥이 출마하였고, 부회장 후보에는 이호직과 태병선·박종수가 출마하여 김윤배가 총회장, 이호직과 태병선이 부회장에 선출되었다.[116]

이와 같이 독립단원들이 국민회 운영에 대거 참여하면서 '독립단'이라는 명칭으로 굳이 또다른 단체가 존재할 필요가 없어지면서, 1934년 8월 26일 독립단 통상대회에서 국민회와의 합동이 본격적으로 논의되기 시작하였다. 이에 국민회 총회장 김윤배와 독립단장 김경옥 사이에 합동에 대한 협의가 수차례에 걸쳐 진행되었다. 그 결과 10월 15일 국민회와 독립단 두 단체 합석회의를 열어 양 단체가 합동하기로 최종 결정하였다. 이 합석회의에서 두 단체는 빠른 시일내에 국민회 임원을 재선

114) 『신한민보』, 1933년 8월 10일, 「한인연합협의회 조직」.

115) 『신한민보』, 1933년 6월 29일, 「외교운동을 각 단체에서 따로」.

116) 『신한민보』, 1934년 6월 21일, 「국민회 임시 총선거 진행」.

출하기로 하고 합동에 합의하였던 것이다. 그리고 합동을 마무리 짓기 위해 10월 21일 와이키키공원에서 합동축하식을 거행하면서 합동을 선언하였다.[117)]

국민회와 독립단의 합동 때 약속된 바와 같이 국민회 임원을 개선하기로 하였기 때문에, 재선거를 실시하여 총회장 후보로 김윤배와 임성우, 부회장 후보로 이호직과 유동면이 출마하였다. 그리고 1935년 1월 결선투표를 거쳐 총회장에 임성우, 부회장에 유동면이 당선되었다.[118)] 이로써 두 단체는 중립적 성향의 임성우 총회장과 독립단 성향의 유동면이 국민회를 운영하게 되었으며, 총무에 박상하, 서기에 황인환, 재무에 조병요, 법무에 이호직, 학무에 차윤종, 사교에 승용환, 연무에 태병선, 실업부에 김백수, 외교에 박승준, 청년부에 정덕중 등 대부분 독립단원들이 임명되었다. 또한 통합된 국민회에서는 독단적 회운영을 막기 위해 입법기관인 참의부를 설치하고 참의원으로 김윤배 · 김진호 · 정인수 · 정두옥 · 송진홍 · 박종수 · 안원규 · 박봉집 · 인봉규 등 9명을 임명하였다.[119)]

Ⅵ. 맺음말

독립단은 1919년 3월 결성되어 1934년 10월까지 이승만의 교민단 및 동지회와 더불어 대립 · 갈등하면서 하와이지역 독립운동을 주도하여 왔던 대표적인 단체라고 할 수 있다. 미주지역 한인역사를 정리한 김원용의 『재미한인오십년사』에는 독립단에 대해 다음과 같이 언급하

117) 『신한민보』, 1934년 11월 1일, 「하와이 두단체 합동 축하회」.
118) 『신한민보』, 1935년 1월 31일, 「하와이 국민회 총부회장 선거」.
119) 『신한민보』, 1935년 2월 7일, 「하와이 국민회 총임원과 재정보고」.

고 있다.

> 대조선독립단은 박용만과 그 동정자들이 독립운동 후원을 목적하고 하와이 호항에서 결성한 것이다. 이때에 제1차 세계대전이 끝나고, 파리에 평화회의가 열리며, 국내에 3·1운동이 일어나고, 내외 각지에 독립운동이 전개되는데, 하와이에는 박용만파와 이승만파 간의 싸움이 극렬하였다. 대한인국민회중앙총회가 그들을 융합하려고 최선의 노력을 하였으나, 이승만이 중대한 시국을 불구하고 박용만과 합작하기를 거절하므로, 합동을 이루지 못하고, 하와이 동포의 운동역량을 분열하였던 것이다.[120)]

즉, 박용만에 우호적인 입장에 서있는 김원용조차도 결과적으로 이승만파의 국민회와 박용만파의 독립단이 파벌싸움을 벌여 하와이지역 독립운동 역량을 분열시켰다고 평하였다. 그러면, 독립단의 조직결성 이후 교민단 혹은 동지회와 1934년 10월까지 15년간에 걸친 분쟁과 대립이 일어났던 근본원인은 어디에 있었겠는가. 이에 대해 본고에서는 이승만을 영수로 하는 국민회(교민단)세력과 박용만을 영수로 하는 독립단 두 세력의 팽팽한 세력균형에 주목하였다. 양 세력은 서로 길항하면서도 한인사회와 독립운동을 주도하였는데 대체로 박용만이 피살되기 이전까지 힘의 균형이 유지되었던 것같다. 하지만 박용만 피살 이후 독립단 세력은 크게 위축되면서 반이승만세력과 결탁하고, '교민총단 점령사건'을 통해 하와이 한인사회의 주도권을 차지할 수 있었다. 따라서 하와이 한인사회의 분쟁은 팽팽한 힘의 균형이 기울어질 때 그 과정에서 폭발적으로 일어난다는 것을 확인할 수 있었다.

이와 더불어 하와이 한인사회의 분쟁의 원인은 여러 측면에서 찾아질

---

120) 김원용, 위의 책, 187쪽.

수 있다고 보인다. 즉 하와이 한인사회는 근본적으로 이민으로 형성된 사회라는 점에서도 찾아질 수 있다. 사회문화적 측면에서 한인사회는 본국과의 연계가 이민 온 나라에까지 연장시켜 놓는 경향이 있기 때문에, 이민 1세들은 한국적 전통에서 완전히 탈각되지 못한 채로 이민국의 문화에도 완전히 적응하지 못하는 상태에서 생활을 한다는 점이다. 이에 따라 한국적 전통과 문화를 지키려는 데서 분열과 대립이 발생하며 이것이 분파투쟁으로 연결되는 경향이 강하게 나타난다.

두 번째로 하와이 한인사회의 분쟁의 근본원인은 하와이 이민의 특수성과도 매우 밀접하게 연계되어 있다는 점이다. 하와이에 온 이민자들은 언제든지 기회가 주어지면 국내를 떠나 신세계를 찾아 간다는 열린 생각을 가지고 있었던 매우 역동적인 성향을 지닌 사람들이었다. 초기 하와이 이민자들의 이같은 성향은 고립되고 협소한 하와이에서 그들의 역동성이 제대로 발휘될 수 없었다. 외부적 접촉이 제한되고 내부적 순환이 원활하지 못한 상황에서 동종적 성격의 결합은 더욱 강화되고 이질적 요소들은 더욱 배타시키려는 경향이 자연스럽게 발생하면서 정치적 분파투쟁이 빈번히 발생하였다고 할 수 있다.

세 번째로 하와이 한인분쟁의 이유는 이민사회의 성격상 지도적 지식층이 광범위하게 존재하지 않았다는 점에서도 찾을 수 있다. 하와이 초기 이민자들은 대부분 노동자층이었기 때문에 지식층이 매우 얇았다고 할 수 있다. 한인사회의 지도적 역량은 몇몇 지도자에 의지할 수밖에 없었다. 지도자의 빈곤한 지도력은 빈번히 하와이 한인사회의 분쟁을 야기시켰고 분쟁의 발생원인도 이성적·합리적 이유에서 발생하는 것이 아니라 감정적·우발적 측면이 많았다. 그렇기 때문에 분쟁의 양상도 논쟁의 차원을 넘어 폭력적·파괴적 양상을 띠게 될 수밖에 없었다고 할 수 있다.

마지막으로, 독립단과 교민단 혹은 동지회 사이에 15년간 대립하면서 하와이 한인사회를 파벌투쟁으로 몰아넣었던 것만은 사실이다. 분명히 독립단은 박용만의 독립노선을 추종하는 세력들이 모였다고는 하지만, 그 가운데 중립적인 인사들에 주목해 볼 필요가 있다고 생각된다. 조용하는 반이승만, 친박용만의 경향을 견지하였지만 그의 기본적 노선은 하와이 한인사회의 단결과 독립운동으로의 역량집중을 위해 지속적으로 합동을 모색하고 있었다는 것이다. 그렇기 때문에 그는 1928년 대한민족통일촉성회를 조직하여 한인사회의 통일을 꾀하였으며, 1930년에는 한인협회를 조직하여 하와이 한인사회의 합동과 통일을 지향하였던 것이다.

1920 ~ 30년대 이승만과 국내 기독교세력의 유대활동

김 권 정*

〈목 차〉

Ⅰ. 머리말

우남 이승만(1875~1965)만큼 한국 근현대사 인물 중에서 화려하고

* 金權汀, 경희대 후마니타스칼리지 객원교수

다양한 경험을 지닌 사람도 많지 않다. 한말 배재학당을 통해 신학문을 습득한 그는 만 5년 7개월간의 옥중생활에도 불구하고 미국 유학 길에 올라 짧은 기간 안에 프린스턴대학교에서 철학박사를 학위를 받은 근대적 지식인이었다. 또 협성회와 독립협회 간부를 지내며 개화운동에서 주도적인 역할을 담당한 개화운동가였고, 이후 체포 투옥, 탈출을 시도하다 사형을 언도받고 감형되어 옥중 생활을 하던 중 기독교 신앙을 받아들인 기독교인이었다. 또 일제 강점기 그는 외교독립사상을 바탕으로 임시정부의 초대 대통령과 주미외교위원장을 지냈으며, 망명지인 하와이를 무대로 국내 민족운동세력들과의 연대를 통해 해외 독립운동을 주도적으로 펼쳤던 인물이었다. 해방 이후 세워진 대한민국의 초대 대통령으로서 국가적 기초를 쌓았다.

한국 근현대사의 역사적 격동 속에서 다채로운 삶을 살았던 이승만에 대한 연구는 한국 근현대사를 연구하는 학인들에게 큰 관심의 대상이었고, 이에 대해 긍정과 부정을 뛰어넘어서 이제까지 많은 연구가 이루어져 왔다. 특히 해방 이후 분단과 정부 수립 이후에서 4·19시기까지 방대한 연구가 축적되어 왔으며,[1] 이에 대한 다양한 평가가 최근에도 활발하게 이루어지고 있다.[2] 이들 연구들을 통해 이승만의 독립운동이나 사상, 그리고 건국 이후 대통령으로서 그의 모습과 정책 등을 추적하여 상당한 연구성과가 축적되었다.

이런 성과에도 불구하고 기존 연구에서는 이승만과 국내 민족운동세력의 관계에 대해 크게 주목을 하지 못해 왔다. 그것은 1910년대 초 이

1) 이승만에 대한 시기별·주제별 연구경향에 대해서는 고정휴, 『이승만과 한국독립운동』, 연세대출판부, 2004, 1~8쪽과 정병준, 『우남이승만 연구』, 역사비평사, 2005, 19~37쪽의 연구 정리를 참조할 수 있다.

2) 가장 최근의 이승만에 대한 평가문제에 대해서는 유영익 편, 『이승만 대통령 재평가』, 연세대출판부, 2006을 참조할 수 있을 것이다.

승만이 미국으로 망명하고 일제 강점기 전 기간에 걸쳐 독립운동을 국외에서만 전개했기 때문에 국내 민족운동세력과의 관계가 거의 없었고, 있다 하더라고 그것은 미미했다고 보았기 때문이다. 또 해방 이후에는 귀국하여 국내 기반이 약한 가운데 미국의 전폭적이면서도 확고한 지지 아래 '외세의존적' 힘으로 단독정부를 수립하며 초대 대통령에 오르게 되었다고 보는 시각이 지배적이었던 점에서 큰 배경이었다. 이는 장기간 해외에서 독립운동을 전개할 수 있었던 배경에는 국내에 그를 지지하던 운동 기반이 구체적으로 존재하고 있었다는 점과 오랜 기간 국외에서 활동하던 이승만이 해방 이후 빠른 시간 내에 정국의 주도권을 장악해 갈 수 있었던 데에는 미국의 지지 뿐만 아니라 국내에 그의 정치적 기반이 조성되어 있었음을 쉽게 포착하지 못하는 이유가 되었던 것으로 보인다.

물론 최근에 이에 대한 심도 있는 연구가 진행되었으며, 그동안 밝혀지지 않았던 일제 강점기 이승만의 국내 지지 기반에 많은 부분이 해명되었다.[3] 그 가운데서도 이승만과 관련된 국내 민족운동세력이 주로 기독교세력이었음이 지적되었고, 이승만의 영향력이 미주와 중국본토 뿐만 아니라 국내에까지 조직과 사상적 차원에서 미치고 있었음이 밝혀졌다. 그러나 이들 연구들은 국외의 이승만을 중심으로 보았기 때문에 국내 민족운동의 흐름 속에서 이를 설명하는데 미흡하였고, 이 과정에서 독특한 운동 방식과 특성에 대한 접근이 미흡할 수밖에 없었다고

3) 이에 대해서는 다음을 참조할 수 있다. 金相泰, 「1920~30년대 同友會·興業俱樂部 硏究」, 서울대 국사학과 석사학위논문, 1991; 고정휴, 「태평양문제연구회 조선지회와 조선사정연구회」, 『역사와 현실』 6, 1991; 金權汀, 「1920~30年代 韓國基督敎人들의 民族運動 硏究」, 숭실대 사학과 박사학위논문, 2001; 장규식, 『일제하 한국 기독교민족주의 연구』, 혜안, 2001; 고정휴, 위의 책; 정병준, 위의 책.

생각된다.

이 글은 기존 연구의 성과와 문제의식을 공유하면서 이승만과 국내 민족운동세력 중에, 특히 친이승만 기독교세력의 유대활동을 살펴보고자 한다. 먼저 이승만과 국내 친이승만 기독교세력의 유대활동 배경, 그리고 국내외 민족운동의 조건의 변화와 맞물려 이승만과 친이승만 기독교세력의 유대활동이 어떻게 변화되었는지를 살펴보고 이런 변화를 통해 유대활동의 성격과 국내 민족운동세력의 동향을 검토하고자 한다. 이를 통해 이승만의 일제강점기 민족운동의 지지기반이 되었고, 해방 이후에는 국내 정치적 기반이 되었던 국내 친이승만 기독교세력의 단면을 이해하고자 한다.

Ⅱ. 국내 기독교세력과의 유대활동 배경

1. 친(親)이승만 기독교세력의 형성

이승만이 태어나 자란 기호지방은 한반도의 중심지역을 일컫는 서울을 비롯해 경기와 충청 일대를 포함한다. 한반도의 정치·사회 중심지로서 정치세력의 각축장이 되며, 우리 역사에서 정치사회 변화가 가장 먼저 일어나며 그 중심이 되었던 곳이다. 조선시대에는 전체 양반사대부 및 관료나 유생들을 압도적으로 포괄하며 과거나 추천을 통해 관료가 된 관료층이 토지를 매개로 거주하던, 정치권력이 집중된 곳이다.[4] 사농공상(士農工商)의 사회적 신분차별이 다른 어떤 지역에 비해 강하게 자리를 잡고 있었고, 19세기 조선 정치이념의 성리학적 세계관과 유교적

4) 金泳謨, 『韓末支配層硏究』, 한국문화연구소, 1972, 73쪽; 서울시사편찬위원회 편, 『서울六百年史』, 1977, 622쪽.

전통이 보존, 구현되는 본원지가 되었다.

이런 배경 속에서 19세기말 기독교(개신교)가 들어와 기호지방에 자리를 잡았다. 서울을 중심으로 하는 선교사들의 초기 활동은 사회의 배타적 분위기를 의식하여 근대문명 수용 차원에서 학교와 병원에 한에서만 보장되었다. 선교사들이 서울 및 거주하는 곳을 벗어나 여행할 때 신변보장이 되지 않았기 때문에 활동은 위축될 수밖에 없었다.[5]

그러나 1890년대에 들어 정치상황의 급변에 따라 이 지역에서 기독교에 대한 인식이 긍정적으로 바뀌기 시작했다.[6] 1894년 갑오개혁 이후 기독교의 선교활동이 사실상 허용되었고, 신분제와 과거제가 폐지됨에 따라 이 지역의 양반층 자제들에 대한 신식교육이 확대되었다. 또 갑오개혁을 전후로 일본을 비롯한 서구 열강이 한반도의 평화를 위협하며 국가의 자주적 독립권에 대한 심각한 위해(危害)를 가져오자, 당시 민족적 위기를 근대개혁을 통해 극복하고자 하던 양반 개혁관료층을 포함하는 개화지식인들 가운데는 기독교가 서구 근대문명의 기초가 됨을 발견하고 기독교에 대한 우호적 태도를 보이기 시작했을 뿐 아니라 기독교 공동체에 들어와 기독교인이 되었다.

이런 과정에서 정치사회적으로 기독교인들의 활동이 구체적으로 등장한 것은 독립협회운동을 통해서였다 이들은 독립협회 내 한 축을 형성하며 광범위한 차원에서 정치사회세력화를 시도했다.[7] 독립협회운동에는 유학을 마치고 들어와 개화지식으로 활동하던 윤치호, 갑신정변 이후 미

---

5) 민경배, 「初期 서울地方敎會에 대한 한 分析的 考察」, 『敎會와 民族』, 대한기독교출판사, 1981, 131~133쪽.

6) 김권정, 「초기한국 교회와 신분갈등」, 『한국교회사학회지』 11, 2002, 73~74쪽.

7) 박정신, 「구한말 '기독교 민족주의'」, 『한국민족운동사연구』 38, 2004, 234~242쪽.

국에 망명하고 언론과 의료술을 습득하고 귀국한 서재필, 그리고 양반개화관료층을 대표하던 이상재와 남궁억 등이 참여했다. 여기에는 배재학당 출신의 이승만과 신흥우 등의 신지식 청년층이 가담하면서 기독교 정치사회세력의 큰 그림이 그려졌다.

그러나 친이승만 기독교세력 형성의 계기가 된 것은 독립협회 해산 이후 감옥에 투옥된 인사들의 집단적인 옥중개종이었다. 배재학당 내에 조직된 협성회 토론회에 참여해 대중연설가로서 훈련받은 이승만은, 졸업이후 청년 개혁가로서 독립협회와 만민공동회의 강사로 나서 무능한 조선정부를 공격하면서 활동했다.[8] 독립협회 해산 후에는 '박영효의 쿠테타 음모사건'에 연루되어 도피 중, 1899년 1월 체포되어 한성감옥에 투옥되었다. 수감 중 그는 탈옥을 시도하다가 옥리(獄吏)에 총상을 입힌 죄로 종신 징역수가 되었다.[9]

옥중에서 이승만은 선교사들과 한성감옥 관료들의 호의 속에 도서실과 학교를 설치해 운영하고, 『독립정신』·『옥중잡기』의 집필활동을 통해 자신의 대외관과 정치사상을 집약하여 정리했으며, 서구 학문과 정세에 대한 인식의 지평을 확장시켰다.[10] 그러나 조만간 처형될지 모른다는 죽음의 공포 속에서 심각한 고뇌를 겪은 이승만은 「신약성서」를 읽던 중 깊은 종교적 각성과 몇 번의 체험을 통해 종교적 신앙을 받아들였다. 직후 그는 열성적으로 죄수들에게 전도활동을 하였는데, 40여 명의 이상의 죄수와 심지어 옥리 중에서도 개종하는 자가 나올 정도였다.[11]

---

8) 『독립신문』, 1898년 11월 28일.

9) 투옥경위에 대해서는 유영익, 『젊은 날의 이승만』, 연세대출판부, 2002, 12~20쪽을 참조할 것.

10) 유영익, 위의 책, 65~79쪽.

11) 서정민, 「구한말 이승만의 활동과 기독교」, 『한국기독교사연구』 18, 1988.2, 10~11쪽.

이때 함께 갇혔던 죄수와 간수들 중에는 독립협회에서 활동했던 양반 개혁관료층의 지식인들이 대거 포함되어 있었다. 이승만처럼 정치범으로 투옥되어 있던 이들은 옥중에서 정치사회적인 인식을 새롭게 가다듬으며 기독교로 집단적으로 개종하였다. 이전까지만 해도 기독교를 구국의 방편으로 이해하던 사람들이 대부분이었으나 깊은 종교적 체험을 하고 난 뒤에는 기독교를 근본적 삶의 토대로 내면화하게 되었던 것이다.[12) 지연・학연과 이념적 지향을 넘어 신앙적 연대감을 통해 이상재와 신흥우・유성준・김정식 등은 기독교를 단순한 구국의 방편을 넘어 이승만처럼 깊은 종교적 체험을 통해, 이승만과 내면적인 유대감을 가지는 평생동지의 관계가 형성되었다.

감옥 안에서는 이승만과 개종자들 사이에 인격적인 관계가 형성되었다. 의지할 만한 사람이 전무한 상황에서 신흥우는 이승만을 든든한 친형처럼 따랐고, 이승만 역시 외롭고 힘든 나날을 보내며 신흥우를 친동생처럼 여겼다. 또한 감옥 안에서 이승만은 자신보다 25살이 많으며 고관을 역임했던 이상재를 깊은 마음에서 우러나 존경하게 되었고, 이상재 역시 이승만을 돌아보며 지극히 아끼는 마음으로 평생을 품는 관계가 조성되었다.

이처럼 서구문명에 대한 모색과 함께 나타난 옥중 개종은 개인적 관계로 그치지 않고 이승만과 평생동지로서 '친(親)이승만 기독교세력'이란 새로운 정치세력이 등장하는 결정적인 배경이 되었다.[13) 이들을 중심으

12) 김권정, 「일제하 신흥우의 사회활동과 기독교 사회사상」, 『한국교회사학회지』 21, 2007, 17~22쪽. 신흥우와 이승만은 모두 초기에 기독교를 실용적이고 현실적인 사회개혁이념으로 받아들이고 있었고, 이런 인식은 평생 지속된다.

13) 李能和, 『朝鮮基督教及外交史』 下編, 조선기독교창문사, 1928, 203~204쪽. 이능화는 '관신사회신교지시'(官紳社會新教之始)라고 하여, 한국에서 최초로 고급 양반・관료층의 집단적인 기독교 개종이 시작된

로 국내외에는 이승만과 연계된 광범위한 인적 관계가 시작되는 출발점이 되었다. 1900년대 전후로 급격히 성장하기 시작하는 기독교회와 기독교단체를 거점으로 하여 국내외에는 서울과 경기·충청지역 출신이 주도하는 친이승만 기독교세력이 등장하는 중요한 근거가 되었다. 이들은 옥중체험과 개종을 통해 기독교를 진정으로 접하고 기독교야말로 진정으로 한국민족과 그 개개인의 구성원을 도덕적·정신적으로 각성시켜서 새롭게 거듭나게 할 유일한 종교라는 확신을 포기하지 않고 이를 실천하는 일에 노력하게 되었다.[14] 이는 일제 강점기 전기간 동안 이승만과 국내 친이승만 기독교세력의 유대활동이 지속될 수 있는 중요한 배경이 되었다.

2. 기독교청년회(YMCA)의 창립과 활동

1904년 8월 특별사면을 받은 이승만은 출옥한 뒤 바로 미국으로 갔다. 미국에서 조지워싱턴대와 하버드대를 거쳐 프린스턴대학에서 1910년 6월 박사학위를 취득한 그는 국내에 귀국하게 되었다. 이때가 1910년 10월의 일이었다. 귀국 직후 이승만은 황성기독교청년회(YMCA)[15]의 한국인 총무로 일하기 시작했다. 이는 옥중에서 맺어졌던 동지들, 즉 이상

사건으로 설명하고 있다.

14) 이승만, 『한국교회핍박』, 신한국사, 1913, 78~84쪽; H. W. Cynn, *The Rebirth of Korea* (New York : Abingdon Press), 1920.

15) 이는 1903년 서울 정동에서 창설된 기독교 청년운동단체였다. 1899년에 150여 명의 상류 지식층 청년들이 외국 선교사들에게 청년회의 설립을 요청함에 따라 북미 YMCA 국제위원회로부터 파견된 질레트(P. L. Gillet)가 국내에 와서 배재학당 학생들을 중심으로 가장 먼저 학생 YMCA를 조직한 뒤, 이어서 도시 YMCA로 황성기독교청년회(YMCA)를 창립한 것이었다. 전택부, 『한국기독교청년회운동사』, 정음사, 1978, 61~62쪽.

재 · 이원긍 · 유성준 · 홍재기 · 김정식 등이 YMCA 요직을 맡고 있었고, 윤치호와 김규식이 합류하고 있었기 때문에 가능한 일이었다.

당시 이승만은 YMCA에서 주로 학생부 · 종교부에서 종교 · 교육활동에 종사하며 성경반을 인도하거나 YMCA학교에서 학생들을 가르치고, YMCA 전국 순회전도여행을 통해 각 지방 학생YMCA를 조직했으며, YMCA연합토론회를 개최하는 등 이 시기 YMCA 주요 강사로 활동했다.[16] 이때 그가 YMCA 학교에서 가르쳤던 임병직 · 윤치영 · 허정 · 이원순 · 김영섭 등은 이후 자신의 든든한 지지자들로 활동하였다.[17]

그러나 독립협회 당시부터 타고난 정치적 리더쉽과 웅변가, 그리고 조직가로서의 면모를 지닌 그를 일제가 가만 놔둘 리 없었다. 일제는 1912년 '105인사건'[18] 과정에서 이승만에 대한 탄압을 시도하였다. 이에 이승만은 본능적으로 국내에서 정치적 활동이나 독립운동이 사실상 불가능하다는 판단을 하게 되었다. 선교사들의 도움을 받아 그는 미국 감리교대회에 한국대표로 참석한다는 명목하게 결국 1912년 3월 서울을 떠나 일본을 거쳐 미국에 도착함으로써 기약없는 망명생활과 독립운동을 시작하게 되었다.[19]

---

16) 전택부, 『한국기독교청년회운동사』 158~160쪽.

17) 정병준, 윗글, 92쪽.

18) 윤경로, 『105인 사건과 신민회사건』, 일지사, 1990 참조.

19) 미국으로 가던 도중 이승만은 옥중동지였던 김정식이 맡고 있던 동경YMCA에서 잠시 동안 동경 YMCA 회관 기금모금운동에도 참여했다. 이때 열린 학생대회에 연사로 참여한 그는 감동적인 연설을 하였다. 당시 이 자리에 참석했다가 이승만의 연설에 감동을 받은 이들 가운데는 이인 · 송진우 · 안재홍 · 김병로 · 최두선 · 현상윤 등이 있었다. 이들은 이후 국내 민족주의진영에서 이승만에 대해 우호적 또는 지지자로 활동하였다. 閔庚培, 『日帝下 韓國基督敎 民族信仰運動史』, 대한기독교서회, 1991, 115쪽.

1910년 10월 귀국하여 이승만이 활동했던 YMCA는 이후 그의 국내 지지기반의 조직적 거점이 되었다. 그것은 이승만의 국내 친이승만 기독교세력에게 국내외의 활동을 하는데 필요한 조직을 제공했기 때문이다. YMCA는 여러 측면에서 제도화된 교회와는 다른 집단적 성격이 있었다.[20] YMCA는 현실개혁을 추구하는 기독교 사회단체로 2~30대의 청년·학생으로 구성되었고, 현실개혁에 보다 능동적으로 참여할 수 있었다. 또 일반교회와 달리 기독교 사회단체였기 때문에 순수 종교 활동의 부담이 줄고 사회문제와 관련된 프로그램을 자유롭게 진행할 수 있었으며, 어느 특정교단에 소속되지 않기 때문에 교단의 압력으로부터도 벗어날 수 있었다. 특별히 YMCA는 국제 YMCA와의 유기적 관계를 맺고 국제창구의 역할을 하고 있었다. 인적·재정적 측면에서 해외 YMCA로부터 많은 보조를 받았고, 이를 바탕으로 국내 기독교의 사회참여를 주도할 수 있었다. 때문에 일제 식민권력의 강압적 통제나 압제로부터 어느 정도 상대적 자유를 가질 수 있었다.

따라서 YMCA는 창립 당시 임원진과 이사진이 대부분 외국 선교사들로 이뤄진 국제적 성격의 단체였으나, 1904년 정치범으로 투옥되었던 개혁파 관료출신들이 출옥 후 집단 가입하고 배재학당과 같은 기독교계 학교에서 공부한 신지식 청년층이 지속적으로 가입하면서 YMCA를 이들이 주도하게 되었다. 이후 이승만과 깊게 연계된 기독교인들이 YMCA를 거점으로 활동하게 되었던 것이다.

1910년대 일제 지배 아래서도 이승만을 뒤이어 친이승만 세력의 좌장 역할을 하던 이상재와 윤치호가 회장과 총무에 취임하였고, 1920년대에 들어서는 신흥우가 YMCA의 총무로서 YMCA를 이끌게 되었다.[21] 3·1

20) 노치준, 「일제하 YMCA의 기독교 사회주의사상 연구」, 『일제하 한국기독교와 사회주의』, 한국기독교역사연구소, 1993, 67~71쪽.

21) 전택부, 『한국기독교청년회운동사』, 183~265쪽 참조.

운동 이후에는 이상재·윤치호·신흥우의 지도력과 선교사들의 후원 속에 각 교파의 지도자들과 유력 지식인, 언론인, 실업인 등을 포괄하며 기독교세력을 구축함에 따라 미국에 활동하던 이승만과 연계되어 국내 친이승만 기독교세력의 강력한 정치적 기반을 확보하게 되었다.

3. 실력양성론과 외교독립론

이승만의 민족운동 방략은 일반적으로 외교노선으로 불린다. 그러나 그는 기본적으로 한국 독립이 즉시 어렵기 때문에 독립의 기회를 준비하며 실력을 양성해야 한다는 실력양성론적 노선에 서 있었다. 그의 인식은 그가 배재학당에서 신학문을 습득하는 과정에서부터 형성되었다. 서세동점과 민족의 위기가 풍전등화처럼 시시각각 다가오는 상황에서 이승만은 배재학당을 다니면서 정치적 자유와 기독교를 알게 되었고, 졸업 후에는『협성회회보』및『매일신문』, 그리고『제국신문』등을 통해 대중에게 국민과 시민의 권리를 소개하고 근대적 국민의 권리를 각성하고 이를 실천할 수 있는 실력의 필요성을 강조했다.

한성감옥에 투옥되었을 때, 그가 옥중에 도서실과 학교를 설치하고 운영하며 죄수들을 가르치는 일에 게을리 하지 않았다는데 그대로 나타났다. 감옥에서 집필한『독립정신』[22]에는 그의 실력양성론적 인식이 그대로 담겨 있다. 주요 핵심은 한국 대중을 기독교를 통해 교화시키고 이런 기반 위에서 서구의 제도를 도입하여 내정개혁을 단행하고, 대중의 실력을 양성하고 이를 토대로 중립외교를 전개하여 독립을 보장받자는 것이다. 이것은 미국유학을 마칠 무렵 한국이 식민지화 되기 직전에 미국에서 독립운동을 하거나 망명하는 길을 택하지 않고 귀국하는 길을 선택했다는 점에서도 분명해진다.[23] 그는 당장의 독립보다 한국민을 신학문

---

22) 리승만,『독립졍신』, 샌프란시스코 대동신셔관, 1910.

23)『인간이승만백년』62회,『韓國日報』1975년 6월 15일자.

으로 교육시키고 기독교로 인도하는 것이 무엇보다 중요하다고 인식하고 귀국했으며, 이후 1년 6개월 정도의 짧은 기간이지만 선교와 교육사업을 열정적으로 펼쳤다.

이 같은 태도는 같은 시기 미국 유학을 마치고 들어왔던 신흥우에게서도 그대로 드러났다. 신흥우는 미국 유학을 마치고 귀국한 것에 대해 그의 귀국 이면에는 모든 것을 神에게 맡기고 오직 자기가 할 수 있는 범위 내에서 최선을 다하자고 하는 '종교적 결단'이 놓여 있음을 밝히고,[24] 민족 독립의 실력을 키우기 위해 시간과 노력이 필요하다는 점진주의적 실력양성론적 자세를 갖게 되었으며, 망명하여 독립운동을 하는 것도 중요하지만, 일제의 압제에 고통받는 민족과 동일한 현장에서 있으면서 그들을 위로하고 민족의식을 불어넣으며 민족독립을 준비하는 것이 더욱 중요하다는 생각이었다. 그가 일제 식민지 통치를 극단적 동화정책과 민족차별을 기초로 하고 있다고 파악하면서도 그의 활동이 일제 식민지 권력을 현실적인 권력으로 인정하고 식민정권의 직접적 통제를 받는 제한적인 상황에서 끊임없이 민족적 독립을 지향하게 된 중요한 배경이 되었다. 이것을 그는 소극적 방법으로 생각하지 않았고, 오히려 더 어렵고 적극적인 방법으로 생각했다. 이런 인식은 국내 친이승만 기독교세력과도 크게 다르지 않았던 것으로 보인다. 이는 이상재도 동일한 인식을 갖고 있는 것을 보아도 알 수 있을 것이다.[25]

---

24) 김권정, 「1920~30년대 신흥우의 기독교민족운동」, 『한국민족운동사연구』 21, 1999, 143쪽.

25) 전택부, 『월남 이상재의 생애와 사상』, 연세대출판부, 2001, 82~88쪽. 1922년 북경에서 개최된 세계기독교청년대회에 참석했던 이상재는 북경의 독립운동가들로부터 국외에 남아 함께 독립운동에 매진할 것을 권유받았으나, 그는 자신이 귀국하지 않고 국외에 망명하면 그것은 국내에 자신이 해야 할 일이 아직 많이 남아 있으며, 또 자신을 기대하는 많은 이들에 대한 배신행위임을 들어 이들의 권유를 완곡히 물리치고

한편 외교적 방면에서 그의 활동은 하와이 망명 뒤 본격화되었다. 미국의 도움 속에 외교를 통해 독립을 노전할 수 있다고 보았던 외교노선 방략에 대해 이승만은 1913년 2월 하와이에 정착하여 망명생활을 시작하면서 『한국교회핍박』이란 소책자를 통해 이를 다시 한 번 언급했다. 일제가 조작한 '105인사건'을 주제로 서술된 이 책에서 그는 "기독교가 국내외 서로 소통하는 중요한 통로이며, 서양 각국과 상통하는 가장 유력한 단체로, 서양인과의 교류를 통해 우리의 뜻을 알리고 각국에 좋은 친구를 많이 획득하여 세상의 동정을 얻으며 기회를 기다리는 일을 준비하여 나갈 때 우리의 목적을 이룰 수 있다"[26]고 주장했다.

이승만은 기독교의 성장과 발전을 기반으로 하여 서구 열강, 곧 미국의 지지와 후원을 획득하고 나아가 한국의 독립에 대한 약속을 끌어낸다는 것이었다. 이는 한국이 서구열강, 곧 미국과 연결될 수 있는 강력한 매개체이자 통로로 기독교를 규정하고 있음을 잘 보여준다. 예컨대, 그는 3·1운동이 일어나자 한 미국기자와의 인터뷰에서 "3·1운동을 동양에서 한국인이 처음으로 예수교국을 건설하고자 하는 운동"으로 소개하여[27], 미국 언론과 기독교계의 전폭적인 관심을 끌어내고자 했다. 이처럼 이승만의 민족운동방략은 크게 실력양성론과 외교독립론이란 두 흐름으로 구성되어 있었다. 직면한 역사적 상황에 따라 변화가 나타났다. 국제 정세에서 반일적 흐름이 강할 때는 외교독립론을 주장하다가 일본에 우호적이면 실력양성론을 역설했다. 그는 실력양성론과 외교독립론이란 민족운동 방략을 설정하고 변동하는 국내외 다양한 상황 속에서 유연하게 대처하며 이를 상황에 적절하게 구사하였던 것이다.

이런 입장은 국내 친이승만 기독교세력에게 3·1운동 직후 그대로 나

국내로 귀국하였다.

26) 이승만, 『한국교회핍박』, 22~26쪽.

27) 『新韓民報』, 「우리나라를 예수교국으로 만드러」, 1919년 4월 8일.

타나고 있었다. YMCA를 통해 국제무대에서 한국에 대한 독립에 대한 강한 지원을 끌어낼 수 있던 친이승만 기독교세력은 일제 식민권력의 강제적 통제나 압제로부터 어느 정도 자유로운 공간을 확보할 수 있었다. 반면에 1920년대 중반 이후 국제무대에서 한국의 외교독립에 대한 호소가 어려워지자 YMCA를 중심으로 대대적인 실력양성운동의 일환으로 농촌사업을 전개하였던 것이다. 따라서 기독교야말로 외교활동의 가장 강력한 매개체 역할을 담당할 수 있다고 설정하고 있었다는 점에서 이승만과 국내 친이승만 기독교세력의 운동·이념적 지향 또한 동일한 선상에서 서 있었으며, 이는 이승만과의 개인적 관계 및 조직적 거점, 그리고 사상적 측면에서도 깊게 맞물려 있었음을 상징적으로 보여준다.

Ⅲ. 3·1운동 직후 유대활동

1. 파리강화회의와 한성정부 수립

1913년 2월에 하와이에 정착한 이승만은 국내의 지인들과 개별적으로 연락을 취하면서 활동을 시작했다. 그는 호놀룰루에 한인기독학원과 한인기독교회를 설립하여 이 지역 한인사회에 뿌리를 내렸다.[28] 그리고 동지였던 박용만과 하와이 독립운동 진로를 놓고 경쟁 끝에 1918년 대한인국민회 하와이 지방총회의 실권을 장악할 수 있었다. 이 과정에서 이승만은 온건한 교육자 및 종교가로서 모습과 함께 독립운동의 역량을 준비하는 모습을 드러내었다.

28) 이에 대해서는 최영호, 「이승만의 하와이에서의 초기활동」, 『이승만 연구』, 연세대출판부, 2000 참조.

제1차 세계대전이 끝나자 이승만은 샌프란시스코에 본부를 둔 국민회 중앙총회로부터 파리강화회의와 뉴욕에서 열릴 '약소국민동맹회'에 정한경·민찬호와 함께 파견될 인물로 선정되었다.[29] 그러나 한국문제에 대한 논의의 가능성이 회의적이라는 전망이 나오는 가운데, 그는 1919년 2월 말에 미국 윌슨 대통령에게 청원서를 보내 한국의 완전독립을 담보로 당분간 국제연맹의 위임통치를 받게 해달라고 요청했던 것이다.[30]

그런데 이 직후 3·1운동이 일어났다는 소식을 이승만이 듣게 되었으며, 한민족 독립운동의 주요 지도자로 대두하게 되었다. 3·1운동은 전 민족이 일치단결하여 조국독립에 대한 열망과 의지를 표출시킨 거족적 독립운동이었고, 그 산물의 하나로서 임시정부를 탄생시켰다. 3·1운동을 계기로 국내외 각지에서 임시정부가 수립되었는데, 그 과정에서 이승만은 대표적인 지도자로 부상했던 것이다. 3·1운동이 국내외로 확산되면서 각지에서는 모두 8개의 임시정부가 수립되었다. 이 8개 중 정부 조직 및 각원 명단이 발표된 것은 모두 6개의 정부였다. 이들 정부에서 이승만은 주요 지도자로 모두 추대·임명되는 명망성을 보여주었다.[31]

국내외에서 수립된 여러 임시정부에서 이승만에게 선출사실을 공식적으로 통보했는지 확인되지는 않고 있으나, 이승만은 곧바로 최고지도자로서 그 활동을 시작했다. 그 구체적 근거가 되었던 것이 국내에서 수립된 한성정부 문건이었다.[32] 국내에서 13도 국민대회라는 절차를 통해 선

29) 『新韓民報』, 1919년 1월 16일.

30) 방선주, 「3·1운동과 재미한인」, 『한민족독립운동사』 3, 국사편찬위원회, 1988, 230~234쪽.

31) 한시준, 「이승만과 대한민국임시정부」, 『이승만 연구』, 165~166쪽.

32) 정병준, 앞의 책, 178~196쪽 참조.

포된 한성정부가 다른 어떤 임시정부보다 그 정통성이 있다[33]고 선언한 이승만은 이를 배경으로 활동하기 시작했다.

아울러 외교독립론에 기초하여 구미위원부라는 독자적인 활동기구를 설립했다. 물론 이런 활동은 한성정부나 상해의 임시정부와 협의하에 이뤄진 것은 아니었고, 그것은 한성정부에서 자신을 집정관총재로 선출한 것을 근거로 하여, 집정관총재 또는 대통령이란 호칭을 사용하며 독립적으로 결정하고 행동한 것이다.[34]

이후 임시정부의 통합을 위한 노력이 진행되는 과정에서 이것이 논란이 되기도 했으나 13도 대표에 의해 수립된 한성정부의 문건은 통합임정의 임시대통령으로 선출되는 결정적 근거가 되었다. 이 과정에 국내 친이승만 기독교세력이 깊게 관련되어 있었다. 그것은 3·1운동 직후 이승만이 집정관총재로 발표된 한성정부의 문건을 신흥우가 국내에서 빼돌려 미국에 있는 이승만에게 전달함으로써 이후 이승만의 정치활동에 큰 변화를 가져온 것이다.

1912년 한국인으로 첫 배재학당 교장이 된 신흥우는 미국의 유학경험과 국제무대의 변화, 그리고 뛰어난 영어 구사력 등으로 감리교 내에 대표적인 국제통(國際通)로 자리잡았다. 특히 국제 감리교회와 관련된 행사에 한국 감리교를 대표하는 인물로 맹활약하게 되었다.[35] 그래서 이후 그는 식민지 강점 하에서도 1년에 한번 이상 해외에 나가는 기회를 가질 수 있었고, 다른 어떤 사람보다 조금은 자유롭게 미국을 왕래할 수 있었다. 3·1운동과 정부조직의 표면에 나서지 않았던 그는 한성정부가

---

33) 『新韓民報』, 「대한민쥬국 대통령선언서」, 1919년 7월 10일.

34) 이에 대해서는 고정휴, 앞의 책의 "제4절 구미위원부의 조직과 위상"을 참조할 것.

35) 「興業俱樂部事件關聯 申興雨 訊問調書」, 『思想彙報』 16, 1938.9, 140~141쪽.

선포되기 하루 전인 4월 22일 미국에서 개최되는 감리교백주년기념회대회에 참석한다는 명목에서 미국으로 출국하게 되었다.[36]

이때 신흥우는 함께 출국한 선교사 벡(S. A. Beck)의 딸 인형에 한성정부 문건을 숨겨서 갖고 나오는 방법을 사용하였다. 이를 통해 그는 일제의 감시와 경계를 뚫고 한성정부의 선포문건을 비밀리에 무사히 미국으로 갖고 나오는데 성공할 수 있었고, 이승만에게 전달했다. 신흥우가 직접 표면에서 나서지는 않았으나, 그가 한성정부의 조직과정에 관여하고 있었던 결과이기도 했다.[37] 신흥우의 활약은 이승만이 이후 국내외에서 명실상부한 한민족 독립운동의 최고지도자로 자리잡게 되었다는 점에서 큰 배경이 되었다.

이제까지 한성정부 수립과정에 대한 연구를 정리해 보면, 3·1운동이 일어나자 한성정부를 주도적으로 조직한 것은 이승만으로 대표되는 기독교세력으로, 한성정부는 기호출신들의 인물들이 우세한 '망명정부'의 성격을 지니고 있었다. 이를 주도한 기독교세력 중 이규갑·홍면희가 전면에서 활동했으나, 그들의 배후에는 이상재·박승봉·신흥우·오기선 등 기독교청년회(YMCA)의 리더 그룹들이 존재하고 있었던 것이다.[38]

그런데 한성정부 수립과정 전후로 주목되는 것은 이상재와 신흥우의 거취문제이다. 이상재는 한성정부 문건을 배후에서 지휘한 인물이고, 신흥우는 문건을 직접 전달한 인물이기 때문이다. 이상재가 신흥우에 비해 30살의 연장자였음에도 불구하고 구한말 옥중동지였고, 1910년대부터 YMCA의 핵심 리더들로 서로 깊은 관계를 맺고 있었고, 더구나 앞서 살펴보았듯이, 구한말 때부터 당시까지 이들은 이승만과 깊은 관계를 맺

36) 『每日申報』, 1919년 11월 30일.

37) 고정휴, 앞의 책, 63~64쪽.

38) 高珽烋, 「世稱 漢城政府의 組織主體와 宣布經緯에 대한 檢討」, 『韓國史硏究』 97, 1997, 199~200쪽.

고 있던 인물들이었다. 이들이 특히 관심을 끄는 것은 3·1운동 당시 명망성이나 활동의 영향력을 보아서 3·1운동에 직접으로 관여하고 남을 만한 사람들이 3·1운동 참가를 권유받았지만, 거절하고 주변에 물러나 있었다는 점이다.

이상재는 3·1운동과 관련된 그의 신문조서에서 최남선의 참가권유를 받았으나, 독립은 찬성하지만 자신이 연로할 뿐더러 방법에 동의하지 않기에 청원서에 서명하지 않았다고 했는데, 이갑성은 이상재를 독립선언 이후 제3진의 지도자로 예비해 두었으며, 일제와의 담판 대표로 내정되어 전면에 내세워지지 않았다고 주장하기도 했다.[39] 또한 신흥우도 1919년 1월 파리강화회의에 한국대표로 참석하라는 압력을 피하며 3·1운동 당시 평양의 기흘병원에 입원해 있었는데,[40] 이 때문에 일제 측에 포섭되어 친일적 행동을 하고 있다는 풍문이 돌기도 했다.[41] 그런데 적극적 친일 또는 매국노의 풍문이 돌던 신흥우는 돌연 미국으로 출국하면서 이승만에게 한성정부 관련 문건을 전달하였던 것이다.

높은 연령에도 불구하고 기개와 지조로 잃지 않아 많은 사람들로부터 존경받던 이상재가 3·1운동이란 민족사적 큰 사건에 애매하게 뒤로 물러나 있었다는 것이 석연찮고, 더구나 배재학당의 교장으로 직원과 학생들의 갖은 원성을 듣고 매국노라는 욕을 받으면서까지 침묵하고 있던 신흥우의 모습은 더욱 의아해진다. 이는 3·1운동 직후 이승만과 관련된 이상재나 신흥우가 이승만과의 관련 아래 3·1운동 전후 다른 준비를 하

39) 金良善, 「三 · 一運動과 基督敎界」, 『三 · 一運動50周年紀念論叢』, 東亞日報社, 1965, 253~255쪽.

40) 金良善, 위의 글, 247쪽.

41) 신흥우는 3·1운동에 철저하게 방관자적 입장을 취함에 따라 3·1운동 직후 배재학당 교장자리에서 권고사직을 당하는 아픔을 당하기도 하였다.

고 있지 않았나 하는 추측을 가능케 한다.

이런 단서를 생각해 볼 수 있는 것이 신흥우의 증언이다. 그에 의하면, “1918년 11월 제1차 세계대전이 끝나고 파리강화회의가 열리고 이를 미국이 주도한다는 소식을 듣게 되었고, 이 자리에서 1882년에 한미 양국이 맺은 한미조약의 원문을 파리강화회의를 주도하던 미국의 윌슨 대통령에게 제시하면서 두 나라 중 어떤 나라를 침략하면, 다른 나라가 청할 것 같으면 도와준다고 했는데, 왜 일본이 우리나라를 강제 합병할 때 무시했는가를 지적하고 국내에서 일본을 배척하며 우리가 자유를 원한다는 것을 강변한다고 한다면 우리가 ‘어떤 희망’을 가질 수 있는 것이 아닌가 하는 판단을 하게 되었고, 하란사(河蘭史)란 여성이 미국 유학 당시 친하게 지낸 의친왕을 통해 조약원문을 인계받아서 신흥우가 하란사와 함께 조약원문을 갖고 파리강화회의에 가려했다는 것이다. 그런데 파리강화회의를 거의 앞두고 1919년 1월 22일 고종이 돌연 사망함으로써 그 계획이 수포로 돌아가고 말았다”고 한다.[42] 물론 이 증언을 뒷받침할 만한 근거가 거의 없다는 점에서 증언의 신빙성을 의심받게 만들고 있다. 그러나 그럼에도 불구하고 이는 다음과 같은 추론을 가능케 한다고 보여진다.

이승만은 제1차 세계대전 이후 파리강화회의에 대비해 국내 기독교 세력과 더욱 밀접한 관계를 갖고 1882년 체결된 한미조약 원문을 전달받음으로써 그의 외교활동에 힘을 받고자 했던 것으로 보인다. 파리강화회의에 대한 국내외 독립운동 진영의 관심 속에서 큰 기대를 갖고 있던 이승만에게 정치적으로 자신의 주장이나 행동에 명분을 강화시켜줄 수 있는 것이었다. 미국 측에는 별 쓸일 없는 휴지조각에 불과할지 몰

---

42) 元致豪, 「申興雨박사의 방송녹음기록」(1958년 기독교방송국); 전택부, 『人間 申興雨』, 대한기독교서회, 1971, 124~125쪽에서 재인용.

라도 한국의 외교 독립운동가에는 독립의 지원과 지지를 끌어낼 수 있는 근거로 삼기에는 충분한 것일 수도 있었기 때문이다. 하지만 이 계획은 시도도 해보지 못하고 실패로 끝나 버린 것 같다. 그것은 조약 원문의 소재를 정확히 알고 있으며 이를 찾던 고종이 갑자기 사망함으로써 원문을 찾을 수 없었고, 이승만 자신도 승전국 일본의 항의로 미국 정부가 여권을 발급해 주지 않아 파리에 대표로 참석할 수 없었기 때문이었다.[43]

물론 이것이 끝이 아니었다. 계획단계에서 끝났으나, 그것을 준비하던 이상재와 신흥우를 비롯한 친이승만 기독교세력의 조직력은 그대로 존속했으며, 3·1운동 준비과정과 동향을 예의주시, 관망하며 3·1운동 이후의 정부수립문제를 준비하기 시작한 것으로 보인다. 이 과정에서 국내 어느 누구보다 국외를 드나드는 것이 자유로운 상태였던 관계로 신흥우는 철저하게 3·1운동 준비과정에서 빠진 채 3·1운동 이후 국내 상황을 국외 이승만에게 연락하거나 문건을 전달하는 역할을 담당했던 것으로 보인다. 3·1운동 직후 이상재와 신흥우를 비롯한 친이승만 기독교세력의 활약 속에 국외의 이승만은 국내외에서 명실상부한 한국독립운동의 최고지도자로 자리 잡게 되었다.

---

43) 파리강화회의에서 미국 대통령에게 한미조약의 원문을 제시하며 조선독립의 지지와 지원을 끌어내려 했던 이 계획에 대해서는 현재까지 제대로 연구된 바가 없다. 그러나 제1차 세계대전 이후 한국의 독립운동진영에 새로운 계획과 준비, 그리고 시도들이 일어나고 있었다는 점에서 한미조약을 둘러싼 국내외 움직임은 3·1운동 전야의 국내외 동향을 포착하고 이해할 수 있는 중요한 계기가 된다는 점에서 앞으로 학계의 연구가 주목된다. 이 부분에 대해서는 추후 더욱 구체적인 자료발굴과 함께 심층적인 연구가 더욱 필요하다고 생각된다.

2. 태평양회의와 외교 활동

3·1운동 이후 일제의 식민정책 변화와 함께 정의인도와 세계개조의 분위기 속에서 국내 친이승만 기독교세력은 외교적 방면에서 이승만과의 관련 속에서 활발히 움직이기 시작했다. 이런 활동은 한성정부 집정관총재의 명분을 바탕으로 대한민국임시정부 통합과정에서 대통령에 취임하는 이승만을 국내에서 지원하는 것이기도 했다.

먼저 3·1운동 직후의 활동은 가장 먼저 1920년 미 하원의원 관광단 방문과 관련되어 전개되었다. 1920년 8월 24일 미국 하원의원단이 관광 삼아 대한민국임시정부가 설치된 상해를 거쳐 한국에 오게 되었을 때, 국내 민족운동세력은 이를 독립지원활동의 기회로 활용하고자 했다. 이는 기독교세력도 마찬가지였다. 국외에서는 여운형이 이들 미 하원의원단에게 태극기와 외교청원서를 전달하였고, 상해의 대한민국임시정부가 「대한민국임시정부청원서」를 이들에게 전달하려다 실패로 끝났다. 이외에도 일본 고관 암살, 폭탄투척 등의 테러도 계획, 실행했으나 실패로 끝나고 말았다.[44)]

서울에 도착한 미 하원의원단을 조직적으로 맞이한 것은 국내 친이승만 계열의 기독교인들이었다. YMCA의 윤치호·이상재·신흥우는 '미국 의원시찰단 환영회'를 조직했다. 미 의원단이 서울에 도착하자 방문하여 이들을 환영회에 초청했으나, 일제의 저지로 뜻을 이루지는 못했다. 공식적인 미하원의원단의 환영은 좌절되었으나, 그 위원단 일행 중 헐스맨(H. S. Hersman)이 환영식에 혼자 나타남에 따라 미 하원의원단 환영행사를 가까스로 할 수 있었다.[45)] 미 하원의원단의 환영식과 외교적 활동은 비록 현실적으로 일제의 방해로 실패로 끝났으나, 이런

---

44) 박찬승, 『한국근대정치사상』, 역사비평사, 1992, 170~171쪽.

45) 『東亞日報』, 「難言의 失望, 意外의 歡喜」, 1920년 8월 26일.

활동을 통해 한국민들의 독립의지를 다시한번 환기시켰다는데 의미가 있었다.

친이승만 기독교세력의 국제적 활동은 1921년 워싱턴군축회의 이후에도 지속적으로 전개되었다. 워싱턴회의에서 한국문제의 거론을 기대하던 많은 한국인들에게 실망감을 준 것이 사실이다. 그러나 친이승만 기독교세력은 이에 굴하지 않고 이후 기독교청년회(YMCA)를 통로로 하와이의 이승만과의 깊은 소통 속에서 적극적으로 외교활동을 펼쳐 나갔다.

이런 국제무대에서 활동을 주도한 인물은 이상재와 윤치호, 그리고 신흥우 등이었다. 한국 YMCA가 일본 YMCA로부터 분리되면서 국내 친이승만 기독교세력들이 세계YMCA연맹·기독교학생연맹의 국제대회를 명목으로 합법적인 해외 및 미국여행이 가능해졌고, 국제무대에서 이승만과 접촉했다. 이상재와 윤치호는 국내에서 주로 신흥우의 국외 여행을 지원하였다.

한편 1921년 8월 하와이에서 개최된 범태평양교육대회[46]에 신흥우가 참가했다. 그의 참가는 이승만이 이 대회를 주관한 범태평양협회의 초대 이사였기 때문에 가능한 일이었다. 이승만의 전폭적인 협조와 유대감 속에 참가했던 신흥우는 미국을 비롯하여 뉴질랜드·일본·중국 등 10여개 나라 사람들이 참석한 가운데[47] 한국인에 대해 일방적 동화(同化)를

46) 범태평양협회는 하와이에 본부를 두고 미국 주의 국제적 민간단체로 태평양연안 국가와 민족들 간의 평화와 화해를 위한 목표를 위해 1917년 5월 창립되었다. 신흥우는 서울 YMCA 총무와 조선교육협회의 이사 신분으로 참석했다.

47) 미국이 이 시기에 민간단체를 내세워 태평양 지역의 평화를 주장한 것은 이민문제로 나빠진 일본의 국민감정을 무마하는 동시에 소비에트 러시아의 동아시아에 대한 영향력 확대를 견제하려는 의도의 일환이었다. 고정휴, 「태평양문제연구회 조선지회와 조선사정연구회」, 『역사와 현실』 6, 역사비평사, 1991.

강요하는 일본의 식민지 교육정책을 날카롭게 비판하기도 했다.[48]

귀국한 뒤에 신흥우는 1921년 9월에 박영효·윤치호·김동성과 함께 범태평양조선협회를 조직했다.[49] 박영효와 윤치호가 각각 회장과 부회장을, 신흥우와 김동성이 서기를 담당했다. 김동성은 유학생 출신으로 귀국, 『동아일보』 창간에 참여하기도 한 기자로 1921년 10월 하와이에서 개최되는 세계신문기자대회에 파견되었고, 정한경과 함께 세계 기자신문기자대회에 참석한 후 11월에는 워싱턴군축회의에 참석하기도 했는데, 정식 초청을 받지 못해 쫓겨날 상황에서 미국 하원 외교위원장 '포터'를 만나 그의 알선으로 정식 좌석표를 획득하여 당당하게 기사취재를 할 수 있었다.[50]

또한 범태평양조선협회는 이승만의 후원 속에 1922년 10월에 하와이에서 열린 범태평양상업대회에 김윤수·이정범 두 사람을 한국 대표로 파송했다. 이 상업대회는 태평양 연안의 각 민족 대표들이 모여 경제교류·국제무역 등을 논의하는 최초의 자리였다. 이 대회에서 김윤수가 부회장으로 선출되었다.

YMCA를 중심으로 펼쳐진 국내 친이승만 기독교세력의 활동이 가장 주목되는 것은 1925년 6월 30일 하와이에서 열린 범태평양문제연구회에서였다. 역시 범태평양회의와 마찬가지로 태평양회에 조선대표들 5명이 참가할 수 있게 된 것은 이승만의 영향력이 하와이 지역에 그대로 미치고 있음을 보여주는 것이다. 다수의 한국인들과 함께 한국대표로 참석한 범태평양문제연구회는 원래 기독교청년회(YMCA) 명의로 소집된 것이었지만, 나중에는 YMCA와 상관없이 태평양 각국의 종교문제 이외에

48) "Speechs by Dr. Cynn", 1921. 8(전택부, 『人間 申興雨』, 기독교서회, 1971, 353~363쪽).

49) 『東亞日報』, 「신흥우 환영회」, 1921년 9월 18일.

50) 김동성, 「YMCA 덕분으로 국제회의에」, 『東亞日報』, 1959년 7월 22일.

미일간의 문제를 토론하려는 회의로 변했다.[51]

한국측의 기조연설을 맡은 신흥우는 이 자리에서 일본의 동화정책의 실상, 민족자본의 형성을 가로막는 조선은행의 기능, 그리고 한국농민을 희생시키는 동양척식주식회사의 역할, 이에 발생한 조선 농민의 만주로의 이주와 중국인과의 마찰 등을 열거하고, 이것은 정치적 문제가 아니라 인도적 차원에서라도 반드시 해결되어야 한다고 강조하고 이에 대한 참가국의 적극적인 협조와 도움을 요청했다.[52] 이처럼 신흥우는 연설을 통해 일본의 식민지 한국에 대한 정책의 불평등과 차별성을 날카롭게 비판하고 일제의 지배에 억눌린 한국인의 요구를 주장하여 한국독립운동의 지원을 호소하였던 것이다.

태평양문제연구회를 마치고 귀국한 신흥우는 1925년 11월 28일 서울 종로의 YMCA회관에서 태평양문제연구회 조선지회를 창립했다.[53] 여기에 참여한 사람들은 총 19명으로, 구영숙·구자옥·김기전·노정일·민홍식·백관수·백남운·백상규·신흥우·안동원·안재홍·유억겸·윤치호·이관용·이순탁·조병옥·조정환·최동·최원순 등이었다. 이들은 주로 YMCA와 학계, 언론계에 종사하는 인물들이었는데, 하와이의 태평양회의를 다녀온 신흥우·유억겸의 주도로 윤치호·안재홍·구영숙·구자옥·조정환 등의 홍업구락부의 핵심부원들이 참여하며 주도하였다.

이러한 공개적 단체의 조직은 "일미 양국의 관계가 점점 긴장하여 가므로 태평양문제라면 일미 양국의 문제인 것 같이 되었다"고 하여,[54] 이

---

51) 申興雨, 「布哇를 갓다온 前後左右」, 『青年』, 1925년 9월호, 4~5쪽.

52) "Speechs by Dr. Cynn", 1925.7(『人間 申興雨』, 364~369쪽); 宋鎭禹, 「太平洋會議에서 申興雨 氏 演說」, 『東亞日報』, 1925년 7월 31일.

53) 『東亞日報』·『朝鮮日報』, 1925년 11월 30일.

54) 『朝鮮日報』, 「太平洋關係의 諸問題를 研究할 必要로 創立하엿다는

는 얼마 안 있어 태평양을 중심으로 몰아닥칠지 모를 미일전쟁에 대비하자는 의도에서였다.

그러나 국내 친이승만계열 기독교인들의 외교 활동은 1925년을 정점으로 이후 대폭 약화・위축되었다. 1925년 이후 국내 YMCA 농촌사업을 본격적으로 추진하게 되었다는 점, 그리고 이후 결정적으로 태평양문제연구회 대회의 참석범위가 '국가단위'로 제한되면서 국가 주권이 없는 한국인의 참석이 사실상 불가능해졌기 때문이다.[55)]

1920년대 전반 기독교세력이 전개했던 외교 활동은 자국의 힘과 역량을 확보하지 못한 상황에서 우리의 운명을 미국으로 상징되는 세계 열강에 의존했다는 한계를 지적할 수 있을 것이다. 이런 의미에서 당시 미국에 한국의 독립을 호소하는 외교적 활동이 현실적으로 실효를 거두기 어려웠다. 그러나 미국은 당시 한국인들이 독립을 호소할 수 있는 유일한 국제적 강국이었다. 미국은 유럽과 아시아에서 전제정치를 피하거나 자민족 독립운동의 조직을 위해, 그리고 생계를 위해, 19세기 말 이래 많은 이민들이 몰려든 나라였다. 그렇기 때문에 미국 정부가 시종일관 한국문제를 백안시하고 무시했음에도 불구하고, 미국사회의 다원적 성격을 최대한 활용하여 한국인들은 개인적으로, 단체로서, 정치가・종교가・언론인들과 접촉하면서 한국의 독립에 대한 지원을 구할 수 있었고 실제로 많은 도움을 받았고, 이때 기독교는 가장 강력한 매개체 역할을 담당하고 있었음을 잘 보여주었다.[56)]

1920년대 초 국내 친이승만 기독교세력의 외교활동은 이승만과 깊은

委員某氏의 談」, 1925년 11월 30일.

55) 고정휴, 「태평양문제연구회 조선지회와 조선사정연구회」, 317~318쪽.

56) 李載甲, 「華府會議 背景과 그에 대한 覺醒」, 『靑年』, 1922년 4월호, 12~13쪽; 김권정, 「1920~30年代 申興雨의 基督教 民族運動」, 150~152쪽.

유대감 속에서 태평양을 중심으로 펼쳐졌다. 미국과 일본의 대립적 구도 속에서 형성되는 틈을 활용하여 국제무대에서 조선의 독립 가능성과 열강의 독립운동에 대한 지원획득을 모색했다.

3. 하와이 한인학생 모국방문단

이 시기 하와이 이승만과 국내 친이승만 기독교세력 간의 유대 활동을 가장 상징적으로 보여준 것이 1923년 하와이 한인학생 모국방문이었다. 국내 친이승만 기독교인들이 각종 하와이에서 개최된 국제회의에 직접 참여하면서 하와이에 거주하는 이승만과 해외 동포들을 빈번하게 접촉한 결과이기도 했다.

1921년 이승만은 한인기독학원의 새로운 교사를 신축하기 시작하여 1922년 9월에 공사를 완료했으나, 당초의 예산액에 가운데 기부금 3만 달러 가량이 미달하는 사태가 벌어졌다. 1922년 10월 범태평양상업대회에 참여했던 김윤수·이정범이 하와이에 머물렀을 때 이미 한인기독학원 원장 민찬호는 기독학원 기금 모집을 위한 학생방문단의 방한계획을 잡아놓고 있는 상태였다.[57]

이 소식을 듣고 귀국한 김윤수는 1923년 2월 이상재와 함께 '포와학생고국방문단' 환영준비위원회를 결성했으며[58], 학생방문단의 여비는 이정범의 부친인 이태계가 4천원을 기부함으로써 해결했다.[59] 이상재를 위원장으로 하는 환영위원회가 구성되었고, YMCA의 초청 형식으로 하와이 한인기독학원의 교사와 학생으로 이뤄진 한인학생모국방문단이 1923년 7월 2일 교사신축비를 모금한다는 명분으로 부산항에 도착였다.[60] 방

57) 정병준, 앞의 책, 308~309쪽.

58) 『東亞日報』, 1923년 4월 5일.

59) 『東亞日報』, 1923년 5월 24일.

60) 『東亞日報』, 1923년 7월 2일.

문단을 이끌고 온 교사 3명은 민찬호·김영우·김노디였는데, 이들은 이승만이 활동의 기반으로 삼고 있던 하와이의 내 핵심 멤버들이었다.

한인학생방문단은 2개월 동안 전국의 주요도시를 순회하면서 강연활동과 운동회, 음악회 등을 개최하면서 모금활동을 펼쳤다. 방문단은 서울에 도착하자마자 가장 먼저 고종의 묘를 참배하였다. 하와이 야구팀은 방문단이 순회하는 과정에서 지역팀들과 경기를 가졌는데, 전국 고등학교 야구대회에서 우승한 휘문학교에 진 것을 제외하고는 모두 승리하는 기염을 토했다. 전국 각지에서는 이들을 위한 환영준비위원회가 결성되었으며, 이들을 적극 후원했던 『동아일보』는 신문에 대대적으로 활동상황을 소개하면서 이들을 후원했다. 방문단의 남학생들은 중앙YMCA팀과 시범 배구경기를 갖기도 했다. 전국 순회 도중 각지에서는 방문단의 강연활동과 음악회를 들으러 많은 사람들이 몰려들었는데, 하와이 교민들의 초창기 어려움에 대한 김용우의 강연, 조선여성 해방과 교육에 대한 김노디의 강연, 하와이 내 한인청년교육에 대해 민찬호 목사의 강연 등을 들었고, 많은 관중들 사이에서 뛰어난 수준의 합주와 합창공연을 환영과 감동 속에서 그 인기가 넘쳐 났다.[61)]

방문단을 위해 계획했던 환영 만찬회를 취소하고 그 돈으로 기부금을 내기도 했다. 민영철의 2천원, 동양믈산회사의 50원을 비롯해 유명 무명의 인사들의 기부금이 모금되었다 이에 대한 답방형식으로 1924년 YMCA 야구단의 하와이 방문이 이루어졌다. 이 답방단은 윤치영이 동행하고 1924년 7~8월에 하와이 각지를 순회하며 한인들의 대환영을 받았다.

그러나 방문단의 원래 목적인 기부금 모금 현황은 그렇게 좋지 못했

61) 안형주, 「이승만과 하와이 한인청년교육(1913~1923)」, 『미주 한인의 민족운동』, 2003, 165쪽.

다. 공식 집계된 것만 2만 5천원인데, 실제 경비를 제하고 나면 예상했던 1만 5천 달러의 1/3에도 훨씬 못미치는 결과였다.[62] 이미 이런 모금운동에 대한 비판여론이 있었는데, 『新韓民報』 1923년 5월 17일자에서는 국내교회가 산동선교사를 보내고 뒷감당을 못하며 교육열이 고조되어도 재정이 부족해 학교시설을 제대로 짓지 못하는 상태에서 3만원을 모금할 형편이 못됨에도 불구하고 이를 무리하게 추진하는 동기를 비판하기도 하였다. 이렇게 식민지 조선의 사회경제적 열악성과 일제 감시로 부유한 인사들이 큰 돈을 내놓기 쉽지 않았던 상황에서 국내 한국인들이 방문단의 활동을 제대로 인식하지 못했다는 것도 큰 이유가 되었다.[63]

그런데 이승만이 강조했듯이 국내 동포들의 초청에 의해 순수한 동기에 출발했다하더라도, 한인학생 모국방문은 대한민국임시정부의 대통령이 운영하는 학교의 교사와 학생들이 총독부가 국내 민족운동을 절대독립론에서 자치론으로 후퇴시키기 위해 집중해 있는 상황에서 사실상 일제의 식민통치를 인정하는 행위와 같은 성격이 강했다.[64] 방문단이 일본정부가 발행한 비자를 갖고 여행을 하는 것이 독립운동을 포기하며 일본의 해외동포로서 지위를 받아들이는 것이라는 비판이 내부에서도 제기되었다. 이는 러시아 연안 지역의 한인 학생들이 2년 연속 한국을 방문한 이후 일제가 그 지역의 모든 한국인들에게 일본국민으로 귀화할 것을 요구했다는 실례에서 더욱 그 의도에 대한 경계와 의문이 제기되었던 것이다.[65]

---

62) 정병준, 앞의 책, 312쪽.

63) 안형주, 위의 글, 166쪽. 당초 예상과 달리 실제 모금액의 상당액이 부족하게 되자 이승만은 이상재에게 편지를 보내 기금을 요청하기도 했다고 한다.

64) 姜東鎭, 『日帝의 韓國侵掠政策史』, 한길사, 1980, 379~399쪽.

예컨대, 일제의 허가가 없이는 조선과 만주의 경계인 압록강을 공식적으로 건너는 것이 불가능한 상황에서, 하와이 한인학생 방문단은 일정 중에 1923년 8월 10일 남만주 기린시 외곽의 조양이란 작은 마을을 비롯한 몇몇 마을을 방문했다. 그곳은 대한민국임시정부에 참여했던 인물로 이승만을 열정적으로 지지하던 민족주의자로 알려진 손정도 목사를 비롯한 한인사회가 형성되어 있던 곳이었다. 방문단은 손정도 목사를 비롯한 지역 한국인들이 함께 기념촬영을 하기도 했다.[66]

그러나 이런 비판에도 불구하고 이승만은 이 방문단을 통해 워싱턴회의 이후 심각한 자금난을 타개하고 국내 민족운동 동향을 이해하며, 일제의 식민지 지배 상황을 파악하고자 하는 의도였다는 점에서 이후 국내외의 조직적 유대활동이 더욱 강화되는 계기가 되었다.[67] 즉 구체적으로 1923년 하와이 한인학생 방문단과 1924년 답방단의 교환으로 국외의 이승만과 국내 민족주의세력 간의 유대가 그 결속력을 더욱 단단하게 되었다는 점에서 '이벤트성'이 강했던 하와이 한인학생 방문단 활동은 교육과 재정의 차원을 넘어서 이승만과 국내 친이승만 기독교세력에게는 매우 성공적이었다고 볼 수 있을 것이다.

Ⅳ. 흥업구락부의 결성과 유대활동

1. 흥업구락부의 결성 배경

3·1운동 직후 신흥우를 통해 한성정부 집정관총재로 올라 있는 문건

65) 『신한민보』, 1923년 6월 21일.

66) 안형주, 위의 글, 167~168쪽.

67) 고정휴, 앞의 책, 283쪽.

을 건네받은 이승만은 임시정부의 대통령 행세를 하기 시작했다. 이후 독립운동진영의 최고지도자로 자리 잡은 이승만은 통합 임정의 대통령에 선출되었다.

이 과정에서 이승만은 1921년 7월 민찬호·안현경·이종관 등과 함께 단체의 조직을 논의한 뒤, 7월 21일 동지회(同志會)를 결성했다.[68] 이는 이승만이 임시정부 대통령 직무를 수행하기 위해 상해로 갔다가 안창호와 임시정부 요인, 박용만을 비롯한 북경의 임정반대 세력과 충돌을 일으키고 다시 하와이로 돌아온 직후의 일이었다.

동지회 규정을 보면, 본회의 목적은 "상해의 임시정부를 옹호하며 대동단결을 도모하되, 임시정부의 위신을 타락하거나 방해하려는 불충의한 국민이 있으면 본회가 일심하여 방어하며 상당한 방법으로 조처함"이라고 밝혔다.[69] 이는 '동지회 설립이유'가 임시정부의 수반으로 활동하는 이승만을 보호하고 그의 든든한 정치적·재정적 기반이 됨을 의미하는 것이었고, 개인적으로 후원하던 인사들을 '동지(同志)'의 차원으로 조직화하려고 하는 의도였던 것이다.[70]

안창호의 경우에서 보듯이, 1915년 흥사단을 조직하여 조직화된 정치기반을 갖고 있음도 큰 영향이 되었던 것으로 보인다. 상해는 하와이와 달리 다양한 색깔의 인사들이 서로 공존하는 역동적인 공간이었는데, 이승만은 하와이에서 자신을 지원하는 확실한 정치적 토대의 구축이 무엇보다 필요하다고 생각했던 것으로 보인다. 그리하여 이승만은 1920년대 초 한인기독교회·한인기독학원·교민단 위에 강력한 지지단체인 동지

---

68) 『신한민보』, 「하와이에 동지회 설립」, 1921년 7월 28일.

69) 김원용, 『재미한인오십년사』, Readly, California, 1959(독립운동사편찬위원회, 『독립운동사자료집』 8 수록, 199~200쪽.)

70) 동지원의 기원에 대해서는 여러 이설(異說))이 있다고 한다, 정병준, 앞의 책, 332~334쪽.

회 등을 그의 정치사회적 기반으로 삼을 수 있었다.

그러나 제1차 세계대전 이후 국제적으로 풍미한 세계개조론의 영향 속에서 정의인도론에 입각한 외교독립론을 강력히 주장하며 온 힘을 기울였던 1921~22년 워싱턴군축회의에서 한국문제가 상정되기는커녕 발언권조차 얻지 못한 채 끝나게 됨에 따라, 이승만은 임정 내부와 독립운동 진영의 엄청난 비판에 직면하게 되었다. 아울러 대통령의 거주문제, 위임통치문제, 집정관·대통령호칭문제, 공채표·애국금 문제 등 이승만에 대한 불만이 폭발하면서 그에 대한 불신임·탄핵·면직 결의가 이어졌다. 그 결과 1925년 상해임정으로부터 이승만은 대통령직에서 면직되었고, 1922년부터 침체에 빠지던 구미위원부도 이 해에 해산령이 내려질 정도였다.

워싱턴군축회의 이후 상해임정과 독립운동 선상에서 곤경에 처하게 된 이승만은 새로운 운동의 변화가 필요했다. 외교독립노선에 입각한 그의 활동이 국제무대와 독립운동 선상에서 현실적으로 어려워지자 이를 만회할 수 있는 운동의 전환이 요구되었다. 그것은 바로 외교독립론과 함께 경제적 실력양성운동을 병행하는 것이었다.

1924년 11월 23일 이승만은 하와이에서 동지대회를 개최하고,[71] 이 자리에서 운동노선의 변화를 제시하였다. 그것은 "백만동지를 얻어 고본금을 모집하며 산업기관을 설립하고 정치와 경제운동을 아울러 열심 협력하자"는 것이었고, 이 자리에서는 3대 정강과 4대 진행방침이 채택되었다. 여기서 주목되는 것은 3대 정강 가운데 "경제적 자유가 민족의 생명이니 자작자급을 함께 도모하자"는 내용, 4대 진행 방침에 "우리의 의복과 식물과 가구 등 일용물품을 우리끼리 공궤(供饋)하여 우리 민족의 생활책을 개발할지니, 일반 동지는 가극적으로 이것을 실시하기를 각각 애

71) 『新韓民報』, 1924년 12월 18일.

국애족하는 중대한 책임으로 인정하라"는 내용이었다.[72] 이는 이승만이 이후 경제적 분야에서의 실력양성운동을 새로운 운동방향으로 제시하고 있는 것으로, 그렇다고 외교독립노선을 포기하는 것은 아니었으며, 단지 국제무대의 조건이 외교적 활동을 하는데 많은 어려움이 있으니 경제적 실력양성운동을 병행하여 운동의 기반을 확고히 구축하자는 것이었다. 여기서 한발 더 나아가 이승만은 1925년 동지식산회사를 설립하여 국내와의 연계를 통해 독립운동자를 확보하고 자본금을 획득하는 경제적 실력양성운동을 전개하기 시작했다.

이런 연장선상에서 1925년 동지회의 자매단체인 흥업구락부가 국내에 조직될 수 있었다. 바로 국내 친이승만 기독교세력의 책임자적 역할을 한 사람은 신흥우였다. 그는 1919년 한성정부의 문건을 이승만에게 전한 뒤, 귀국하였다. 미국에 남아 독립운동을 같이 하자는 이승만의 권유를 거절하고 국내로 온 그는 1924년 4월 한국 YMCA가 일본 YMCA로부터 정식 분리됨에 따라 감리교뿐만 아니라 이제 세계YMCA연맹·기독교학생연맹 등의 국제대회를 구실로 합법적인 미국여행이 가능해졌고, 이 과정에서 하와이의 이승만과 편지 또는 직접 만나 세계정세와 독립운동 방향 등에 논의할 수 있게 되었다. 이승만은 신흥우뿐만 아니라 개인적으로 국내 인사들과 편지를 통해 소식을 주고받고 있었는데, 그 대표적인 인물이 이상재였다. 이상재를 통해 국내 소식을 듣고 있었고, 국외의 민족운동에 관련된 소식을 알려주고 있었다.[73]

이승만은 동지대회를 통해 외교독립노선과 함께 경제적 실력양성운동을 병행하여 추진할 것을 결정하기 직전 1924년 10월 경 하와이에서 신흥우를 만났다. 신흥우는 1924년 9월 경 미국 북감리회 선교국의 부탁

72) 정병준, 앞의 책, 336~337쪽.

73) 정병준, 윗 책, 293~297쪽.

으로 중미 각지의 교회를 다니며 순회강연을 마치고 귀국하는 길에 하와이에 들러 이승만을 만나러 온 것이다. 이 자리에서 이승만은 그에게 국내에 동지회와 뜻을 같이하는 단체의 결성을 제의하고,[74] 이에 동의한 신흥우가 귀국하여 이를 추진하기 시작했다.

그런데 이승만의 제의는 국내 민족운동의 동향에 따라 운동의 방향을 모색하고 있던 당시 국내 친이승만 기독교세력의 이해관계와도 부합하였다. 그것은 국내 친이승만 기독교세력도 역시 국내 민족운동과 맞물려 1920년대 중반 새로운 운동을 모색하고 있었기 때문이다.

3·1운동 직후부터 친이승만 기독교세력은 YMCA를 근거지로 하며 외교적 활동을 추진해 오면서 일제의 식민정책의 변화와 맞물려 추진되던 민립대학건립운동, 물산장려운동에 개별적으로 참여하고 있었다.[75] 그러나 1923년경부터 새로운 문제에 직면해 있었다. 그것은 3·1운동 이후 새로운 민족운동의 방향을 모색하는 가운데 형성된 사회주의세력이 민족주의세력과 분리를 선언하며 민족운동진영의 주도권을 장악하고자 한 것이다.

1923년 2월 사회주의세력은 조선청년당대회를 통해 "민족자결 및 민족독립은 오늘날 무용이다. 무산계급해방을 제1의적 급무로 한다"는 강령을 선택함으로써 민족주의세력과의 운동적 분리를 선언하자[76], 이에 대해 민족주의진영에서는 일제의 식민정책 동향에 예의주시하면 사회주의세력의 공격에 대응하며 민족주의 진영의 세력결집을 모색하기 시작했다. 세계개조론에 편승한 실력양성운동이 사회주의세력의 공격과 조직

---

74) 朝鮮總督府 警務局, 『最近における朝鮮の治安狀況』, 1938, 380~381쪽.

75) 김권정, 「1920년대 전반 기독교 민족운동의 연구」, 『한국독립운동사연구』 27, 2006.

76) 『東亞日報』 1924년 4월 26일.

기반의 약화, 그리고 일제의 방해책으로 침체되었기 때문이다.

이런 상황에서 상대적 위축감을 갖던 민족주의진영에게 세력결집의 필요성이 제기되기 시작했다. 이때 등장한 것이 민족주의진영의 '연정회 계획'이었다.[77] 이것은 1923년 가을부터 동아일보 간부 김성수 · 송진우 및 천도교 간부 최린이 모여 논의하고 여기에 조만식 · 이승훈 · 안재홍 등이 참여했다. '유력한' 민족단체를 결정하는 것이 그 목적이었으나, 1924년 초 이광수의 「민족적 경륜」이 발표되고 연정회를 동아일보쪽과 최린, 이광수 등이 일제 총독부와 연결되어 자치론을 펴는 단체로 이용하려 한다는 비난이 쏟아지면서 민족주의진영의 새로운 단체 결성 계획은 침체될 수밖에 없었다.[78]

국내 친이승만 기독교세력은 민족주의단체 건설이 어렵게 되자, 하와이의 이승만과의 연락과 연대 속에서 친이승만 기독교세력을 중심으로 하는 세력결집에 나서게 되었다. 때마침 이승만의 제의는 이런 상황과 잘 맞아 떨어지는 것이었다.

또 여기에는 국외에서 이승만세력과 경쟁관계에 있는 안창호세력이 발 빠르게 개별적으로 세력결집에 나섰던 것도 큰 자극이 되었다. 흥사단의 이념과 규약에 따르는 단체가 1922년 7월 평양을 비롯한 관서지방에서 안창호의 노선을 따르는 실력양성운동 단체로 동우구락부가 결성되었고[79], 서울에서는 1922년 2월 흥사단 원동위원부 출신으로 상해에서 활동하던 인사들이 흥사단 규약에 따른 수양동맹회가 조직되었다.[80] 이는 국외 안창호 노선에 입각한 민족운동세력이 국내에 운동 거점을 확

---

77) 「獨立運動終熄後ニ於ケル民族運動ノ梗概」, 『齋藤實文書』 10, 高麗書林, 1990, 233쪽.

78) 박찬승, 앞의 책, 332~334쪽.

79) 『東亞日報』, 「各地 青年團體」, 1923년 1월, 6월 22일.

80) 흥사단50년사편찬위원회 편, 『흥사단50년사』, 대성문화사, 1964, 52쪽.

보하였음을 의미했다.

따라서 국내 친이승만 기독교세력은 국내 민족운동의 동향에 주목하며 국외에서 외교독립노선을 추진하던 이승만이 워싱턴회의 이후 경제적 실력양성운동을 병행하는 운동 방향에 대해 동의하고 하와이의 동지회와 뜻을 같이하는 조직의 설립을 추진하게 되었다.

2. 흥업구락부의 조직과 활동

잇따른 국제회의에서 국내외 민족운동가들은 한국의 독립문제 상정을 기대했지만 일본의 방해와 세계 열강으로부터 독립을 보장받는다는 것이 어렵다는 것을 알게 되었다. 이에 세계 열강에 대한 기대도 중요하지만 자력으로 독립을 해야 한다는 것을 자각하게 되었고 경제적 실력양성운동이 무엇보다 필요함을 느끼게 되었다. 이는 3·1운동 직후부터 외교적 활동을 통해 국제무대에서 독립지지와 후원을 이끌어내기 위해 노력하던 국외 이승만과 연계된 국내 친이승만 기독교세력은 더욱 절실한 것이었다.[81] 이 같은 인식 속에서 국내 친이승만 기독교세력은 하와이의 이승만과 연대 속에 경제적 실력양성운동을 표방하는 새로운 조직을 결성하고자 하였다.

1924년 10월 귀국 길에 하와이 호놀룰루에 들린 신흥우는 이승만을 직접 만날 수 있었다. 이 자리에서 신흥우는 이승만으로부터 "미국에서는 조선독립을 위해 동지회를 조직하여 활동 중인데, 동지회와 같은 목적을 지닌 단체를 조직하여 흥사단을 견제하고 조국광복의 목적에 힘써 달라"는 부탁을 듣게 되었다.[82] 이는 조직된 흥업구락부가 안창호노선에

81) 「興業俱樂部事件關聯 申興雨 訊問調書」, 『思想彙報』 16, 1938. 9, 130~131쪽.

82) 朝鮮總督府 警務局, 『最近における朝鮮の治安狀況』, 1938, 380~381쪽.

입각한 흥사단계열의 국내 민족운동세력을 견제하며 국내 민족운동의 주도권을 확보하는데 큰 목적이 있음을 보여주고 있으며, 국외에서 치열하게 전개되던 이승만과 안창호의 세력경쟁이 이제 국내까지 미치며 기독교 민족운동진영의 중요한 매개변수로 작동하기 시작했음을 의미한다.

이 제안에 대해 신흥우는 쾌히 승낙하고 국내에 귀국하여 그 해 11월에 YMCA의 이상재, 구자옥, 유억겸, 이갑성, 박동완, 안재홍 등에게 이승만의 뜻을 전달하여 찬성을 받았다. 같은 해 12월 15일 중앙기독교청년회에서는 '단체조직 준비회'가 개최되었고, 이 자리에서 단체의 목적과 방법을 동지회의 3대 정강과 4대 진행방침을 따르기로 결정되었다.[83)]

이런 준비를 거쳐 탄생한 흥업구락부는 비록 동지회의 국내 정식 지부는 아니었지만, 또 이승만의 직접적인 명령을 받지는 않았으나 그 참석인물이나 운동방향에서 해외의 이승만과 동지회와 깊은 관계를 맺고 있었다. 그런 의미에서 참석인물이나 운동방향에서 하와이 이승만의 동지회 노선을 지향하는 단체라 할 수 있다.

후에 신흥우가 밝히고 있듯이 흥업구락부의 명칭인 "大業을 일으킨다"는 것은 실제로 궁극적으로 '조선독립'을 위한 기반을 조성한다는 것을 의미하는 것이었고, "이 부의 목적은 금전을 저축하여"라는 것은 "운동자금을 모집하여"라는 의미이며, 또 "상당한 금액을 도달할 때는 실업을 발달시켜"라고 하는 것은 "운동 자금 혹은 동지를 획득할 때"의 의미이고, "시기에 응하여 내외국과 무역 혹은 대금을 빌려주고 또는 부원간에 상호부조를 목적으로 한다"고 하는 것은 "정세를 보아 동지회와 연락하여 운동자금도 만들고 혹은 동지가 출장할 때는 돈을 내어 이렇게 동지로서 협력하고 대업을 성취할 것을 목적으로 한다"는 지향을 의

83) 『最近における朝鮮の治安狀況』, 1938, 321쪽.

미하고 있었다.[84)]

흥업구락부는 1925년 3월 22일에 신흥우의 집에서 표면적으로 친목단체를 가장하여 창립되었다.[85)] 창립회원으로는 이상재 · 윤치호 · 유성준 · 신흥우 · 이갑성 · 박동완 · 오화영 · 홍종숙 · 구자옥 · 유억겸 · 안재홍 · 장두현 등 12명이었으며, 단체 간부로 부장에 이상재, 회계 윤치호 · 장두현, 간사에 이갑성 · 구자옥이 선임되었다. 이들의 인맥을 중심으로 기독교계와 학계, 언론계와 실업계, 관계 및 전문직에 종사하는 인사들을 회원으로 모집해 나섰다.

흥업구락부는 서울 · 경기 · 충청지역을 중심으로 하는 양반 · 관료층 · 중인층 출신이 그 중심을 이루고 있었다. 학력에서도 기호지역의 학교(배재학교 · 한영서원 · YMCA학당 · 협성신학교) 출신들이 많았고 미국과 일본 유학생 출신이 섞여 있었다. 기독교 교파로는 진보적인 감리교가 많았다.[86)] 특히 운동의 경력에서도 독립협회 이후 양반 개혁관료층의 상층 개화자강운동계열로 이승만과 직 · 간접으로 친분이 있거나 동지회의 노선을 지향하는 인물들이 대부분이었다.

이 흥업구락부는 기독교를 표방한 단체가 아니었으나, 구성원 모두가 중앙YMCA와 깊은 관계를 맺고 있었고 실질적으로 흥업구락부의 운영을 중앙YMCA를 기반으로 한 친이승만 기독교계 인사들이 핵심적 역할을 담당하고 있었다. 이것은 기독고세력이 기독교회나 기독교 단체를 직접적인 민족운동의 조직으로 삼지 않고 이를 기반으로 새로운 일반단체를 만들어 활동한다는 독특한 현실참여의 방식을 또다시 잘 보여주는 것이다.[87)]

---

84) 「興業俱樂部事件關聯 申興雨 訊問調書」, 129~130쪽.

85) 『尹致昊日記』 9, 1925년 3월 22일.

86) 高等法院 檢事局 思想部, 「同志會及興業俱樂部の眞相」, 『思想彙報』, 1938, 86쪽.

단체 인원 구성면에서 중추원 참의 유성준이 참여했는가 하면, 제3차 조선공산당 책임비서인 김준연도 흥업구락부 부원으로 참여한 사실에서 잘 드러난다. 친일적 성향의 인물에서부터 공산주의자로 분류될 수 있는 다양한 인물들이 흥업구락부의 부원이 되었는데, 이는 이 단체가 공개적인 단체가 아니었기 때문이라는 이유도 있지만,[88] 그만큼 어떤 특정한 이념을 가진 채, 일사불란한 가운데 조직되거나 운영된 것이 아니라 YMCA와 같은 기독교 단체를 기반으로 국외의 이승만과 직간접적인 유대관계가 있거나 이상재·신흥우·윤치호 등과 같은 단체의 주도적 인물들과 개인적 인간관계에 형성되어 참여한, 느슨한 클럽 형태였기 때문에 가능한 일이었다. 이는 기독교세력이 현실문제에 참여하는 방식이 갖고 있는 독특성을 잘 보여준다. 즉 흥업구락부는 밖으로 국제 기독교와의 연대를 활용하여 이승만과 연결되어 정보를 주고받으며, 안으로는 전체 인구 80%인 농촌사회의 재건과 이를 통해 산업자본을 축적하고 축적된 자본을 기반으로 하여 해외와 연결하여 상업을 통한 자본의 획득이라는 경제적 실력양성론을 추구하는, 친이승만 기독교 인물들이 모여서 조직한 것이었다.

---

87) 일제 강점기 기독교세력은 기독교세력이 민족·사회 현실문제에 참여하여 이를 해결하는데 독특한 '참여방식'을 갖고 있었다. 그것은 종교조직인 '교회'나 '기독교 단체' 등을 전면에 내세우고 활동하기 보다는 기독교세력의 운동기반으로 활용하였으며, 이를 통해 지연·혈연·학연·정서의 연대 등을 통해 형성된 '인적 관계'를 바탕으로 동일한 이념적 지향을 가지며 일반 민족운동세력과 더불어 새로운 민족운동단체를 결성하거나 기존의 민족운동단체에 참여하는 '현실참여전술'을 채택하고 있었다. 이런 특성 때문에 기존의 민족운동사 연구에서는 기독교세력의 움직임이 제대로 포착되지 못했다.(金權汀, 「1920~30年代 韓國基督教人들의 民族運動 研究」, 178~181쪽.)

88) 고정휴, 앞의 책, 311쪽.

흥업구락부의 활동은 주로 회원의 획득과 재정의 확보, 그리고 동지회와의 국제적 연락 및 국제정세의 파악이란 차원에서 이루어졌다. 당시 흥업구락부의 핵심 인사들은 한말 이래 중앙YMCA를 거점으로 하는 기호 지역 출신의 정치사회적 명망가를 다수 포함하고 있던 감리교 계열의 인사들이 주축이 되고 있었는데, 독립협회 이후 사회경제적 실력양성론을 계승하면서 이승만과 정치적으로 연계되며 기독교 민족운동에서 주도적 위치를 확보해 오고 있었다. 이들은 기독교 사회단체에 대한 영향력과 주도권을 확보하기 위해 조선기독교연합회, 중앙기독교청년회, 조선기독교감리회 등에서 다양한 활동을 전개했다. 이 과정에서 흥업구락부는 독립운동자금의 조성을 위해 적극적으로 노력하였다. 자금조성이 성공적으로 실시되어 금액이 상당액에 이르면 흥업구락부 내에 '산업부'를 설치하여 사업을 전개하고자 했다.[89]

흥업구락부의 활동은 역시 중앙YMCA를 기반으로 사회운동 차원에서 활발하게 활동하던 기독교계 인사들에 의해 주도되었다. 정치적으로 흥업구락부의 부원들은 당시 1920년대 중반 자치론의 재등장과 이에 맞선 민족협동전선운동이 일어나자, 자치운동보다는 민족협동전선체로 창립된 신간회에 적극 참여하였다.[90]

흥업구락부원인 박동완·유억겸·안재홍이 조선공산당과의 민족협동전선의 논의에 적극 참여하였고, 이어 자치운동의 추진 주체가 될 연정회의 부활계획을 저지시키기도 했다. 그리하여 1927년 2월 민족협동전선단체로 신간회가 창립될 때, 이상재·박동완·유억겸·안재홍·김준연·이갑성·김영섭·김활란·박희도·오화영·유각경·이동욱·정춘수 등이 발기인으로 참여했다. 이상재는 회장으로, 안재홍·김준연·박

89) 「興業俱樂部事件關聯 申興雨 訊問調書」, 137쪽.

90) 김권정, 「기독교세력의 신간회 참여와 활동」, 『한국민족운동사연구』 25, 2000 참조.

동완 · 정춘수 · 김영섭 등은 본부 간사로 각각 선임되어 활약했다.

한편, 이 시기 경제적으로 흥업구락부 부원들(윤치호 · 유성준 · 박동완 · 박희도 · 구자옥)은 중앙과 각 지역YMCA를 통해 전국적으로 추진된 농촌사업에도 적극 참여했는데, 신흥우는 YMCA의 총무로 농촌사업을 계획하고 실제적이고 현실적인 인식을 기초로 하여 민족자립경제의 건설과 근대적 농촌으로 개조한다는 방향 속에서 일제가 허용한 합법적 틀 안에서 농촌사업을 주도했으며, 여기에 흥업구락부 부원들이 주도적인 역할을 담당했다.[91] 이는 국외 이승만의 경제적 실력양성운동의 연장선상에서 실제적이고 현실적인 인식을 기초로 하여 민족자립경제의 건설과 근대적 농촌으로 개조하고 산업자본을 축적하여, 이를 통해 조선의 독립을 준비하고 지향한다는 데서 출발한 것이었다

3. 흥업구락부운동의 침체와 재편

국외에 연계되어 활발히 펼쳐졌던 흥업구락부운동은 1930년대 초에 오면 커다란 침체에 직면하게 되었다. 그것은 국외의 이승만 활동 영역과 국내의 기반이 현저하게 약화되었기 때문이다.

1924년 이후 경제적 실력양성운동 차원에서 의욕적으로 추진했던 동지식산회사가 1929년 자금부족으로 파산되고 말았다. 이승만은 미주를 돌아다니며 자금을 끌어들이려 했으나, 밀려드는 부채를 막지 못하고 말았다. 이후 교민단과 한인기독교회의 재산처분으로 자금을 끌어다 쓰려고 했으나 오히려 이것이 화근이 되어 각종 재판과 이승만의 독단적 행동에 반발하는 분규로 큰 타격을 입었다.

또한 1927년 이상재의 사망은 국내에서 이승만의 영향력 약화에 큰 원인이 되었다. 이승만의 가장 확실한 후원자였던 이상재는 흥업구락부

91) 김권정, 「1920~30년대 신흥우의 기독교민족운동」, 154~159쪽.

의 지도자이자 정신적 지주였고 조선일보사 사장과 신간회 회장을 역임한 국내 민족운동의 대표적인 원로 가운데 한 사람이었다.[92] 이승만이 국외로 망명한 뒤 이상재는 이승만의 입장을 대변하는 역할을 자임하였고, 경제적으로도 그를 돕고 있었다. 물론 윤치호나 신흥우 등의 다양한 부류의 인사들이 이승만과 직간접적 연계를 갖고 있었다 하더라도 이상재만큼의 후원과 지지를 찾을 수 없었던 것이다. 이상재의 사망은 이승만으로 하여금 더 이상 국내 민족운동세력과의 연계를 어렵게 만드는 요인이 되었다.

이같이 어려운 상황은 국내에도 마찬가지였다. 1920년대 후반과는 전혀 다른 상황이 전개되었다. 1930년대에 들어서 흥업구락부운동이 침체 내지 와해 상태에 이르게 되었다는 점이다. 1925년 3월에 창립되어 기독교세력의 민족운동을 주도했던 흥업구락부계는 1930년대에 들어 외외교적 활동의 좌절, 윤치호와 신흥우의 갈등, 산업부 설치 좌절, YMCA 농촌사업의 위축 등이라는 상황에 직면하였다.

먼저 1930년대 초에 흥업구락부계열의 인사들이 의욕적으로 태평양회의를 중심으로 펼치던 외교활동이 현실적으로 좌절되어 갔다는 점을 들 수 있다. 제2차 태평양회의에서는 단체의 규약을 제정하고 회원자격을 국가단위로 규정함에 따라 주권국의 동의를 얻지 못하면 회의에 출석조차 못하게 되었다. 이때 대표로 갔던 유억겸·김활란·백관수 등은 민족대표의 자격을 지키려고 노력했으나, 신간회의 비판적 입장, 사회주의세력의 공세 등이 겹치면서 결국 태평양문제연구회 조선지회가 해체됨으로써 사실상 흥업구락부계열의 인사들이 주도적으로 펼치던 외교 활동도 사실상 막을 내리고 말았다.[93]

---

92) 전택부, 『월남 이상재의 생애와 사상』, 191~201쪽. 월남의 장례식은 사상 초유의 사회장으로 치루어졌는데, 이는 당시 그의 민족적 명망성이 어느 정도였는지를 엿볼 수 있는 것이었다.

또한 YMCA와 흥업구락부 내에서 밀접한 관계를 유지했던 윤치호와 신흥우 사이에 갈등이 표면화되었다. YMCA의 '대부'인 윤치호는 1920년대 말부터 신흥우가 너무 독단적으로 일을 하거나 무리하게 일을 추진한다고 불평하기 시작했고, 신흥우는 윤치호가 매사에 소극적 자세로 일관하고 있음을 비판하기 시작하였던 것이다.

이런 불편한 관계는 1931년 흥업구락부 내의 산업부 설치문제와 관련해 폭발했다. 1931년 9월에 일어난 만주사변을 기회로 삼아 신흥우가 흥업구락부운동의 확대를 위한 산업부 설치를 추진했으나, 자금출자를 약속했던 윤치호를 비롯한 김윤수·이정범 등의 자본가들이 신흥우를 믿을 수 없다는 이유를 들며 거액 출자를 거부함에 따라 산업부 설치계획이 무산되었다.[94] 또 이같은 연장선상에서 조선일보사 인수문제는 둘 사이를 더욱 멀어지게 하는 원인이 되었다. 1932년 재정난에 빠진 조선일보사를 가장 먼저 인수하려고 했던 것은 흥업구락부계열이었다.[95] 1932년 6월 초 재정난에 빠진 조선일보사 인수를 위해 신흥우는 윤치호에게 거액의 조선일보 인수 자금을 요청하나 신흥우와 사이가 벌어진 윤치호가 이를 들어줄 리가 없었고, 일언지하에 거절당했다. 이 두 사건은 두 사람의 갈등을 증폭시켰고, 신흥우로 하여금 흥업구락부운동에서 멀어지게 하는 주원인이 되었다.

두 사람의 불화는 결과적으로 흥업구락부의 내적 단결력을 저해하는 치명적 타격이 되었다. 즉 지금까지 두 신구(新舊) 세대를 대표하는 윤치호와 신흥우의 사이를 조정하고 끌어갔던 이상재가 1927년에 사망함으로써 윤치호와 신흥우의 갈등이 커졌을 때 이를 화해시키고 이해시킬 수 있는 인물들이 부재했다는 것도 이 시기 흥업구락부운동의 침체 원

93) 고정휴, 앞의 책, 303~308쪽.

94) 『尹致昊日記』 11, 1938년 8월 16일.

95) 『尹致昊日記』 10, 1932년 6월 9일, 6월 27일.

인이 될 것이다.

아울러 이 시기에는 흥업구락부 브원이 1920년대 중반부터 적극 참여하여 민족운동의 일환에서 추진했던 YMCA의 농촌사업이 현실적으로 어려워졌다. 미국YMCA 국제위원회의 인적·재정적 지원을 받으며 추진된 YMCA의 농촌사업은 세계대공황의 영향으로 그 지원이 감소됨에 따라 큰 타격을 입게 되었다.[96] 또 일제가 대륙침략의 거점으로 1932년 7월부터 농촌진흥운동을 전개하며 기존의 농촌운동에 대한 탄압과 압력을 가함에 따라 YMCA 농촌사업이 위축되고 점차 축소되었던 것이다.[97]

여기에 특징적인 것은 이 시기에 국내 친안창호계열의 기독교인들이 기독교세력의 상층부를 장악하고 기독교 민족·사회운동을 주도하는 현상이 뚜렷하게 대두했다는 것이다.[98] 이는 한말 이래 기호지방을 중심으로 기독교세력의 상층부를 이루며 기독교 민족·사회운동의 중심부를 주도해 왔던 친이승만 기독교세력인 흥업구락부계열을 밀어내며 친안창호 기독교세력인 수양동우회계열이 운동의 주도권을 행사하기 시작했음을 상징적으로 보여주는 것이다.[99]

---

96) 전택부, 『한국기독교청년회운동사』, 398~399쪽.

97) 「申興雨 放送錄音記錄」; 전택부, 『한국기독교청년회운동사』, 400쪽에서 재인용.

98) 김권정, 「1930년대 전반 기독교 민족운동의 동향과 그 성격」, 『한국민족운동사연구』 50, 2007, 199~201쪽.

99) 기독교세력의 물적·인적 토대가 되고 있던 교세(教勢)의 크기가 큰 배경이 되었다. 1932년 당시 전국 개신교 교인수를 놓고 볼 때 이를 도별로 살펴보면, 전체 개신교 교인 약 28만 명 가운데 평안도 교인이 약 10만 명이 이르러 36.3%에 달했고, 장로교의 경우 전국 신자의 41%에 해당하고 황해도와 합칠 경우에는 서북지방의 장로교 교세는 54.9%에 달했다. 1932년 한국 전체 인구 가운데 평안도 비율이 13.9%, 경기

이 같은 상황은 흥업구락부를 더욱 침체의 위기를 몰아넣었고 무언가 새로운 운동의 전환이 요구되었다. 이런 문제의식에서 기독교계의 혁신과 흥업구락부운동의 계승이란 차원에서 적극신앙운동이 전개되기 시작했다. 1932년에 들어 깊은 침체에 빠져가던 흥업구락부를 새롭게 일으켜 세우려 했던 노력이 수포로 돌아가자, 신흥우는 흥업구락부와의 관계를 끊고 새로운 기독교적 가치를 전면에 내세우는 '기독교청년 혁신운동'으로 '적극신앙운동'을 펼치기 시작했다.[100)]

1932년 6월 중순경부터 1933년 여름 사이에 적극신앙(積極信仰)을 표방하는 적극신앙단이 결성되었다. 적극신앙이란 이념에 호응하는 인사들은 신흥우가 마련한 5개항의 적극신앙선언과 21개조의 생활실천강령을 채택하고, 단체의 명칭을 전필순의 제안에 따라 '적극'이란 말을 붙여 적극신앙단으로 결정했다.[101)]

여기에 참여한 인물은 주로 신흥우 이외에 권영식・김기연・김수철・김영섭・김인영・김종우・박연서・박용희・심명섭・엄재희・이동욱・정춘수・전필순・정성채・이건춘・최거덕・최석주・함태영・홍병덕 등이었다. 이들 대부분은 1920년대부터 신흥우와 같이 활동했으며, 대개 기호지역 출신의 감리교와 장로교인들로, 미국 및 일본에서 신학과 인문학을 공부한 유학생 출신들이었으며, 또 이들은 3・1운동 이후 YMCA, 흥업구락부, 태평양문제연구회 조선지회, 신간회 등 여러 민족・사회운동에 적극 참여해 왔다는 점에서도 주목된다.[102)]

9.9%, 강원 7.1%, 충청 11.0%, 전라 18.2%, 경상 21.6%, 황해 7.4%, 함경 11.0%인 점을 감안한다면, 평안도 교세가 어느 정도 강했는지를 잘 보여준다. 朝鮮總督府, 『朝鮮總督府統計年譜』, 1932.

100) 「興業俱樂部事件關聯 申興雨 訊問調書」, 137쪽.

101) 김권정, 「1930년대 전반 적극신앙운동에 관한 연구」, 『한국민족운동사연구』 35, 2003, 103~104쪽.

그러나 적극신앙운동에 대한 제도권 교회나 YMCA 내에서의 강한 반발이 거세게 일어났다. 그 반발은 적극신앙단을 결성한 신흥우를 비롯한 인물들이 국내 친이승만 기독교세력이라는 당파성을 띠었다는 점과, 또 적극신앙운동이 진보주의적 기독교관을 중심으로 급진적이고 비밀결사체적 성격을 띠며 전개되었다는 점이라는 이유에서였다.

여기에는 윤치호와 양주삼도 적극신앙단이 비밀결사적이고, 급진적이라는 이유에서 이 단체에 대한 배척선언에 합류했다.[103] 또 YMCA의 원로 김정식이 주도한 「在京基督敎有志會」는 신흥우의 YMCA 총무 사임과 적극신앙단을 배격하는 성명서를 발표하고,[104] 나아가 적극신앙단을 반대하는 의견서를 1935년에 감리교와 장로교에 직접 제출했다. 급기야 적극신앙단은 국내 최대 교단인 장로교와 감리교부터 '인정불허' '가입금지'라는 조처를 당했던 것이다. 결국 신흥우는 1935년 1월 YMCA 총무직을 사퇴하게 되었고, 이와 동시에 그의 사직이 4월 3일에 YMCA 이사회에서 수리됨으로써 결국 YMCA를 떠나게 되었고, 흥업구락부를 이어 전개하고자 했던 종교적 차원에서의 실력양성운동도 끝이 나고 말았다.

Ⅴ. 맺음말

한말 독립협회 활동 및 한성감옥의 옥중 개종, 그리고 1910년대 초 YMCA 활동 등은 친이승만 기독교세력이란 새로운 정치세력이 등장하는 계기가 되었다. 이들을 중심으로 국내외에 이승만과 관련된 광범위한

---

102) 전택부, 『한국기독교청년회운동사』, 410쪽; 김상태, 「일제하 '사회복음주의'와 민족운동론」, 『역사문제연구』 창간호, 198쪽.

103) 人間 申興雨』, 251쪽.

104) 『基督申報』, 1935년 2월 20일자

인적 관계가 시작되는 출발점이 되었고, 1900년대 전후로 급격히 성장하기 시작하는 기독교회와 기독교단체를 거점으로 하여 국내외에는 서울과 경기·충청 출신의 친이승만 기독교세력이 등장하는 중요한 근거가 되었다. 이는 이승만과 국내 민족운동세력의 유대활동이 지속될 수 있는 배경이 되었다.

특별히 국내 YMCA는 1910년 귀국하여 잠시 활동하다 미국으로 망명했던 이승만의 국내 지지기반이 되었다. 1904년 정치범으로 투옥되었던 개혁파 관료 출신들의 출옥 후 집단 가입과 신지식 청년층의 지속적 가입 이후, 친이승만 기독교세력은 YMCA를 거점으로 활동하게 되었는데, 1910년대 이후 이승만을 뒤이어 이상재와 윤치호가 회장과 총무에 취임, 1920년대에 들어서는 신흥우가 YMCA의 총무로서 핵심 리더가 되어 YMCA를 이끌고 나갔다. 3·1운동 이후에는 이상재·윤치호·신흥우의 지도력과 선교사들의 후원 속에 각 교파의 지도자들과 유력 지식인, 언론인, 실업인 등을 포괄하며 기호 기독교세력을 구축함에 따라 미국에 활동하던 이승만과 연계되어 국내 친이승만 기독교세력의 강력한 정치적 기반을 확보하게 되었다.

이승만의 민족운동방략은 크게 보면 국제 정세에서 배일적 흐름이 강할 때는 외교독립론을 주장하다가 일본에 우호적 흐름으로 바꾸면 실력양성론을 역설했는데, 이런 입장은 국내 친이승만 기독교세력에게 3·1운동 직후 그대로 나타나고 있었다. 이들은 기독교를 통해 서양국가, 곧 미국과 소통하며 한국의 독립에 대한 강한 지원을 끌어낼 수 있다고 보고 있었다. 그 과정에서 YMCA는 국제 YMCA와 유기적 관계를 맺고 국내의 국제적 창구 역할을 담당할 수 있었다.

3·1운동 직후 파리강화회의에 1882년 한미조약 원문을 갖고 가려 했던 이상재와 신흥우의 계획은 실행도 해보지 못하고 실패로 끝났다. 그러나 이를 준비한 이상재와 신흥우를 비롯한 친이승만 기독교세력의 조

직력은 그대로 존속했고, 3·1운동 이후의 정부수립문제가 대두되었을 때 어느 누구보다 국외를 드나드는 것이 자유로운 상태인 신흥우가 한성정부 집정관총재로 임명된 이승만에게 문건을 전달함으로써 이승만이 이후 국내외에서 명실상부한 한국독립운동의 최고지도자로 자리잡게 되었다는 점에서 큰 배경이 되었다.

또한 1920년대 초 친이승만 기독교세력은 이승만과 깊은 유대감 속에서 범태평양교육대회·범태평양상업대회·태평양문제연구회 등의 태평양회의를 중심으로 YMCA를 거점으로 적극 활용하고 미국과 일본의 대립적 구도 속에서 형성되는 틈을 활용하여 국제무대에서 조선의 독립가능성과 열강의 독립운동에 대한 지원획득을 모색하는 외교 활동을 전개했다. 이 과정에서 1923년 하와이 한인학생 방문단과 1924년 답방단의 교환은 국외의 이승만과 국내 민족주의세력 간의 유대감과 결속력을 더욱 단단하게 만드는 결정적 계기가 되었다.

다른 한편으로 이승만은 민족의 독립을 자력으로 쟁취할 수 있는 실력을 준비하는 실력양성운동을 전개하기 시작했다. 1924년 이후 이승만이 경제적 실력양성운동을 병행하면서 이를 국내에서도 함께 할 수 있는 흥업구락부를 1925년 3월에 조직하게 되었다. 국내 친이승만 기독교세력은 국내 민족운동의 동향에 주목하며 국외에서 외교독립노선을 추진하던 이승만이 워싱턴회의 이후 경제적 실력양성운동을 병행하는 운동의 방향 설정에 동의하고 국내 하와이의 동지회와 뜻을 같이하는 단체를 조직하였다. 일차적으로 자금의 확보와 국내외에 걸친 경제적 관계망을 확보하는 것을 중요한 활동으로 삼았다. 흥업구락부 부원들 가운데는 신간회에 적극 참여하기도 했고, 경제적 실력양성운동 차원에서 YMCA농촌사업에도 주도적 역할을 담당했다.

그러나 국외에 연계되어 활발히 펼쳐졌던 흥업구락부운동은 1930년대 초에 오면 커다란 침체에 직면하게 되었다. 그것은 국외의 이승만의 활동 영역과 국내의 기반이 대폭 약화되었다는 점이다. 이승만의 동지식산회사의 파산과 자금 출연과정에서 갈등과 분규 등은 하와이에서 이승만의 입지를 약화시켰고, 국내 이상재 사망으로 국내 기반이 결정적으로 흔들리는 이유가 되었다. 이와 함께 흥업구락부 자체 내에 사업활동을 둘러싼 윤치호와 신흥우의 갈등, 산업부 설치의 좌절, 그리고 YMCA 농촌사업의 위축 등이라는 상황에 직면하면서 급격히 침체, 와해되었다.

신흥우는 흥업구락부운동의 정신을 계승하는 새로운 기독교청년 혁신단체로 적극신앙단을 결성하고 적극신앙운동을 펼쳤다. 하지만 이 단체를 동지회의 계승단체로 파악하는 보수세력과 서북세력의 강력한 반발로 인해 실패로 끝나버리고 말았다. 결국 이승만의 국내 민족운동세력과의 유대활동도 여기에서 막을 내리고 말았다.

찾아보기

ㄱ

ㄴ

ㄷ

ㅅ

ㅇ

ㅊ

이승만과 하와이 한인사회

저 자 오 영 섭 · 홍 선 표 외
발 행 연세대학교 대학출판문화원
주 소 서울시 서대문구 연세로 50
전 화 2123-3380～2
팩 스 2123-8673
http://www.yonsei.ac.kr/press
e-mail ysup@yonsei.ac.kr
등 록 1955년 10월 13일 제9-60호
인 쇄 (주) 태화북스

2012년 10월 31일 1판 1쇄
ISBN 978-89-97578-51-1 (93910)

정가 25,000원